Antonella Bolzoni • Marco Contini
Daniela Frascoli • Pier Cesare Notaro • Paola
con la collaborazione di Paolo Torresan

ITALIANO di BASE

CORSO PER STUDENTI MIGRANTI

adatto ai corsi dei Centri Provinciali
per l'Istruzione degli Adulti

LIVELLO preA1 / A2

Direzione editoriale Ciro Massimo Naddeo • **Redazione** Chiara Sandri
Consulenza scientifica Paolo Torresan e Matteo Santipolo
[membri del Comitato Scientifico e Organizzativo del PLIDA / Società Dante Alighieri]
Copertina, progetto grafico e impaginazione Lucia Cesarone e Gabriel de Banos
Illustrazioni Roberto Ghizzo • **Progetto audio** Vanni Cassori

L'Editore è a disposizione degli aventi diritto per eventuali mancanze o inesattezze.
I diritti di traduzione, di memorizzazione elettronica, di riproduzione o di adattamento
totale o parziale, con qualsiasi mezzo (compresi i microfilm, le riproduzioni digitali
e le copie fotostatiche), sono riservati per tutti i Paesi.

©2016 ALMA Edizioni
Tutti i diritti riservati
Printed in Italy
ISBN 978-88-6182-761-5
Prima edizione: aprile 2016
Prima edizione aggiornata: settembre 2022

ALMA Edizioni • viale dei Cadorna, 44 • 50129 Firenze
alma@almaedizioni.it • www.almaedizioni.it

ALMA Edizioni

EDIZIONE AGGIORNATA
con video extra e tracce audio
accessibili da QR code

Che cos'è ITALIANO di BASE?

Che cos'è ITALIANO DI BASE?

È un corso di lingua italiana finalizzato ad accompagnare studenti migranti nel processo di integrazione linguistico-culturale previsto dalla normativa vigente.
Si rivolge a studenti che presentano in ingresso un livello preA1* o A1 e che intendono raggiungere i livelli A1 o A2, descritti dal *Quadro Comune Europeo di Riferimento per le Lingue* (QCER).

ITALIANO DI BASE nasce dalla ventennale esperienza degli autori in corsi rivolti a migranti e tiene conto degli ultimi sviluppi della ricerca glottodidattica applicata all'apprendimento degli adulti, rispettando inoltre le indicazioni delle Linee guida ministeriali e dei sillabi di riferimento redatti dagli enti certificatori italiani (Università per Stranieri di Siena, Università per Stranieri di Perugia, Società Dante Alighieri, Università degli Studi Roma-Tre).

Il testo è stato progettato per sviluppare le competenze descritte dai livelli A1 e A2 del QCER, favorendo l'autonomia degli apprendenti negli scambi comunicativi quotidiani. Le attività, create appositamente per aderire al meglio ai bisogni degli apprendenti, sono state sperimentate in classe e via via migliorate e rese più efficaci. Proprio dall'esperienza quotidiana in classe è emersa l'esigenza di impostare il corso su una struttura binaria, in cui medesimi temi sono presentati parallelamente su due livelli, preA1/A1 (per principianti assoluti) e A1/A2 (per studenti di livello elementare). Questo permette di rispondere più incisivamente a problematiche ricorrenti nelle classi di migranti adulti.

In che modo la struttura binaria facilita il processo di apprendimento e di insegnamento?

Permette di soddisfare esigenze specifiche: osservando i manuali più diffusi sul mercato, si nota che alcuni temi vengono presentati solo in un livello. Per esempio, il tema della salute viene di solito affrontato al livello A2 perché legato a strutture linguistiche complesse (verbi riflessivi, imperativo). Nel caso specifico degli studenti migranti, tale impostazione si scontra con la necessità di poter gestire con una certa autonomia le situazioni legate alla salute fin dai primi momenti dell'ingresso in Italia. In risposta a tale specificità, **ITALIANO DI BASE** permette di affrontare in entrambi i livelli i temi previsti dai sillabi A1 e A2, in modo coerente rispetto ai livelli stessi e alle diverse fasi di sviluppo dell'apprendimento.

Consente di gestire competenze disomogenee: le classi sono spesso caratterizzate da forte disomogeneità tra gli studenti, ma anche tra il livello delle competenze orali e quello delle competenze scritte del singolo apprendente. La struttura binaria di **ITALIANO DI BASE** permette al docente di sviluppare le proprie lezioni garantendo allo stesso tempo un lavoro comune sui temi e un lavoro personalizzato in base al livello.
Il docente può attingere a materiali destinati a livelli diversi ma all'interno dello stesso manuale, senza dover recuperare materiali aggiuntivi da altre fonti.

Facilita la programmazione: la struttura binaria permette all'insegnante di sviluppare a spirale lo stesso tema affrontato nel livello preA1/A1, sollecitando competenze più specifiche dell'A2 quando ci sono le condizioni. In un corso di livello A1/A2, questo movimento a spirale può seguire anche la direzione opposta, dall'alto verso il basso, fornendo all'insegnante uno strumento già pronto per consolidare conoscenze, colmare lacune lessicali, morfosintattiche, comunicative per tutta la classe o per lavori mirati per gruppi differenziati all'interno della stessa classe.

Si propongono di seguito alcuni esempi concreti e consigli d'uso che nascono dall'esperienza diretta degli autori all'interno di classi per migranti.

> **corso di livello preA1/A1** – L'insegnante userà prevalentemente il percorso di livello preA1/A1, proponendo parti del percorso di livello A1/A2, a seconda della situazione e delle necessità specifiche della classe.

Sto affrontando l'argomento della città. Emerge un bisogno comunicativo sollevato dagli studenti sulla comunicazione negli uffici pubblici. → *Utilizzo la parte del livello A1/A2 presente nello stesso modulo, sviluppando solo la parte comunicativa ambientata in un ufficio postale.*

*Come noto, nel Companion Volume "Common European Framework of Reference for Language: Learning, Teaching, Assessment" (2020) è stato introdotto il livello preA1, che però fa riferimento a studenti scolarizzati; adottando la dicitura preA1, questo testo indica un livello caratteristico di apprendenti alfabetizzati, che non hanno alcuna o solo una minima competenza in lingua italiana.

corso di livello A1/A2 – Considerando che spesso l'apprendimento della lingua avviene in contesti informali, lo studente potrebbe avere sviluppato una buona competenza comunicativa per la quale è stato inserito in un corso di livello A1/A2 senza però aver mai avuto modo di analizzare e formalizzare le strutture linguistiche acquisite. In questo caso l'insegnante ha a disposizione i contenuti del percorso preA1/A1 per consolidare le conoscenze morfosintattiche di base.

Affrontando il tema del lavoro, mi accorgo che gli studenti non sono in grado di coniugare in modo sistematico i verbi.

→ *Propongo la parte del livello preA1/A1, presente nello stesso modulo, dedicata alla coniugazione dei verbi regolari.*

Com'è sviluppato il percorso?

Il percorso didattico è sviluppato in 9 moduli tematici.
Ogni modulo tematico è costituito da:
- un'unità didattica di livello preA1/A1, con relativa pagina di fonetica;
- un'unità didattica di livello A1/A2, con relativa pagina di fonetica;
- una sezione comune, **VIVERE IN ITALIA**, costituita di due pagine dedicate agli aspetti socioculturali e interculturali.

Oltre ai 9 moduli, ci sono 2 unità indipendenti: l'unità 0 è utile all'avvio del corso, l'unità 10 rappresenta invece la chiusura del percorso.

Quali sono le fasi di apprendimento e le sezioni dell'unità?

Ogni unità didattica è progettata per facilitare lo sviluppo della competenza linguistica attraverso la sequenza *motivazione-globalità-analisi-sintesi*.

Le unità si aprono con un'attività che permette di valorizzare le conoscenze pregresse, attivare il lessico e condividere esperienze tra pari. Segue una fase globale con testi di comprensione orale o scritta che introducono il tema dell'unità e contengono gli elementi comunicativi, lessicali e / o morfosintattici dell'unità che l'apprendente sarà stimolato ad analizzare nella fase successiva. I testi orali sono sempre trascritti e integrati nell'unità, in quanto risultano orientativi per gli apprendenti e li aiutano a focalizzare l'attenzione sugli elementi-obiettivo; la trascrizione del brano di ascolto permette inoltre di abbinare al potenziamento dell'abilità di comprensione orale quella di comprensione scritta.

Le unità sono suddivise in attività (**PARLA**, **ASCOLTA**, **LEGGI**, **GIOCA**, **SCRIVI**).

All'inizio del corso (vedi **ISTRUZIONI** a pagina 8) viene proposta una scheda con immagini rappresentative di ogni attività per rendere lo studente consapevole del percorso che sta svolgendo e degli obiettivi da raggiungere.

All'interno delle unità, alcuni riquadri permettono di focalizzare l'attenzione su aspetti specifici:
- i box **COME FUNZIONA?** permettono di osservare alcuni fenomeni linguistici, di formulare ipotesi sul funzionamento della lingua e di verificarne la tenuta attraverso un lavoro tra pari. A questa fase seguono esercizi di rinforzo finalizzati a fissare le forme;
- i box **ATTENZIONE!** richiamano l'attenzione su fenomeni linguistici che non possono essere ricostruiti con un semplice percorso induttivo, come ad esempio i verbi dalla coniugazione irregolare;
- i box **COME SI DICE?** sono dedicati all'arricchimento lessicale.

ITALIANO di BASE

Che cos'è ITALIANO di BASE?

Le attività relative alla sintesi stimolano l'apprendente a sperimentare attivamente la lingua, prima in interazione orale e poi per iscritto, attraverso:

- una tabella di autovalutazione, COSA SO E COSA CONOSCO ADESSO?, mediante la quale l'apprendente è reso consapevole del percorso svolto;
- la sezione DOSSIER, che propone lo svolgimento di un compito, ossia la concretizzazione delle competenze acquisite in un prodotto finale.

La pagina finale di ogni unità è dedicata alla **FONETICA**: propone un lavoro sui suoni presentati lungo la lezione, permette di affinare la conoscenza della corrispondenza fonema-grafema e di potenziare le conaenze fonologiche e ortografiche.
Le pagine di cultura e società, **VIVERE IN ITALIA**, presentano argomenti legati al tema del modulo e un'ampia gamma di attività correlate, tenendo sempre conto dei bisogni quotidiani degli apprendenti.

ITALIANO di BASE propone inoltre:

Test di livello
In linea con gli esami di attestazione delle competenze linguistiche per i migranti previsti dalla normativa vigente, vengono proposti due test di livello, focalizzati sulle abilità e non sui contenuti morfosintattici, lessicali, ortografici che possono essere valutati trasversalmente.
I test accertano quanto appreso durante il percorso svolto e possono essere proposti alla fine del percorso per:

- permettere agli studenti di prendere confidenza con una tipologia di valutazione linguistica con cui si confronteranno nel percorso di integrazione in Italia;
- fornire agli studenti un ulteriore dispositivo di misura delle proprie competenze, oltre agli strumenti di autovalutazione sopra descritti;
- dotare l'insegnante di materiale utile alla verifica finale del percorso.

Risorse online
Visitando la scheda sul sito **almaedizioni.it**, nella sezione **RISORSE**, è possibile accedere gratuitamente a:
- **Audio** per svolgere le attività di classe (disponibili anche su CD audio)
- **Video** di approfondimento
- **Soluzioni** di tutte le attività proposte
- **Glossario** con i vocaboli e le espressioni focus delle singole unità raggruppate per aree semantiche
- **Schede di autovalutazione**, una per livello, focalizzata sulle abilità
- **Esercizi e attività aggiuntive** per ogni singola unità, quale arricchimento del percorso
- **Sintesi grammaticale** degli argomenti morfosintattici sviluppati, agile strumento di consultazione per il ripasso individuale o di gruppo.

> Questa **edizione aggiornata** propone **20 video** di approfondimento, uno per ogni unità e la possibilità di accedere a tutti i materiali audio e video tramite QR code (leggibile da telefono o altro dispositivo mobile).

Per concludere
Ringraziando tutti gli studenti che ci hanno accompagnato nella creazione di **ITALIANO di BASE**, auguriamo agli insegnanti un buon lavoro.

Gli autori

INDICE

UNITÀ 0 — CIAO!

LIVELLO	preA1/A2	p. 9
LESSICO	• i saluti • l'alfabeto • i numeri da 0 a 100 • i giorni della settimana • in classe	
COMUNICAZIONE	• salutare in modo formale e informale • fare lo spelling • frasi utili in classe	
FONETICA	Le vocali	

VIVERE IN ITALIA CIAO! Saluti in Italia e nel mondo — p. 20

MODULO 1 — PIACERE!

LIVELLO	preA1/A1	p. 21	A1/A2	p. 31
LESSICO	• paesi e nazionalità • i numeri fino alle migliaia • i dati personali • i mesi		• i dati anagrafici	
COMUNICAZIONE	• presentarsi • compilare un modulo		• presentarsi e presentare un'altra persona • completare i dati della carta di identità • scrivere una biografia	
GRAMMATICA	• il genere (maschile e femminile) • gli interrogativi: *come, dove, di dove, quanti, che cosa, quale/qual* • indicativo presente: verbo *essere* • i pronomi personali soggetto		• gli interrogativi: *chi, perché, quando, quanto/quanta/quante*	
FONETICA	CASA / CIAO		CASA / CIAO	

VIVERE IN ITALIA MI PRESENTO La carta d'identità e altri documenti — p. 41

MODULO 2 — COME SEI?

LIVELLO	preA1/A1	p. 43	A1/A2	p. 53
LESSICO	• le caratteristiche fisiche • i colori		• le caratteristiche fisiche e la personalità • gli stati d'animo	
COMUNICAZIONE	• descrivere l'aspetto fisico e il carattere		• descrivere il carattere • descrivere lo stato d'animo	
GRAMMATICA	• indicativo presente: verbo *avere* • il numero (singolare e plurale) • gli aggettivi qualificativi • la negazione		• gli articoli determinativi • accordo sostantivo-aggettivo	
FONETICA	GATTO / GELATO		GATTO / GELATO	

VIVERE IN ITALIA DIAMOCI UNA MANO! Il volontariato in Italia — p. 63

MODULO 3 — ECCO LA MIA FAMIGLIA

LIVELLO	preA1/A1	p. 65	A1/A2	p. 75
LESSICO	• i rapporti di parentela		• le fasi della vita • la gestione della casa	
COMUNICAZIONE	• presentare e descrivere la propria famiglia • compilare un modulo: lo stato di famiglia		• presentare e descrivere la propria famiglia • compilare un modulo: la richiesta di ricongiungimento familiare	
GRAMMATICA	• *c'è/ci sono*		• gli aggettivi possessivi	
FONETICA	LIBRO / FOGLIO		LIBRO / FOGLIO	

VIVERE IN ITALIA IN FAMIGLIA L'articolo 29 della Costituzione Italiana; Il matrimonio; L'iscrizione all'asilo; La scuola dell'obbligo in Italia — p. 85

ITALIANO di BASE — PAGINA 5

INDICE

MODULO 4 — CHE LAVORO FAI?

LIVELLO	preA1/A1 p. 87	A1/A2 p. 97
LESSICO	• le professioni • i luoghi di lavoro • l'ora	• gli strumenti e le azioni del lavoro • gli annunci di lavoro
COMUNICAZIONE	• parlare del proprio lavoro • leggere un orario	• leggere e rispondere ad annunci di lavoro

GRAMMATICA	• indicativo presente:
	  -i verbi regolari della prima coniugazione
	  -il verbo *fare*
		• indicativo presente:
		  -i verbi regolari delle tre coniugazioni

FONETICA	CAMPA<u>N</u>A / CAMPA<u>GN</u>A	CAMPA<u>N</u>A / CAMPA<u>GN</u>A

VIVERE IN ITALIA AL LAVORO! Tipologie di contratti e diritti del lavoratore   p. 107

MODULO 5 — BENVENUTI A CASA MIA!

LIVELLO	preA1/A1 p. 109	A1/A2 p. 119
LESSICO	• le stanze • l'arredamento • avverbi e preposizioni di luogo • i numerali ordinali: da *primo* a *decimo*	• le tipologie delle abitazioni • avverbi e preposizioni di luogo • gli oggetti della casa • i numerali ordinali da *undicesimo* a *ventesimo*
COMUNICAZIONE	• descrivere gli ambienti domestici • indicare la collocazione nello spazio • leggere un avviso condominiale	• indicare la collocazione nello spazio • leggere un annuncio immobiliare e chiedere informazioni
GRAMMATICA	• preposizioni e locuzioni prepositive: *a destra, a sinistra, sopra, sotto, dentro, fuori* • indicativo presente: -verbi regolari della seconda e terza coniugazione	• preposizioni e locuzioni prepositive: *accanto a, di fronte a, vicino a, lontano da,* • indicativo presente: verbo *venire*
FONETICA	<u>F</u>IORI / <u>V</u>ASI	<u>F</u>IORI / <u>V</u>ASI

VIVERE IN ITALIA CASA DOLCE CASA I contratti d'affitto; Il mutuo   p. 129

MODULO 6 — IN CITTÀ

LIVELLO	preA1/A1 p. 131	A1/A2 p. 141
LESSICO	• i luoghi pubblici e privati • i cartelli stradali • i mezzi di trasporto	• i cartelli stradali • i luoghi pubblici e privati • all'ufficio postale: il bollettino postale e la raccomandata

COMUNICAZIONE	• chiedere e dare indicazioni stradali
	• leggere un avviso pubblico
		• chiedere e dare informazioni per orientarsi in città
		• all'ufficio postale:
		  -compilare un bollettino postale
		  -fare una raccomandata

GRAMMATICA	• le preposizioni *a, in* • indicativo presente: verbo *andare*	• le preposizioni *a, da* • indicativo presente: -i verbi *dovere* e *potere* • *ci vuole/ci vogliono*
FONETICA	<u>SC</u>ARPA / <u>SCI</u>ARPA	<u>SC</u>ARPA / <u>SCI</u>ARPA

VIVERE IN ITALIA IN GIRO PER LA CITTÀ Usare i mezzi di trasporto pubblici; Numeri utili   p. 151

	LIVELLO	preA1/A1　　　　　　　　p. 153	A1/A2　　　　　　　　p. 163
MODULO 7 **FACCIAMO ACQUISTI**	LESSICO	• cibi e bevande • pesi e contenitori • negozi e negozianti	• negozi • cibi e bevande • contenitori e confezioni • l'abbigliamento
	COMUNICAZIONE	• interagire con i negozianti • esprimere gusti	• interagire con i negozianti • esprimere preferenze • ascoltare un annuncio al centro commerciale
	GRAMMATICA	• *mi piace – mi piacciono* • uso di *vorrei*	• i comparativi regolari di maggioranza, minoranza e uguaglianza • indicativo presente: verbo *volere* • gli aggettivi dimostrativi: *questo, quello*
	FONETICA	P<u>A</u>STA / B<u>A</u>STA	P<u>A</u>STA / B<u>A</u>STA

VIVERE IN ITALIA BUON APPETITO Le abitudini alimentari　　　　　　　　p. 173

	LIVELLO	preA1/A1　　　　　　　　p. 175	A1/A2　　　　　　　　p. 185
MODULO 8 **LA MIA GIORNATA**	LESSICO	• i lavori domestici • le stagioni • il tempo atmosferico • le festività	• le azioni quotidiane • il tempo libero
	COMUNICAZIONE	• raccontare la propria giornata • parlare del tempo atmosferico	• raccontare la propria giornata • proporre, accettare e rifiutare un invito
	GRAMMATICA	• indicativo presente: verbi *stare* e *uscire*	• indicativo presente: verbi riflessivi • gli avverbi di frequenza: *sempre, spesso, qualche volta, raramente, mai*
	FONETICA	R<u>A</u>NA / L<u>A</u>NA	R<u>A</u>NA / L<u>A</u>NA

VIVERE IN ITALIA UN PO' DI TEMPO LIBERO Attività culturali e sportive; La biblioteca　　　　　　　　p. 195

	LIVELLO	preA1/A1　　　　　　　　p. 197	A1/A2　　　　　　　　p. 207
MODULO 9 **COME STAI?**	LESSICO	• le parti del corpo • disturbi, cure e medicinali • i medici specialisti	• le parti del corpo • malattie e disturbi • i medici specialisti • le cure e le medicine
	COMUNICAZIONE	• indicare il proprio stato fisico e di salute • interagire con un medico • prenotare una visita medica • leggere un avviso alla ASL	• indicare il proprio stato fisico e di salute • leggere i foglietti illustrativi delle medicine
	GRAMMATICA	• avverbi di quantità: *molto, poco, abbastanza*	• i sostantivi irregolari al plurale
	FONETICA	NO<u>T</u>E / NO<u>TT</u>E	NO<u>T</u>E / NO<u>TT</u>E

VIVERE IN ITALIA LA SALUTE La Carta regionale dei servizi; Il medico di base　　　　　　　　p. 217

	LIVELLO	A1/A2　　　　　　　　p. 219
UNITÀ 10 **QUANTA ESPERIENZA!**	LESSICO	• la formazione • le capacità
	COMUNICAZIONE	• riferire le proprie esperienze passate • stendere il CV
	GRAMMATICA	• indicativo passato prossimo: verbi regolari e principali verbi irregolari • indicativo presente: verbi *sapere* e *conoscere*
	FONETICA	Affermare / Fare domande

test　　　　　　　　p. 231

VIVERE IN ITALIA IL MIO PERCORSO Il colloquio di lavoro　　p. 230

ISTRUZIONI

SCRIVI	**PARLA**	**ASCOLTA**
LAVORA	**LEGGI**	**COLLEGA**
COMPLETA	**RIPETI**	**DISEGNA**
SEGNA CON UNA X	**GIOCA**	**SOTTOLINEA**

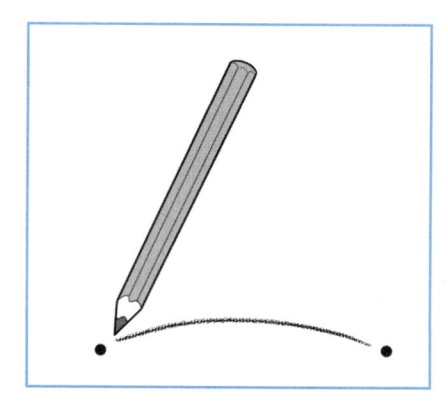

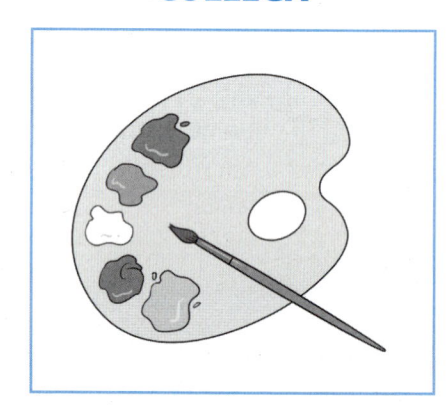

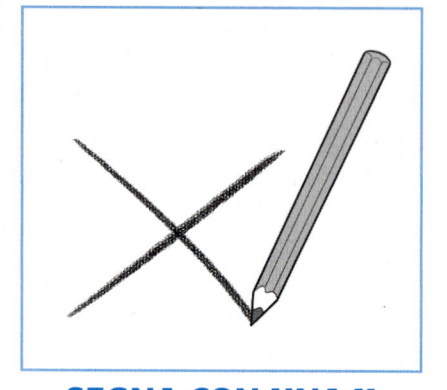

+ per scaricare gli audio vai su www.almaedizioni.it/italiano-di-base

UNITÀ 0 ▸ CIAO!

LIVELLO preA1 / A2

1 PARLA

LEGGI I SALUTI: IN CHE LINGUA SONO? PARLA CON UN COMPAGNO.
POI, SE NON SONO PRESENTI, AGGIUNGI I SALUTI NELLA TUA LINGUA.

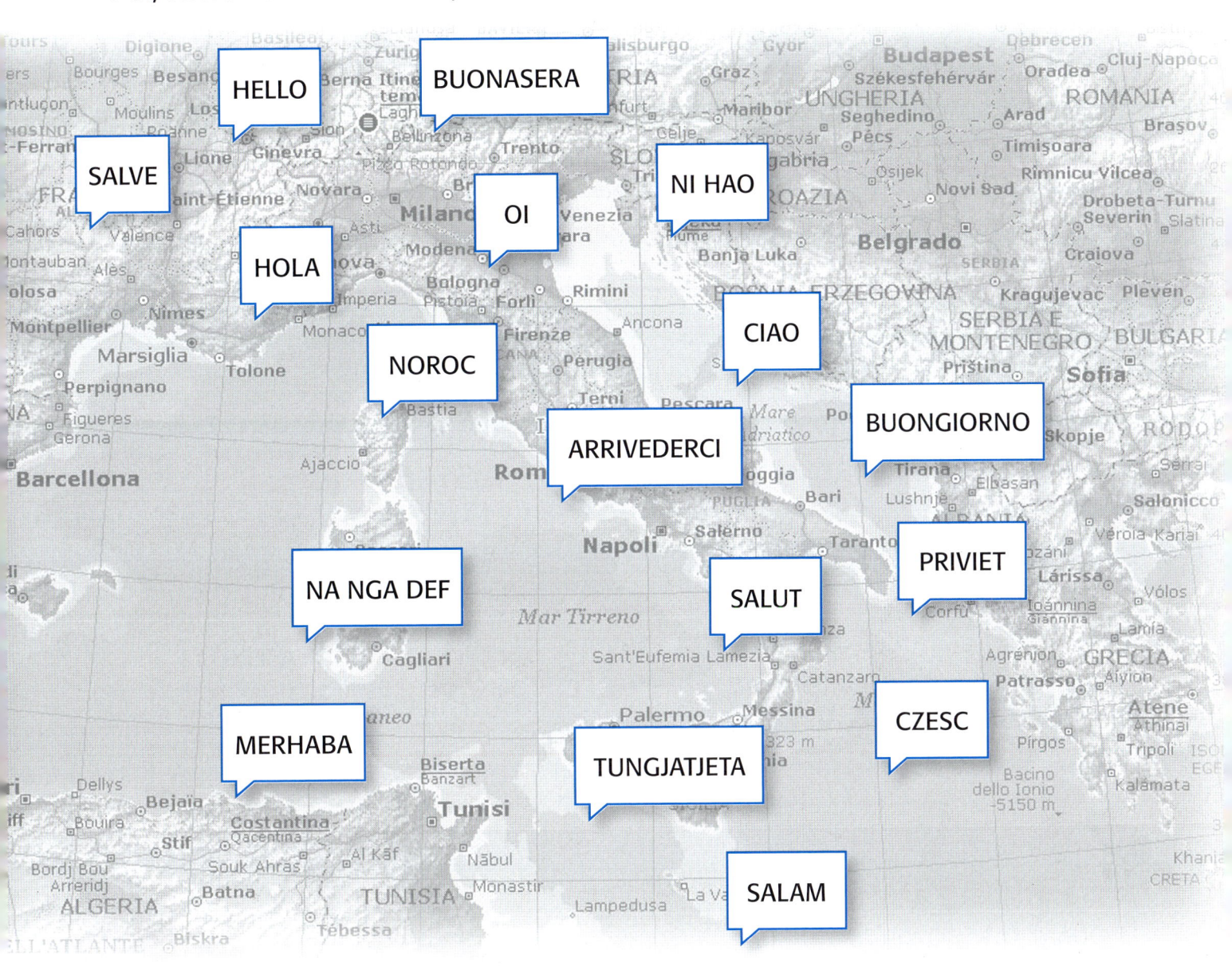

- HELLO
- BUONASERA
- SALVE
- OI
- NI HAO
- HOLA
- NOROC
- CIAO
- ARRIVEDERCI
- BUONGIORNO
- NA NGA DEF
- SALUT
- PRIVIET
- MERHABA
- TUNGJATJETA
- CZESC
- SALAM

2 LEGGI

LEGGI ANCORA E <u>SOTTOLINEA</u> I SALUTI IN ITALIANO.

3 PARLA

SALUTA I COMPAGNI IN ITALIANO E NELLA TUA LINGUA.

ITALIANO di BASE

UNITÀ 0 ▸ CIAO!

LIVELLO preA1 / A2

4 ASCOLTA
ASCOLTA E RIPETI.

A. CIAO, SIMONA!

B. BUONGIORNO, SIGNOR ROSSI.

C. BUONASERA, SIGNOR BIANCHI.

D. ARRIVEDERCI, SIGNORA VERDI!

5 LAVORA
COMPLETA LA TABELLA CON I SALUTI DEL PUNTO 4, COME NELL'ESEMPIO.

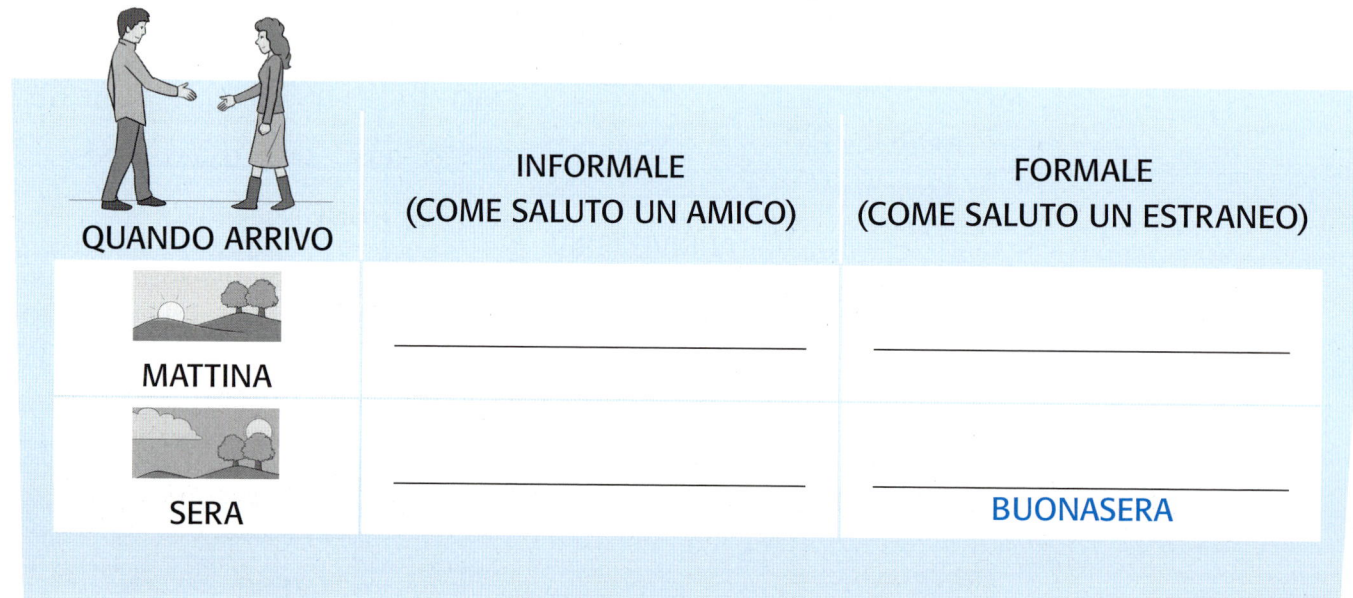

QUANDO ARRIVO

	INFORMALE (COME SALUTO UN AMICO)	FORMALE (COME SALUTO UN ESTRANEO)
MATTINA	_____	_____
SERA	_____	**BUONASERA**

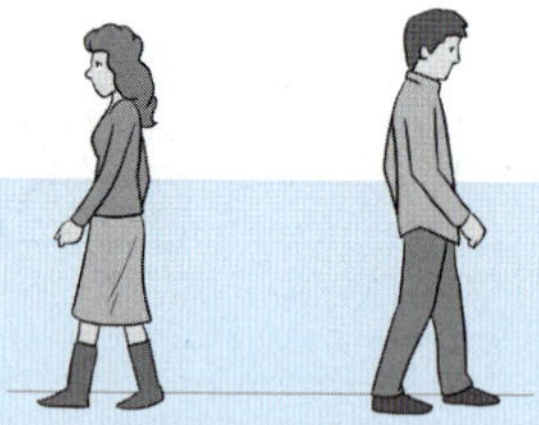

QUANDO VADO VIA

	INFORMALE (COME SALUTO UN AMICO)	FORMALE (COME SALUTO UN ESTRANEO)
 MATTINA	_____	_____
 SERA	_____	_____

PAGINA 10 — ITALIANO di BASE

UNITÀ 0 ▶ CIAO!

LIVELLO preA1 / A2

COME SI DICE?

L'ALFABETO ITALIANO
ASCOLTA E RIPETI.

A	B	C	D	E	F
A	BI	CI	DI	E	EFFE
G	**H**	**I**	**L**	**M**	**N**
GI	ACCA	I	ELLE	EMME	ENNE
O	**P**	**Q**	**R**	**S**	**T**
O	PI	CU	ERRE	ESSE	TI
U	**V**	**Z**			
U	VU	ZETA			

LETTERE STRANIERE

J	K	W	X	Y
I LUNGA	CAPPA	DOPPIA VU	ICS	IPSILON

6 ASCOLTA
ASCOLTA COME SI SCRIVONO QUESTI NOMI E SOTTOLINEA IL NOME ESATTO.

1. FAROUK / FARUOK
2. DAMIEL / DAMIL
3. IACOPO / JACOPO
4. GIOLIANA / GIULIANA
5. BARBARA / PARPARA
6. VALERIA / BALERIA

7 ASCOLTA
ASCOLTA E SCRIVI IL NOME SOTTO LE IMMAGINI.

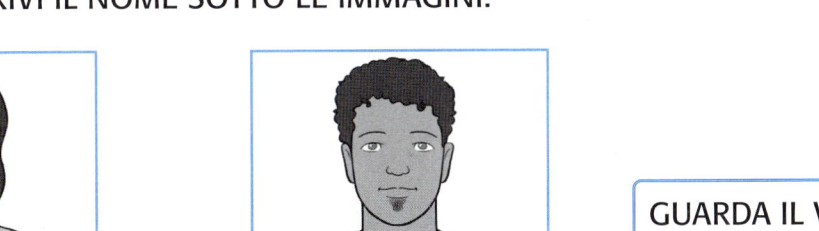

A. _____

B. _____

GUARDA IL VIDEO *CIAO O BUONGIORNO* NELLA RUBRICA **ITALIANO IN PRATICA**.

CONTROLLA CON UN COMPAGNO.

ITALIANO di BASE

UNITÀ 0 ▶ CIAO!

LIVELLO preA1 / A2

8 LAVORA

ASCOLTA ANCORA E COMPLETA CON QUESTE PAROLE.

| COGNOME | COME | NOME | SCRIVE |

A.
- BUONGIORNO SIGNORA, COME SI CHIAMA?
- MI CHIAMO AMINA BILAL. AMINA È IL _____ E BILAL È IL COGNOME.
- AMINA BILAL… COME SI SCRIVE?
- A, EMME, I, ENNE, A. AMINA. IL _____ È BILAL: BI, I, ELLE, A, ELLE.

B.
- CIAO, IO SONO VIVIANA, L'INSEGNANTE DI ITALIANO. E TU _____ TI CHIAMI?
- MI CHIAMO KARIM, PIACERE!
- COME SI _____ KARIM? CON LA CI O CON LA CAPPA?
- CON LA CAPPA. CAPPA - A - ERRE - I - EMME.

CONTROLLA CON UN COMPAGNO.

9 PARLA

LAVORA IN GRUPPO, CHIEDI IL NOME E IL COGNOME DEI COMPAGNI E CHIEDI COME SI SCRIVONO. POI COMPLETA LA TABELLA.

NOME	COGNOME	NOME	COGNOME
1. _____	_____	6. _____	_____
2. _____	_____	7. _____	_____
3. _____	_____	8. _____	_____
4. _____	_____	9. _____	_____
5. _____	_____	10. _____	_____

ITALIANO di BASE

UNITÀ 0 ▸ CIAO!

LIVELLO preA1 / A2

10 LAVORA

LEGGI QUESTI AVVISI DI UNA SCUOLA DI ITALIANO E RISPONDI ALLE DOMANDE.

ITALIANO PER STRANIERI
LIVELLO A1
DAL 7 OTTOBRE AL 16 MAGGIO 2022
MARTEDÌ - GIOVEDÌ
18:00 / 20:00

ITALIANO PER STRANIERI
LIVELLO A2
DAL 6 OTTOBRE AL 15 MAGGIO 2022
LUNEDÌ - VENERDÌ
15:00 / 17:00

A. IN QUALI GIORNI C'È IL CORSO DI LIVELLO A1? _____
B. IN QUALI GIORNI C'È IL CORSO DI LIVELLO A2? _____

COMPLETA LA TABELLA.

I GIORNI DELLA SETTIMANA

		MERCOLEDÌ			SABATO	DOMENICA

CONTROLLA CON UN COMPAGNO.

COME SI DICE?

I NUMERI DA 1 A 20

ASCOLTA E RIPETI, POI COMPLETA LA TABELLA.

1 UNO	2 _____	3 TRE	4 QUATTRO	5 _____
6 _____	7 SETTE	8 _____	9 NOVE	10 DIECI
11 UNDICI	12 DODICI	13 TREDICI	14 QUATTOR____	15 QUIN____
16 SEDICI	17 DICIASSETTE	18 ____OTTO	19 DICIANNOVE	20 VENTI

ITALIANO di BASE

UNITÀ 0 ▸ CIAO!

LIVELLO preA1 / A2

11 LAVORA

A COPPIE: GUARDATE L'IMMAGINE E CONTATE GLI OGGETTI. POI COPRITE L'IMMAGINE E SCRIVETE I NUMERI, COME NELL'ESEMPIO.

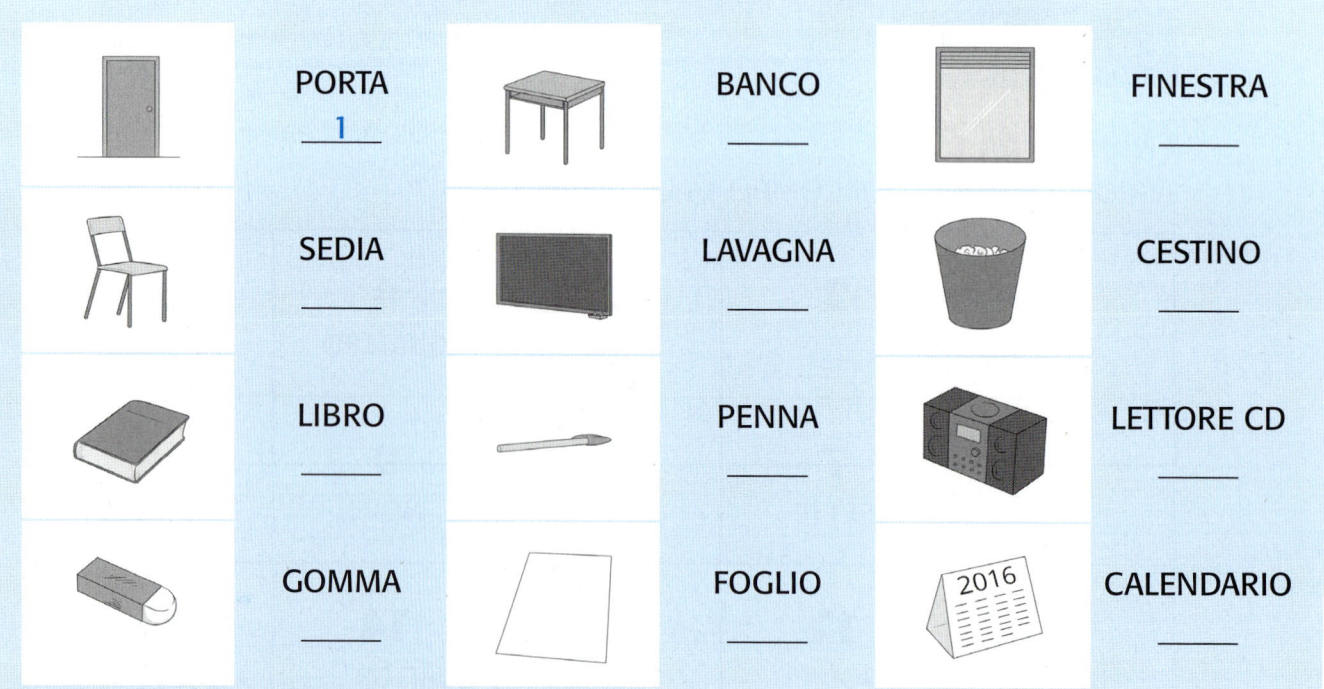

	PORTA **1**		BANCO ___		FINESTRA ___
	SEDIA ___		LAVAGNA ___		CESTINO ___
	LIBRO ___		PENNA ___		LETTORE CD ___
	GOMMA ___		FOGLIO ___		CALENDARIO ___

CONTROLLATE CON L'INSEGNANTE E TUTTA LA CLASSE.

12 GIOCA

UNO STUDENTE DISEGNA SULLA LAVAGNA UNA PARTE DI UN OGGETTO DEL PUNTO **11**, I COMPAGNI INDOVINANO L'OGGETTO.

UNITÀ 0 ▸ CIAO!

LIVELLO preA1 / A2

13 LAVORA

COLLEGA L'AZIONE ALL'OGGETTO, COME NELL'ESEMPIO.

ASCOLTA	CANCELLA	(CHIUDI)	LEGGI	SCRIVI
GOMMA	LETTORE CD	LIBRO	PENNA	(PORTA)

COME SI DICE?

I NUMERI DA 20 A 100
ASCOLTA E RIPETI.

20 VENTI	21 VENTUNO	22 VENTIDUE	23 VENTITRÉ	24 VENTIQUATTRO
25 VENTICINQUE	26 VENTISEI	27 VENTISETTE	28 VENTOTTO	29 VENTINOVE

30 TRENTA	40 QUARANTA	50 CINQUANTA	60 SESSANTA
70 SETTANTA	80 OTTANTA	90 NOVANTA	100 CENTO

14 LEGGI

LAVORA CON UN COMPAGNO. UNO STUDENTE LEGGE I NUMERI E L'ALTRO CONTROLLA. POI FATE CAMBIO.

| 33 | 12 | 17 | 61 | 24 | 8 | 76 | 59 | 45 | 10 |

ITALIANO di BASE

UNITÀ 0 ▸ CIAO!

LIVELLO preA1 / A2

15 SCRIVI

SCRIVI I NUMERI IN LETTERE, COME NELL'ESEMPIO.

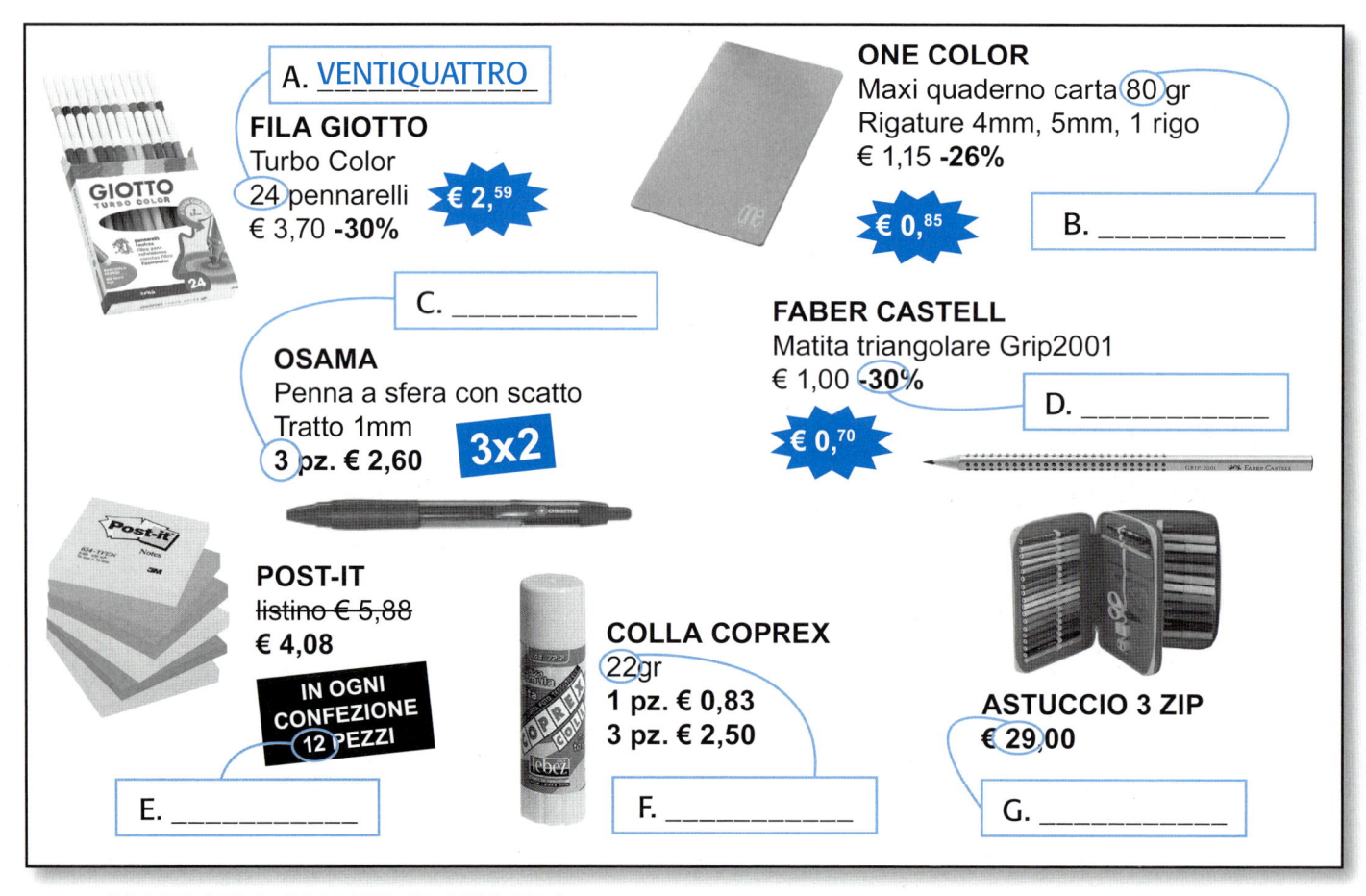

A. **VENTIQUATTRO**

FILA GIOTTO
Turbo Color
24 pennarelli
€ 3,70 **-30%**
€ 2,59

ONE COLOR
Maxi quaderno carta 80 gr
Rigature 4mm, 5mm, 1 rigo
€ 1,15 **-26%**
€ 0,85

B. _____

C. _____

OSAMA
Penna a sfera con scatto
Tratto 1mm
3 pz. € 2,60
3x2

FABER CASTELL
Matita triangolare Grip2001
€ 1,00 **-30%**
€ 0,70

D. _____

POST-IT
listino € 5,88
€ 4,08

IN OGNI CONFEZIONE 12 PEZZI

COLLA COPREX
22gr
1 pz. € 0,83
3 pz. € 2,50

ASTUCCIO 3 ZIP
€ 29,00

E. _____

F. _____

G. _____

CONTROLLA CON UN COMPAGNO.

16 LAVORA

COLLEGA LE DOMANDE ALLE RISPOSTE, COME NELL'ESEMPIO.

DOMANDE	RISPOSTE
A. COME SI DICE "SCUOLA" IN TURCO?	1. SI DICE "PENCIL".
B. COME SI SCRIVE "SEDIA" IN ARABO?	2. ДВЕРИ
C. CHE COSA SIGNIFICA "BANCO" IN ITALIANO?	3. SI DICE "OKUL".
D. COME SI DICE "MATITA" IN INGLESE?	4. كرسي
E. COME SI SCRIVE "PORTA" IN RUSSO?	5. NON LO SO!
F. CHE COSA SIGNIFICA "CIELO" IN ITALIANO?	6.

PAGINA 16 — ITALIANO di BASE

UNITÀ 0 ▸ CIAO!

LIVELLO preA1 / A2

17 PARLA

LAVORA CON UN COMPAGNO. TU DICI UNA PAROLA ITALIANA E LUI CHIEDE COME SI SCRIVE E COME SI DICE NELLA TUA LINGUA, COME NELL'ESEMPIO. POI FATE CAMBIO.

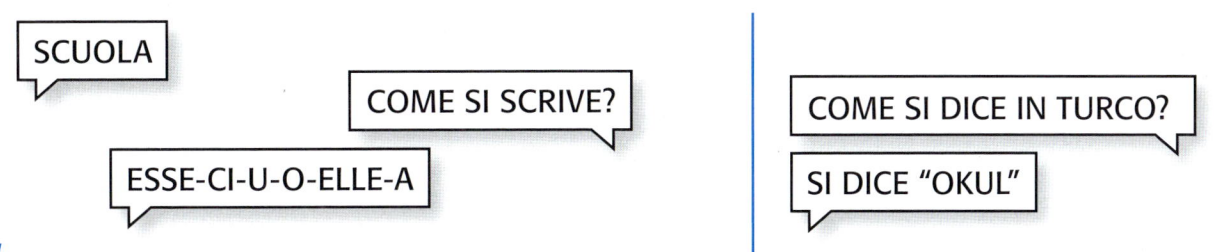

SCUOLA

COME SI SCRIVE?

ESSE-CI-U-O-ELLE-A

COME SI DICE IN TURCO?

SI DICE "OKUL"

18 GIOCA

L'INSEGNANTE TI DÀ UN POST-IT. SCRIVI IL NOME DI UN OGGETTO PRESENTE NELLA TUA CLASSE. POI TUTTI GLI STUDENTI METTONO I POST-IT IN UNA BUSTA. L'INSEGNANTE PRENDE LA BUSTA E DÀ UN POST-IT A OGNI STUDENTE. LO STUDENTE LEGGE LA PAROLA E INCOLLA IL POST-IT SULL'OGGETTO GIUSTO.

19 GIOCA

L'INSEGNANTE LEGGE LE AZIONI DELLA CLASSE (VEDI PAGINA 12): ASCOLTA E SEGUI IL PERCORSO. A QUALE LETTERA ARRIVI?

ITALIANO di BASE

UNITÀ 0 ▸ CIAO!

LIVELLO preA1 / A2

AUTOVALUTAZIONE

COSA SO E COSA CONOSCO ADESSO?
SEGNO CON UNA ✗ LE COSE CHE:

SO / CONOSCO BENE ☺	SO / CONOSCO ABBASTANZA BENE 😐	NON SO / NON CONOSCO ☹

CONOSCO

GLI OGGETTI DELLA CLASSE	☺	😐	☹
LE AZIONI IN CLASSE	☺	😐	☹
I SALUTI E LE RISPOSTE AI SALUTI	☺	😐	☹
L'ALFABETO ITALIANO	☺	😐	☹
I NUMERI DA **1** A **100**	☺	😐	☹

SO

CHIEDERE E DIRE COME SI SCRIVE UNA PAROLA	☺	😐	☹
SALUTARE E RISPONDERE AI SALUTI FORMALI E INFORMALI	☺	😐	☹
CONTARE DA 1 A 100	☺	😐	☹

DOSSIER

GUARDA LA TUA CLASSE E SCRIVI IL NOME DI TUTTI GLI OGGETTI CHE VEDI.

ITALIANO di BASE

MODULO 0 ▶ FONETICA

LIVELLO preA1 / A2

LE VOCALI

1 ASCOLTA
L'INSEGNANTE LEGGE LE LETTERE: GUARDA BENE LA SUA BOCCA, ASCOLTA E RIPETI.

A   E   I   O   U

2 ASCOLTA
QUANTI NOMI! ASCOLTA E <u>SOTTOLINEA</u> IL NOME GIUSTO.

A. STEFANO / STIFANO
B. DAREA / DARIA
C. MAORO / MAURO
D. FRANCESCA / FRANCISCA
E. LOCIA / LUCIA
F. DOMENICO / DOMINICO
G. VALENTINA / VALINTINA
H. GLORIA / GLURIA

3 SCRIVI
AIUTO! L'INSEGNANTE PARLA, MA NON SI SENTE NIENTE! GUARDA LA SUA BOCCA E COMPLETA LE PAROLE.

A. C__N__ 
B. L__N__ 
C. D__NN__ 
D. M__L__ 
E. T__V__L__

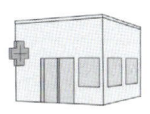

F. F__RM__C__ __
G. __SP__D__L__ 
H. C__ __R__ 
I. Q__ __DR__ 
L. M__ __L__ 

ITALIANO di BASE

PAGINA 19

VIVERE IN ITALIA

CIAO! | Saluti in Italia e nel mondo

1. SALUTI IN ITALIA

A COPPIE, GUARDATE LE FOTO.

- È UN MODO DI SALUTARE UN AMICO?
- È UN MODO DI SALUTARE UN ESTRANEO?
- SI USA IN ITALIA?

SEGNATE CON UNA ✗ LA RISPOSTA GIUSTA, COME NELL'ESEMPIO. POI CONTROLLATE CON I COMPAGNI E CON L'INSEGNANTE.

A.
- [✗] AMICO
- [✗] ESTRANEO
- [ ] SI USA IN ITALIA

B.
- [ ] AMICO
- [ ] ESTRANEO
- [ ] SI USA IN ITALIA

C.
- [ ] AMICO
- [ ] ESTRANEO
- [ ] SI USA IN ITALIA

D.
- [ ] AMICO
- [ ] ESTRANEO
- [ ] SI USA IN ITALIA

E.
- [ ] AMICO
- [ ] ESTRANEO
- [ ] SI USA IN ITALIA

F.
- [ ] AMICO
- [ ] ESTRANEO
- [ ] SI USA IN ITALIA

G.
- [ ] AMICO
- [ ] ESTRANEO
- [ ] SI USA IN ITALIA

H.
- [ ] AMICO
- [ ] ESTRANEO
- [ ] SI USA IN ITALIA

2. SALUTI NEL MONDO

NEL TUO PAESE COME SALUTI UN AMICO? COME SALUTI UN ESTRANEO? PARLA CON UN COMPAGNO: DITE E MIMATE I SALUTI DEL VOSTRO PAESE. POI RIPETETE TUTTI INSIEME I SALUTI ITALIANI E I SALUTI DEI VOSTRI PAESI.

MODULO 1 ▸ PIACERE!

LIVELLO preA1 / A1

1 PARLA
GUARDA LA FOTOGRAFIA: CHI SONO QUESTE PERSONE? DOVE SONO? CHE COSA FANNO? PARLA CON UN COMPAGNO.

2 ASCOLTA
ASCOLTA E RISPONDI: SÌ O NO?

A. PEDRO È PERUVIANO?	SÌ	NO
B. PEDRO È DI LIMA?	SÌ	NO
C. AMINA È AMERICANA?	SÌ	NO
D. AMINA ABITA A MONZA?	SÌ	NO
E. PEDRO ABITA A MILANO?	SÌ	NO

CONTROLLA CON UN COMPAGNO.

ITALIANO di BASE

PAGINA 21

MODULO 1 ▸ PIACERE!

LIVELLO preA1 / A1

3 LEGGI
ASCOLTA DI NUOVO, LEGGI E CONTROLLA.

- CIAO, COME TI CHIAMI?
- CIAO, MI CHIAMO AMINA BILAL, E TU?
- PEDRO ALVAREZ, PIACERE!
- PIACERE! DI DOVE SEI?
- SONO PERUVIANO, DI LIMA. E TU?
- SONO MAROCCHINA.
- DOVE ABITI?
- A MONZA. E TU?
- ABITO A MILANO.

4 PARLA
PARLA CON UN COMPAGNO E CHIEDI:

- COME TI CHIAMI?
- DOVE ABITI?
- DI DOVE SEI?

GUARDA IL VIDEO *PRESENTARSI E PRESENTARE* NELLA RUBRICA ITALIANO IN PRATICA.

5 GIOCA
L'INSEGNANTE SCRIVE DEI NUMERI SULLA LAVAGNA.
OGNI STUDENTE GUARDA I NUMERI PER UN MINUTO. DOPO UN MINUTO L'INSEGNANTE CANCELLA I NUMERI. QUANTI NUMERI RICORDI? SCRIVI E CONFRONTA CON I COMPAGNI.

_____
_____
_____
_____
_____

6 ASCOLTA
ASCOLTA IL DIALOGO E SCRIVI I NUMERI DI TELEFONO.

NOME	CELLULARE	TELEFONO DI CASA
AMINA		
PEDRO		

CONTROLLA CON UN COMPAGNO.

PAGINA 22 — ITALIANO di BASE

MODULO 1 ▸ PIACERE!

LIVELLO preA1 / A1

7 LEGGI
ASCOLTA DI NUOVO, LEGGI E CONTROLLA.

- QUAL È IL TUO NUMERO DI TELEFONO?
- IL MIO NUMERO DI CELLULARE È 347 546372. IL NUMERO DI CASA È 098 467689. E IL TUO?
- 356 783838. A CASA NON HO IL TELEFONO FISSO.

8 PARLA
GIRA PER LA CLASSE E COMPLETA LA TABELLA CON I NUMERI DI TELEFONO DEI COMPAGNI DI CLASSE.

NOME	CELLULARE	TELEFONO DI CASA

COME SI DICE?

I NUMERI DA 100 A 10000
ASCOLTA E RIPETI.

100 CENTO	200 DUECENTO
300 TRECENTO	1000 MILLE
2000 DUEMILA	10000 DIECIMILA

9 LAVORA
COLLEGA I NUMERI ALLE PAROLE, COME NELL'ESEMPIO.

(500)   900   18000   3000   6000   20000

DICIOTTOMILA   NOVECENTO   (CINQUECENTO)   SEIMILA   TREMILA   VENTIMILA

10 ASCOLTA
ASCOLTA ANCORA E SEGNA CON UNA ✗ LA RISPOSTA GIUSTA.

A. DA QUANTO TEMPO AMINA È IN ITALIA?	☐ DUE ANNI	☐ DUE MESI
B. DA QUANTO TEMPO PEDRO È IN ITALIA?	☐ CINQUE ANNI	☐ CINQUE MESI
C. IN CHE ANNO È NATA AMINA?	☐ 1993	☐ 1983
D. QUANTI ANNI HA PEDRO?	☐ TRENTACINQUE	☐ QUARANTACINQUE

CONTROLLA CON UN COMPAGNO.

ITALIANO di BASE

MODULO 1 ▸ PIACERE!

LIVELLO preA1 / A1

11 LEGGI
ASCOLTA DI NUOVO, LEGGI E CONTROLLA.

- ■ DA QUANTO TEMPO SEI IN ITALIA?
- ● DA 2 ANNI. E TU?
- ■ IO DA 5 MESI.
- ● DOVE SEI NATO?
- ■ A LIMA. E TU?
- ● SONO NATA A RABAT.
- ■ QUANDO SEI NATA?
- ● IL 21 OTTOBRE 1983. TU QUANTI ANNI HAI?
- ■ HO 35 ANNI.

12 ASCOLTA
ASCOLTA E <u>SOTTOLINEA</u> IL NUMERO GIUSTO.

A. 1987   1897
B. 2013   2003
C. 8341   8314
D. 1975   1965
E. 2240   2042
F. 1959   1595
G. 793   973
H. 6234   634

COME SI DICE?

I MESI

1 GENNAIO	7 LUGLIO
2 FEBBRAIO	8 AGOSTO
3 MARZO	9 SETTEMBRE
4 APRILE	10 OTTOBRE
5 MAGGIO	11 NOVEMBRE
6 GIUGNO	12 DICEMBRE

13 PARLA
PARLA CON UN COMPAGNO E CHIEDI:

- DA QUANTO TEMPO SEI IN ITALIA?
- DOVE SEI NATO?
- QUANDO SEI NATO?
- QUANTI ANNI HAI?
- QUAL È IL TUO NUMERO DI TELEFONO?

14 GIOCA
IN PIEDI, TUTTI GLI STUDENTI FORMANO UNA FILA IN BASE AL GIORNO E AL MESE DI NASCITA. SE SEI NATO A GENNAIO VAI ALL'INIZIO DELLA FILA, SE SEI NATO A DICEMBRE VAI ALLA FINE DELLA FILA.

- SONO NATO IL 9 GENNAIO.
- SONO NATA IL 17 MARZO.
- SONO NATA IL 24 MARZO.
- SONO NATO IL 21 LUGLIO.
- SONO NATA IL 5 SETTEMBRE.
- SONO NATO IL 14 DICEMBRE.

PAGINA 24 — ITALIANO di BASE

MODULO 1 ▸ PIACERE!

LIVELLO preA1 / A1

15 LAVORA
COMPLETA LA TABELLA, COME NELL'ESEMPIO.
POI AGGIUNGI LE NAZIONALITÀ DEI COMPAGNI.

PAESE	MASCHILE	FEMMINILE
ITALIA	ITALIANO	ITALIANA
INDIA		INDIANA
COLOMBIA	COLOMBIANO	
EGITTO		EGIZIANA
CINA	CINESE	CINESE
ALBANIA	ALBANESE	
FRANCIA		FRANCESE
MAROCCO	MAROCCHINO	
RUSSIA		RUSSA

ATTENZIONE!

LEGGI QUESTE FRASI.

MASCHILE

SONO PERUVIANO.
SONO NATO A LIMA.

SONO CINESE,
SONO NATO A PECHINO.

FEMMINILE

SONO MAROCCHINA,
SONO NATA A RABAT.

SONO FRANCESE,
SONO NATA A MARSIGLIA.

16 LAVORA
LEGGI E COMPLETA LA PRESENTAZIONE CON QUESTE PAROLE, COME NELL'ESEMPIO.

DICEMBRE   SONO   ANNI   EGIZIANO   ✓CHIAMO   ABITO

BUONGIORNO, MI _CHIAMO_ KARIM. SONO _____,
DI ALESSANDRIA. SONO NATO IL 3 _____ 1988. _____
IN ITALIA DA 2 _____. _____ A MILANO.

CONTROLLA CON UN COMPAGNO.

17 SCRIVI
SCRIVI LA TUA PRESENTAZIONE.

MI CHIAMO _____.
SONO _____, DI _____.
SONO IN ITALIA DA _____.
ABITO A _____, IN _____.
SONO NATO/NATA _____, IL _____.
HO _____ ANNI.
IL MIO NUMERO DI TELEFONO È: _____.

ITALIANO di BASE   PAGINA 25

MODULO 1 ▶ PIACERE!

LIVELLO preA1 / A1

18 LAVORA
COMPLETA LE DOMANDE CON QUESTE PAROLE, COME NELL'ESEMPIO.

✓ QUAL | COME | COME | DOVE | DOVE | QUANTI | QUANDO | CHE COSA

A. __QUAL__ È IL TUO NUMERO DI TELEFONO? 347 565859.
B. _____ TI CHIAMI? IQBAL.
C. _____ ANNI HAI? 34.
D. _____ ABITI? A NAPOLI.
E. _____ SEI NATO? IL 23/3/2000.
F. _____ SEI NATO? A NEW YORK.
G. _____ SI SCRIVE MATITA? EMME – A – TI – I – TI – A.
H. _____ SIGNIFICA NAZIONALITÀ? INDICA IL PAESE DI NASCITA.

CONTROLLA CON UN COMPAGNO.

COME SI DICE?
PER FARE LE DOMANDE USI QUESTE PAROLE:

COME? | DOVE? | DI DOVE? QUANTI? | QUALE? | QUAL? QUANDO? | CHE COSA?

QUESTE PAROLE IN GRAMMATICA SI CHIAMANO **INTERROGATIVI**.

19 PARLA
QUESTO È UN MODULO DI ISCRIZIONE A UN CORSO DI ITALIANO. INTERVISTA UN COMPAGNO E COMPLETA IL MODULO CON I SUOI DATI.

SCUOLA DI ITALIANO L'ITALIANO FACILE

IL SOTTOSCRITTO / LA SOTTOSCRITTA

COGNOME _____ NOME _____

LUOGO DI NASCITA _____ DATA DI NASCITA _____

NUMERO DI TELEFONO _____ EMAIL _____

CHIEDE DI ESSERE ISCRITTO / ISCRITTA AL CORSO DI ITALIANO DI LIVELLO A1 PRESSO LA SCUOLA DI ITALIANO "L'ITALIANO FACILE" DI MONZA.

DATA _____ FIRMA LEGGIBILE _____

---

20 ASCOLTA
PEDRO DESCRIVE DUE AMICI. ASCOLTA E SOTTOLINEA LA RISPOSTA GIUSTA.

A. ARUNA È NATA **IN INDIA/IN RUSSIA**.
B. ARUNA È NATA NEL **1983/1993**.
C. ARUNA È IN ITALIA DA **9 MESI/8 MESI**.
D. MIHAIL È **KOSOVARO/RUSSO**.
E. MIHAIL È NATO IL **30-1-1991/31-1-1991**.
F. MIHAIL È IN ITALIA DA **3 ANNI/6 ANNI**.

CONTROLLA CON UN COMPAGNO.

MODULO 1 ▸ PIACERE!

LIVELLO preA1 / A1

21 **LEGGI**
ASCOLTA DI NUOVO, LEGGI E CONTROLLA.

> LA RAGAZZA SI CHIAMA ARUNA KUMAR.
> È INDIANA, È NATA A CALCUTTA IL 14/2/1993.
> È IN ITALIA DA 9 MESI. ABITA A FIRENZE.
>
> IL RAGAZZO SI CHIAMA MIHAHIL PETROV.
> È RUSSO, È NATO A MOSCA IL 30/1/1991.
> È IN ITALIA DA 3 ANNI. ABITA A PALERMO.

22 **LAVORA**
COMPLETA LA TABELLA CON I DATI DI AMINA, PEDRO, KARIM, ARUNA E MIHAHIL, COME NELL'ESEMPIO.

NOME	COGNOME	PAESE DI ORIGINE	NAZIONALITÀ	LUOGO DI NASCITA	DATA DI NASCITA
AMINA					
PEDRO					
KARIM					
ARUNA					
MIHAHIL	PETROV	RUSSIA	RUSSO	MOSCA	30/1/1991

CONTROLLA CON UN COMPAGNO.

COME FUNZIONA?

LEGGI QUESTE FRASI E COMPLETA.

MASCHILE

> MARCO È UN BAMBIN**O**.
> IL RAGAZZ**O** SI CHIAMA MIHAIL PETROV.
> CARLO È ITALIAN**O**. È INSEGNANT**E** DI MATEMATICA.

FEMMINILE

> PAOLA È UNA BAMBIN**A**.
> LA RAGAZZ**A** SI CHIAMA ARUNA KUMAR.
> MARIA È ITALIAN**A**. È INSEGNANT**E** DI INGLESE.

LE PAROLE ITALIANE SONO **MASCHILI** E **FEMMINILI**.
LE PAROLE MASCHILI SINGOLARI FINISCONO A VOLTE CON LA LETTERA **-O** E A VOLTE CON LETTERA ___.
LE PAROLE FEMMINILI SINGOLARI FINISCONO A VOLTE CON LA LETTERA ___ E A VOLTE CON LETTERA **-E**.

ITALIANO di BASE · PAGINA 27

MODULO 1 ▶ PIACERE!

LIVELLO preA1 / A1

23 LAVORA

MASCHILE O FEMMINILE? SCRIVI QUESTE PAROLE AL POSTO GIUSTO, COME NELL'ESEMPIO.

TELEFONO — FOTOGRAFIA ✓ — SEDIA — LIBRO — NUMERO
SCUOLA — ✓ MODULO — PAROLA — BANCO — PENNA

MASCHILE 👨	FEMMINILE 👩
MODULO,	SEDIA,

COME FUNZIONA?

LEGGI QUESTE FRASI. <u>IO</u> SONO PERUVIANO. <u>TU</u> SEI ITALIANA.
<u>LORO</u> SONO A SCUOLA.

LE PAROLE SOTTOLINEATE SI CHIAMANO **PRONOMI PERSONALI**.

IO TU LUI LEI   **NOI VOI LORO**

QUANDO PARLI DI UNA PERSONA, USI **IO, TU, LUI/LEI**.

QUANDO PARLI DI DUE O PIÙ PERSONE USI **NOI, VOI, LORO**.

LEGGI ANCORA QUESTE FRASI. TU <u>SEI</u> ITALIANA.
IO <u>SONO</u> PERUVIANO. LORO <u>SONO</u> A SCUOLA.

LE PAROLE SOTTOLINEATE SONO LE FORME DEL PRESENTE DEL VERBO **ESSERE**.

COMPLETA LA TABELLA E CONTROLLA CON UN COMPAGNO.

PRONOME PERSONALE	ESSERE
IO	
TU	
LUI/LEI	È
NOI	SIAMO
VOI	SIETE
LORO	

24 LAVORA

SCRIVI I PRONOMI COME NELL'ESEMPIO.

A. _TU_ SEI TUNISINO?
B. _____ SIAMO IN ITALIA DA 3 ANNI.
C. _____ SIETE AMERICANI?
D. _____ È UNA RAGAZZA ITALIANA.
E. _____ SONO UN INSEGNANTE.
F. _____ È UN RAGAZZO PERUVIANO.
G. _____ SONO IN CLASSE INSIEME.
H. _____ SEI A SCUOLA?

CONTROLLA CON UN COMPAGNO.

PAGINA 28   ITALIANO di BASE

MODULO 1 ▸ PIACERE!

LIVELLO preA1 / A1

25 LAVORA
SCRIVI IL PRESENTE DEL VERBO **ESSERE**, COME NELL'ESEMPIO.

A. LUI __È__ ITALIANO.
B. TU _____ MAROCCHINO?
C. ANNA _____ ITALIANA.
D. GEORGE _____ IN ITALIA DA 4 ANNI.
E. IO _____ MATTEO, PIACERE!
F. DA QUANTO TEMPO VOI _____ IN ITALIA?
G. NOI _____ DI ROMA.
H. LORO DI DOVE _____?

CONTROLLA CON UN COMPAGNO.

AUTOVALUTAZIONE

COSA SO E COSA CONOSCO ADESSO?
SEGNO CON UNA ✗ LE COSE CHE:

| SO / CONOSCO BENE 😊 | SO / CONOSCO ABBASTANZA BENE 😐 | NON SO / NON CONOSCO ☹ |

CONOSCO

	😊	😐	☹
LE NAZIONALITÀ E I NOMI DEI PAESI	😊	😐	☹
I NUMERI DA **100** A **10000**	😊	😐	☹
LA DIFFERENZA TRA MASCHILE E FEMMINILE	😊	😐	☹
GLI INTERROGATIVI	😊	😐	☹
I NOMI DEI MESI	😊	😐	☹
I PRONOMI PERSONALI	😊	😐	☹
IL PRESENTE DEL VERBO **ESSERE**	😊	😐	☹

SO

	😊	😐	☹
PRESENTARMI	😊	😐	☹
FARE DOMANDE	😊	😐	☹

DOSSIER

SCRIVI LA TUA PRESENTAZIONE.

ITALIANO di BASE

MODULO 1 ▶ FONETICA

LIVELLO preA1 / A1

CASA **CIAO**

1 ASCOLTA
ASCOLTA E RIPETI. 14 🔊

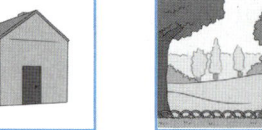

CASA    PARCO    CUORE    CELLULARE

FORCHETTA    CHIAVI    CIAO

LA LETTERA **C** CORRISPONDE A DUE SUONI DIVERSI:

UN SUONO COME NELLA PAROLA **CA**SA	UN SUONO COME NELLA PAROLA **CI**AO
↓	↓
NELLE PAROLE CON C+**A**, C+**O**, C+**U**, C+**H**+**I**, C+**H**+**E**	NELLE PAROLE CON C+**E**, C+**I**

2 SCRIVI
A COPPIE, SCRIVETE QUESTE PAROLE AL POSTO GIUSTO, COME NELL'ESEMPIO.

✓ CANE   ✓ CENA   CERTIFICATO   AMICHE   CALENDARIO

DOMENICA   ARRIVEDERCI   COGNOME   CHIODO   CHITARRA

SUONO COME IN **CA**SA	SUONO COME IN **CI**AO
CANE,	CENA,

3 SCRIVI
ASCOLTA E COMPLETA LE PAROLE CON **CA**, **CO**, **CU**, **CHI**, **CHE**, **CI** O **CE**. 15 🔊

A. MAC____INA    B. BA____O    C. ____STINO    D. BI____CLETTA    E. ____NO

PAGINA 30   ITALIANO di BASE

MODULO 1 ▸ Piacere!

LIVELLO A1 / A2

1 PARLA

Sulla moneta da un Euro c'è il disegno di un famoso artista italiano, sai chi è? Parla con i tuoi compagni. Alla fine dell'unità, al punto **14**, trovi la risposta.

2 ASCOLTA

Giulia si presenta: ascolta e rispondi alle domande.

16 🔊

a. Dove è nata Giulia?

b. Quanti anni ha?

c. Come si chiama il marito di Giulia?

d. Quanti figli hanno?

e. Che lavoro fa Giulia?

f. Qual è il piatto preferito di Giulia?

Confronta con un compagno.

ITALIANO di BASE   PAGINA 31

MODULO 1 ▶ Piacere!

LIVELLO A1 / A2

3 LAVORA
Ascolta ancora e completa il testo con queste parole, come nell'esempio.

| piatto | figli | ✓ italiana | si chiama | lavoro |

> Mi chiamo Giulia e sono _italiana_. Sono nata a Genova, ho 37 anni e sono sposata.
> Mio marito _____ Marco e ha 40 anni. Io e Marco abbiamo due _____,
> un maschio di sette anni e una femmina di quattro. Da poco ho cambiato _____,
> adesso faccio la pasticciera in un ristorante vicino a casa mia. Mi piace molto il mio
> lavoro anche se spesso lavoro il sabato e la domenica.
> Amo leggere e andare al cinema.
> Il mio _____ preferito è il risotto con lo zafferano.

'ALMA.tv
Guarda il Linguaquiz
Una caratteristica in comune.

4 ASCOLTA
Luis si presenta, ascolta e rispondi: VERO o FALSO?

a. Luis ha una fidanzata. — VERO | FALSO
b. Luis vive a Buenos Aires. — VERO | FALSO
c. Luis vive da solo. — VERO | FALSO
d. Nel tempo libero Luis va a correre. — VERO | FALSO

Controlla con un compagno.

PAGINA 32 — ITALIANO di BASE

MODULO 1 ▸ Piacere!

LIVELLO A1 / A2

5 LEGGI

Ascolta ancora, leggi e controlla.

17

Mi chiamo Luis, sono argentino,
di Buenos Aires. Sono in Italia da poco più di 4 anni.
Faccio il giornalista sportivo. Ho 29 anni, sono fidanzato con Maria Cristina,
una ragazza argentina. Ci siamo conosciuti qui in Italia due anni fa.
Vivo a Napoli e divido la casa con due ragazzi stranieri che sono in Italia per studiare.
Non è facile vivere così lontano da casa perché non conosci la lingua e non hai amici,
ma adesso sono molto felice di vivere qui.
Nel tempo libero amo andare in bicicletta e fare passeggiate in montagna.

6 LAVORA

Collega le informazioni a Giulia o a Luis, come negli esempi.

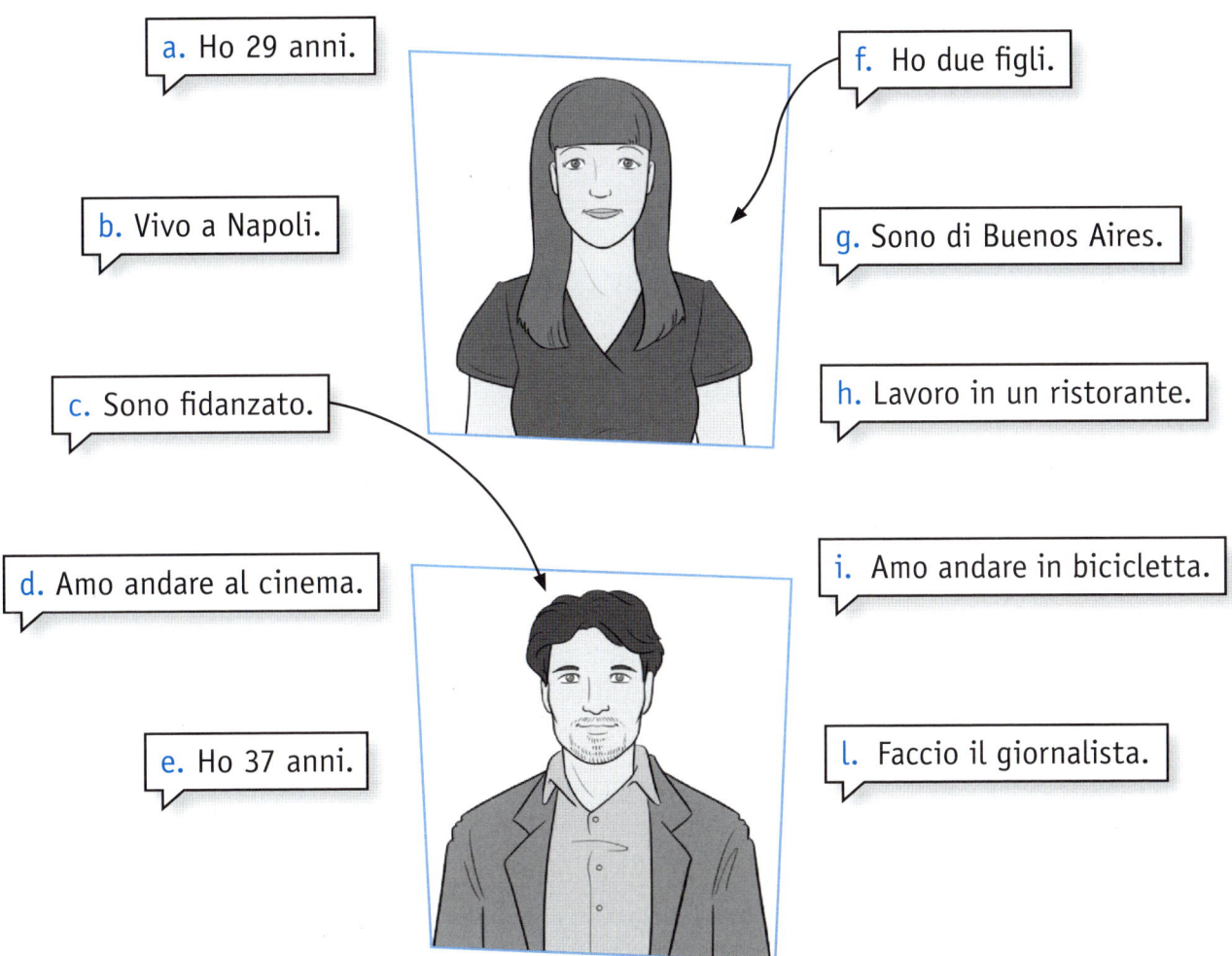

a. Ho 29 anni.

b. Vivo a Napoli.

c. Sono fidanzato.

d. Amo andare al cinema.

e. Ho 37 anni.

f. Ho due figli.

g. Sono di Buenos Aires.

h. Lavoro in un ristorante.

i. Amo andare in bicicletta.

l. Faccio il giornalista.

Controlla con un compagno.

ITALIANO di BASE   PAGINA 33

MODULO 1 ▸ Piacere!

LIVELLO A1 / A2

7 PARLA
Intervista un compagno.

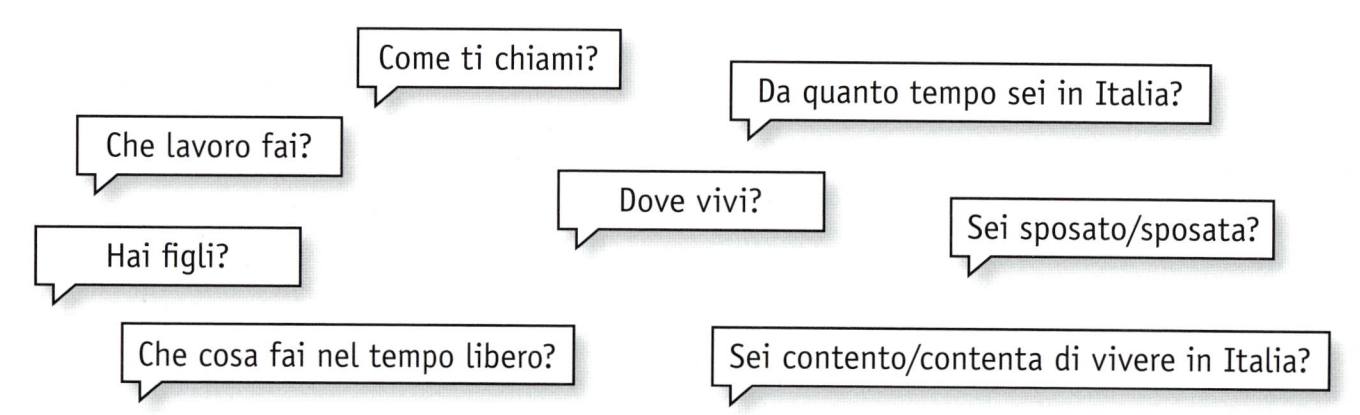

- Come ti chiami?
- Che lavoro fai?
- Da quanto tempo sei in Italia?
- Dove vivi?
- Hai figli?
- Sei sposato/sposata?
- Che cosa fai nel tempo libero?
- Sei contento/contenta di vivere in Italia?

8 SCRIVI
Scrivi la tua presentazione.

Mi chiamo...

_____
_____
_____
_____
_____
_____
_____

9 LAVORA
Completa la presentazione di Enass con queste parole, come nell'esempio.

| viene | sposata | ✓ si chiama | segretaria | figli | Italia | abita |

Si chiama Enass, ha 33 anni e _____ dall'Egitto.
Fa la _____ e lavora in un ufficio in centro.
È in _____ da cinque anni e _____ a Roma.
È _____ e ha tre _____.

Controlla con un compagno.

PAGINA 34 — ITALIANO di BASE

MODULO 1 ▸ Piacere!

LIVELLO A1 / A2

10 SCRIVI
Questa è la **Carta di Identità** di Maria. Leggi le informazioni e rispondi alle domande.

Cognome Franchi
Nome Maria
Nato il 21/09/1987
(atto n .... P .... S ....)
a Napoli (..........)
Cittadinanza italiana
Residenza Napoli
Via Via Roma 23
Stato civile coniugata
Professione insegnante

CONNOTATI E CONTRASSEGNI SALIENTI
Statura 1.68
Capelli castani
Occhi marroni
Segni particolari

Firma del titolare ....
.... li ....

Impronta del dito indice sinistro

IL SINDACO

a. Quando è il compleanno di Maria? _____
b. Dove è nata? _____
c. Dove abita? _____
d. È sposata? _____
e. Che lavoro fa? _____

Controlla con un compagno.

ITALIANO di BASE

MODULO 1 ▸ Piacere!

LIVELLO A1 / A2

11 LAVORA
Collega le domande alle risposte, come nell'esempio.

DOMANDE	RISPOSTE
1. Da quanto tempo è in Italia?	a. Dal Venezuela.
2. Che lavoro fa?	b. Ama giocare a calcio.
3. Quando è nata Amina?	c. Da cinque anni.
4. Che cosa ama fare Carlos?	d. Il 21 ottobre 1983.
5. Da dove viene Teresa?	e. Per trovare un lavoro migliore.
6. Qual è il tuo piatto preferito?	f. È mia moglie, Sara.
7. Perché Diego è in Italia?	g. Fa l'insegnante.
8. Chi è questa signora?	h. La pizza.

(Esempio: 1 → c)

COME FUNZIONA?

Leggi le frasi e guarda le parole che servono per fare le domande.
Queste parole si chiamano **interrogativi**.

CHI sei? **CHE** lavoro fai? **CHE COSA** fai nel tempo libero?

COME ti chiami? **QUANDO** sei nato/nata?

DOVE vivi? **DI DOVE** sei? **DA DOVE** vieni?

QUALE sport preferisci?
QUAL è il tuo colore preferito?
QUALI lingue parli?

QUANTO tempo passi a scuola?
QUANTA frutta mangi in un giorno?
QUANTI anni hai?
QUANTE persone conosci a scuola?

PERCHÉ vieni a scuola? **DA QUANTO** tempo sei in Italia?

PAGINA 36 ITALIANO di BASE

MODULO 1 ▸ Piacere!

LIVELLO A1 / A2

12 SCRIVI
Leggi le risposte e scrivi le domande, come nell'esempio.

a. <u>Come ti chiami?</u>
   Anila.
b. _____
   Vengo dall'Albania.
c. _____
   Ho 25 anni.
d. _____
   Vivo a Firenze.
e. _____
   Faccio la segretaria.
f. _____
   Per imparare l'italiano.
g. _____
   Il mio colore preferito è il giallo.

Controlla con un compagno.

13 GIOCA
A squadre. Avete un minuto di tempo per scrivere il maggior numero di domande con questi interrogativi.

| COME | QUANDO | PERCHÉ | DOVE | COSA | CHI |

_____
_____
_____
_____
_____
_____

Poi, a turno, uno studente legge una domanda della sua squadra. Se la domanda è corretta prende un punto.
Uno studente di un'altra squadra risponde alla domanda. Se la risposta è corretta prende un punto e legge una domanda della sua squadra.

Vince la squadra che scrive il maggior numero di domande corrette e dà il maggior numero di risposte corrette.

ITALIANO di BASE PAGINA 37

MODULO 1 ▸ Piacere!

LIVELLO A1 / A2

14 GIOCA
A squadre: leggete la biografia di Leonardo Da Vinci, poi chiudete il libro e scrivete su un foglio tutte le informazioni che ricordate. Vince la squadra che scrive più informazioni corrette.

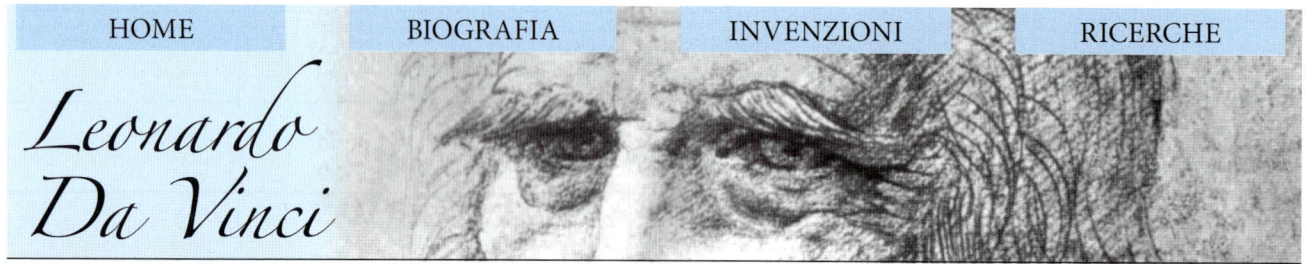

| HOME | BIOGRAFIA | INVENZIONI | RICERCHE |

Leonardo Da Vinci

Leonardo Da Vinci

Il disegno sulla moneta da un Euro è di Leonardo Da Vinci, un pittore famoso in tutto il mondo.
Leonardo è nato a Vinci, in Toscana, nel 1452. Leonardo è chiamato il genio universale perché è pittore, ingegnere, scienziato, architetto, scultore, musicista. Ha lavorato in molte città italiane e in Francia.
Il suo quadro più famoso è La Gioconda. È morto in Francia nel 1519.

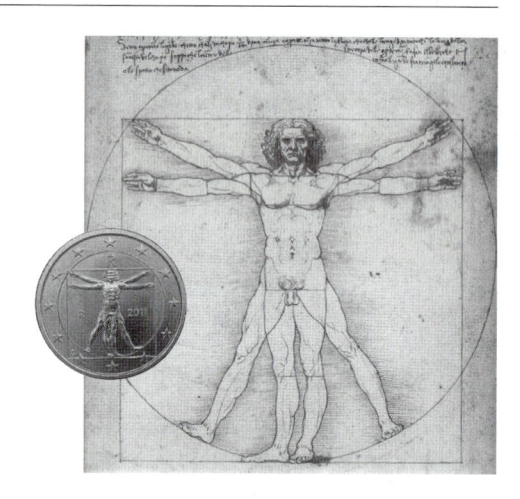

15 PARLA
Parla con un compagno: descrivi una persona famosa del tuo Paese.

Si chiama...

PAGINA 38

ITALIANO di BASE

MODULO 1 ▸ Piacere!

LIVELLO A1 / A2

AUTOVALUTAZIONE

COSA SO E COSA CONOSCO ADESSO?
Segno con una ✗ le cose che:

SO / CONOSCO BENE ☺ | **SO / CONOSCO ABBASTANZA BENE** 😐 | **NON SO / NON CONOSCO** ☹

CONOSCO
le parole della Carta di Identità ☺ 😐 ☹
gli interrogativi ☺ 😐 ☹

SO
presentarmi ☺ 😐 ☹
presentare un'altra persona ☺ 😐 ☹
fare le domande per conoscere una persona ☺ 😐 ☹

DOSSIER

Scrivi la presentazione di un amico o di un'amica.

ITALIANO di BASE — PAGINA 39

MODULO 1 ▸ Fonetica

LIVELLO A1 / A2

CASA **CIAO**

1 GIOCA
A squadre: scrivete tutte le parole con la lettera **C** che conoscete.

_____
_____
_____

2 LEGGI
Lavora con un compagno. Leggete le parole che avete scritto al punto **1**. Completate la tabella e poi controllate con l'insegnante e tutta la classe.

La lettera **C** corrisponde a due suoni diversi:

un suono come nella parola **CA**SA nelle parole con C+ _A_, C+__, C+__, C+H+__, C+H+__	un suono come nella parola **CI**AO nelle parole con C+__, C+ _I_

3 ASCOLTA
Ascolta e completa le parole con **CI/CHI** o **CE/CHE**.

18 🔊

a. FORBI_____   c. CAMI_____A   e. _____ODO   g. BAR_____
b. AMI_____   d. _____NTRO   f. _____BO   h. FAC_____A

4 GIOCA
Aiuta il topo a uscire dal labirinto e arrivare al formaggio. Segui le parole con il suono come nella parola **CA**SA. Puoi andare in orizzontale ←→ o in verticale ↑↓.

CASA	CENA	BICICLETTA	CESTINO	CUSCINO	SECCHIO	CAFFÈ
CHIAVE	PARCHEGGIO	PACE	FACILE	CENTRO	CUGINO	MAROCCO
CIPOLLA	PANCHINA	BANCHE	PARRUCCHIERA	COLTELLO	NOCE	AMICI
CANDELA	PASTICCIERE	CINEMA	FACCIA	CARTINA	CHIODO	FORCHETTA
MACCHIA	CIABATTE	DIFFICILE	CIBO	CITTÀ	VICINO	FINOCCHIO
BACHECA	DOCCIA	CHIESA	UNDICI	CAPPUCCINO	FARMACIA	PARCO

PAGINA 40 — ITALIANO di BASE

VIVERE IN ITALIA

MI PRESENTO | La carta d'identità e altri documenti

1. LA CARTA D'IDENTITÀ

LEGGI E RISPONDI: SÌ O NO?

UFFICIO RELAZIONI CON IL PUBBLICO U.R.P.

home | servizi | modulistica | faq:assistenza online | sportello immigrati | news:notizie e novità | eventi | contatti | informagiovani

CHE COS'È LA CARTA D'IDENTITÀ?
È UN DOCUMENTO PERSONALE, CIOÈ UN DOCUMENTO CHE SERVE A CAPIRE CHI SEI. SULLA CARTA D'IDENTITÀ CI SONO I TUOI DATI ANAGRAFICI: IL TUO NOME, IL TUO COGNOME, LA TUA DATA DI NASCITA E ALTRI DATI IMPORTANTI.
DEVI PORTARE LA CARTA D'IDENTITÀ SEMPRE CON TE: I POLIZIOTTI, MA ANCHE I CARABINIERI E ALTRI PUBBLICI UFFICIALI, POSSONO CHIEDERE DI VEDERE I TUOI DOCUMENTI.
SE NON HAI LA CARTA D'IDENTITÀ PORTA IL PERMESSO DI SOGGIORNO O IL PASSAPORTO.

DOVE POSSO FARE LA CARTA D'IDENTITÀ?
ALL'UFFICIO ANAGRAFE DEL TUO COMUNE DI RESIDENZA.

QUALI DOCUMENTI DEVO PORTARE?
- LA RICEVUTA DELLA RICHIESTA DEL PERMESSO DI SOGGIORNO O LA CARTA DI SOGGIORNO, NON SCADUTI
- 3 FOTOGRAFIE NUOVE E UGUALI, FORMATO TESSERA
- UN DOCUMENTO CHE DICE CHE HAI UN POSTO DOVE VIVERE, PER ESEMPIO IL CONTRATTO D'AFFITTO DELLA TUA CASA O LA DICHIARAZIONE DELLA PERSONA CHE TI OSPITA.

A. QUANDO ESCO DI CASA DEVO PORTARE SEMPRE I DOCUMENTI?	SÌ	NO
B. PER FARE LA CARTA D'IDENTITÀ VADO DALLA POLIZIA?	SÌ	NO
C. PER FARE LA CARTA D'IDENTITÀ POSSO PORTARE IL PASSAPORTO?	SÌ	NO
D. PER FARE LA CARTA D'IDENTITÀ DEVO AVERE UN CONTRATTO DI LAVORO?	SÌ	NO

ITALIANO di BASE

VIVERE IN ITALIA

MI PRESENTO | La carta d'identità e altri documenti

2. LA MIA CARTA D'IDENTITÀ
LA CARTA D'IDENTITÀ VIENE RILASCIATA ANCHE IN FORMATO ELETTRONICO.
COMPILA IL MODULO DI RICHIESTA CON I TUOI DATI.

COMUNE DI APRILIA — *Al Signor SINDACO*

RICHIESTA CARTA D'IDENTITÀ

☐ Prima emissione   ☐ Rinnovo per scadenza   ☐ Rinnovo per furto/smarrimento/deterioramento

Il/la sottoscritto/a _____ nato/a il _____
a _____, residente ad APRILIA
in Via _____ n. ____

CHIEDE

il rilascio della carta d'identità   ☐ VALIDA PER L'ESPATRIO   ☐ NON VALIDA PER L'ESPATRIO

Allo scopo allega:
☒ n° 2 fotografie, a mezzo busto senza cappello;   ☐ la dichiarazione della locale Autorità di Pubblica Sicurezza comprovante la denuncia di smarrimento;

CONNOTATI E CONTRASSEGNI SALIENTI

Statura m. ____ Capelli _____ Occhi _____ Professione _____
Cittadinanza _____ Stato Civile *(da riportare sul documento)* ☐ SI ☐ NO
Segni particolari _____
Ai sensi e per gli effetti del D.P.R. 26-12-2000 n. 445 e dell'art. 1 del D.P.R. 06-08-1974 n. 649

DICHIARA

– Sotto la propria responsabilità e consapevole delle sanzioni penali previste nel caso di falsa dichiarazione, di non trovarsi in alcuna delle condizioni ostative al rilascio del passaporto previste **dall'art. 3 della legge 21 novembre 1967, n. 1185, lettere b), d), e), g);**
– di non essere in possesso della carta d'identità rilasciata negli ultimi cinque anni, ovvero di essere in possesso di carta d'identità scadente entro 180 giorni (allego documento);
– di avere N° _____ figli minorenni e di avere ☐ **l'assenso** dell'altro genitore o ☐ **l'autorizzazione** del giudice tutelare.
Il/la sottoscritto/a dichiara inoltre di essere informato/i ai sensi del D.Lgs. n° 196/2003 (codice in materia di protezione dei dati personali) che i dati personali raccolti saranno trattati, anche con strumenti informatici, nell'ambito del procedimento per il quale la presente dichiarazione viene resa.

Aprilia, lì _____   Il/La richiedente _____

DOCUMENTO CARTACEO

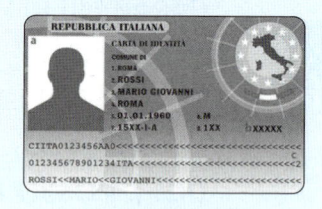

DOCUMENTO ELETTRONICO

3. GLI ALTRI DOCUMENTI
GUARDA LE IMMAGINI: CONOSCI I NOMI DI QUESTI DOCUMENTI?
COLLEGA I NOMI ALLE IMMAGINI, COME NELL'ESEMPIO.

TESSERA SANITARIA   PATENTE DI GUIDA   CODICE FISCALE   PASSAPORTO

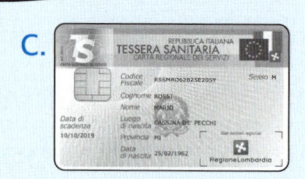

A.   B.   C.   D.

4. L'UFFICIO ANAGRAFE
IN TUTTI I COMUNI ITALIANI C'È UN UFFICIO ANAGRAFE.
L'UFFICIO ANAGRAFE FA LA CARTA D'IDENTITÀ E ALTRI DOCUMENTI. QUALI?
PARLA CON I TUOI COMPAGNI E CON L'INSEGNANTE.

PAGINA 42   ITALIANO di BASE

MODULO 2 ▸ COME SEI?

LIVELLO preA1 / A1

1 PARLA

GUARDA L'IMMAGINE: CHI SONO QUESTE PERSONE? DI DOVE SONO? PARLA CON I COMPAGNI.

2 LEGGI

LEGGI E IL TESTO E SCRIVI QUESTI NOMI, COME NELL'ESEMPIO.

AMINA   OLEK   ✓ PEDRO   VERONICA

QUESTA È UNA CLASSE DI STUDENTI DI ITALIANO.
_____ È MAROCCHINA. È BASSA E MAGRA. È CASTANA. È MOLTO GENTILE.
___PEDRO___ È PERUVIANO, È ALTO, HA I CAPELLI NERI.
_____ È UNA DONNA NIGERIANA MOLTO SIMPATICA. HA UN FIGLIO. LEI E AMINA SONO AMICHE.
_____ È UN RAGAZZO UCRAINO. HA I CAPELLI BIONDI. OGGI È TRISTE PERCHÉ NON HA IL LIBRO DI ITALIANO.

3 LEGGI

LEGGI ANCORA IL TESTO AL PUNTO 2 E SEGNA CON UNA ✗ LA RISPOSTA ESATTA, COME NELL'ESEMPIO.

A. AMINA HA I CAPELLI	☐ BIONDI	☒ CASTANI	☐ NERI
B. PEDRO È	☐ MAROCCHINO	☐ PERUVIANO	☐ UCRAINO
C. VERONICA È AMICA DI	☐ AMINA	☐ OLEK	☐ PEDRO
D. VERONICA HA	☐ UNA FIGLIA	☐ UN FIGLIO	☐ DUE FIGLI
E. OLEK È	☐ BIONDO	☐ CASTANO	☐ MORO

CONTROLLA CON UN COMPAGNO.

ITALIANO di BASE

MODULO 2 ▸ COME SEI?

LIVELLO preA1 / A1

COME FUNZIONA?

LEGGI QUESTE FRASI.

OLEK È UN RAGAZZO UCRAINO.

VERONICA È UNA DONNA NIGERIANA.

ZHOU È UNO STUDENTE CINESE.

ANNE È UN'INSEGNANTE FRANCESE.

UNA PAROLA È **SINGOLARE** QUANDO INDICA UNA PERSONA O UNA COSA.
UNA PAROLA È **PLURALE** QUANDO INDICA DUE O PIÙ PERSONE OPPURE DUE O PIÙ COSE.
LEGGI QUESTE PAROLE E COMPLETA LA SPIEGAZIONE.

SINGOLARE MASCHILE	PLURALE MASCHILE	SINGOLARE FEMMINILE	PLURALE FEMMINILE
RAGAZZO UCRAINO	RAGAZZI UCRAINI	DONNA NIGERIANA	DONNE NIGERIANE
STUDENTE CINESE	STUDENTI CINESI	INSEGNANTE FRANCESE	INSEGNANTI FRANCESI

LE PAROLE MASCHILI FINISCONO CON LA LETTERA -O AL SINGOLARE E CON LA LETTERA ____ AL PLURALE.
LE PAROLE FEMMINILI FINISCONO CON LA LETTERA -A AL SINGOLARE E CON LA LETTERA ____ AL PLURALE.

ALCUNE PAROLE (MASCHILI E FEMMINILI) FINISCONO CON LA LETTERA -E AL SINGOLARE E CON LA LETTERA ____ AL PLURALE.
LE PAROLE SOTTOLINEATE SI CHIAMANO **AGGETTIVI**: USI GLI AGGETTIVI PER DESCRIVERE LE PERSONE E LE COSE.

4 LAVORA

GUARDA E COMPLETA CON QUESTE PAROLE, COME NELL'ESEMPIO.

✓ ALTO   BELLA   CASTANA   FELICE   GIOVANE   ROBUSTO

A. BASSO   B. ALTO

C. _____   D. MAGRO

E. MORA   F. _____   G. BIONDA

H. _____   I. ANZIANO

L. BRUTTA   M. _____

N. _____   O. TRISTE

PAGINA 44

ITALIANO di BASE

MODULO 2 ▸ COME SEI?

LIVELLO preA1 / A1

5 LAVORA
COMPLETA CON QUESTE PAROLE.

AFRICANE   AMERICANE   BIONDI

- ■ TU E AMINA SIETE _____?
- ● NO, NON SIAMO AMERICANE: SIAMO _____. E TU?
- ■ INDOVINA!
- ● NON LO SO… HAI I CAPELLI _____… SEI RUSSO?
- ■ NO, NON SONO RUSSO. PROVA ANCORA.
- ● SEI POLACCO?
- ■ NO, SONO UCRAINO.

CONTROLLA CON UN COMPAGNO.

6 GIOCA
A COPPIE, TROVATE NEL DIALOGO LE 4 INFORMAZIONI FALSE, POI COMPLETATE LE FRASI, COME NELL'ESEMPIO. VINCE CHI FINISCE PRIMA.

- ■ IO SONO AMICA DI AMINA.
- ● AMINA? È ALTA E MAGRA?
- ■ SÌ, LA RAGAZZA MAROCCHINA BIONDA.
- ● E IL RAGAZZO BRASILIANO COME SI CHIAMA?
- ■ IL RAGAZZO BASSO VICINO A LEI?
- ● SÌ.
- ■ SI CHIAMA PEDRO.

A. AMINA NON È _ALTA_ : È _BASSA_.
B. AMINA NON È _____ : È _____.
C. PEDRO NON È _____ : È _____.
D. PEDRO NON È _____ : È _____.

GUARDA IL LINGUAQUIZ *CONCORDANZA TRA SOSTANTIVO E AGGETTIVO*.

7 SCRIVI
GUARDA LE FOTOGRAFIE E COMPLETA LE DESCRIZIONI CON QUESTE PAROLE.

BELLA   ANNI   BAMBINA   GRANDI   GIOVANE   BIANCHI   CHIARA   ROMENO

A. REMUS È _____. È ANZIANO. HA LA PELLE _____, LA BARBA, I BAFFI E I CAPELLI _____.

B. HAMIKA È NATA A TORINO, IN ITALIA. HA 16 ANNI. HA LA PELLE SCURA E I CAPELLI NERI. È _____ E _____.

C. CARMEN È UNA _____ CILENA, MOLTO CARINA. HA 6 _____. È CASTANA. HA OCCHIALI _____ E COLORATI.

ITALIANO di BASE   PAGINA 45

MODULO 2 ▶ COME SEI?

LIVELLO preA1 / A1

COME FUNZIONA?

LEGGI QUESTE FRASI.

- QUANTI ANNI HAI?
- HO 48 ANNI.

REMUS HA LA BARBA.

LE PAROLE SOTTOLINEATE SONO LE FORME DEL PRESENTE DEL VERBO **AVERE**.

	AVERE
IO	
TU	
LUI/LEI	
NOI	ABBIAMO
VOI	AVETE
LORO	HANNO

LAVORA CON UN COMPAGNO. COMPLETATE LA TABELLA.

⚠ LA LETTERA **H** NON SI PRONUNCIA!

8 GIOCA

A SQUADRE: PENSATE A DUE COMPAGNI E SCRIVETE DELLE FRASI CON IL VERBO **AVERE**. POI UNA SQUADRA LEGGE UNA FRASE E LE ALTRE SQUADRE DEVONO INDOVINARE IL NOME DEL COMPAGNO, COME NELL'ESEMPIO.

- NON HA GLI OCCHIALI.
- È PEDRO!
- NO, NON È PEDRO. HA I CAPELLI BIONDI.
- È OLEK!
- SÌ, È OLEK.

COME FUNZIONA?

AVERE E **ESSERE** SONO I VERBI PIÙ IMPORTANTI IN ITALIANO!
LEGGI QUESTE FRASI.

IO SONO LAYLA.
SONO UNA DONNA.
SONO ARABA.
HO DUE FIGLI.
HO UNA BICICLETTA.

LUI È LUCIANO.
È UN UOMO.
È ITALIANO.
HA UNA FIGLIA.
HA UNA MACCHINA.

9 LEGGI

COMPLETA CON **SONO** O CON **HO**.

CIAO, IO _____ BINATA E _____ 5 ANNI. ABITO IN ITALIA, MA NON _____ ITALIANA: _____ SENEGALESE. _____ I CAPELLI NERI. OGGI _____ MOLTO FELICE PERCHÉ INCONTRO I MIEI CUGINI.

CONTROLLA CON UN COMPAGNO.

PAGINA 46 ITALIANO di BASE

MODULO 2 ▸ COME SEI?

LIVELLO preA1 / A1

10 GIOCA

AIUTO! CORBIN E FRANCESCO HANNO PERSO I LORO FIGLI AL MERCATO!
A COPPIE, GUARDATE L'IMMAGINE E AIUTATE CORBIN E FRANCESCO.
VINCE CHI TROVA PRIMA I LORO FIGLI.

CORBIN: AIUTO! DOV'È MIO FIGLIO? È UN BAMBINO ALTO E MAGRO, HA I CAPELLI NERI E CORTI. HA UN CAPPELLO.

FRANCESCO: AIUTO! DOV'È MIO FIGLIO? È UN BAMBINO BASSO E MAGRO, HA GLI OCCHIALI E UNO ZAINO.

11 ASCOLTA

AMINA E PEDRO GUARDANO QUESTA FOTO: ASCOLTA E COLLEGA I NOMI ALLE PERSONE.

EMILIO   GIORGIO   SANDRO

12 ASCOLTA

ASCOLTA ANCORA E RISPONDI: SÌ O NO?

A.	PEDRO È AMICO DI SANDRO?	SÌ	NO
B.	SANDRO È SPAGNOLO?	SÌ	NO
C.	GIORGIO È ITALIANO?	SÌ	NO
D.	EMILIO È UN AMICO DI PEDRO?	SÌ	NO
E.	EMILIO È GENTILE?	SÌ	NO

ITALIANO di BASE   PAGINA 47

MODULO 2 ▸ COME SEI?

LIVELLO preA1 / A1

13 LEGGI

ASCOLTA ANCORA, LEGGI E CONTROLLA.

19 🔊

- ■ CHE BELLA FOTO! CHI SONO?
- ● SONO TRE COMPAGNI DEL CORSO DI INFORMATICA.
- ■ IL RAGAZZO BIONDO COME SI CHIAMA?
- ● SANDRO: È MOLTO SIMPATICO E CHIACCHIERONE. PARLA SEMPRE, ANCHE IN SPAGNOLO!
- ■ E IL RAGAZZO CON GLI OCCHIALI?
- ● SI CHIAMA GIORGIO.
- ■ MA QUANTO È ALTO?
- ● QUASI DUE METRI!
- ■ GIOCA A BASKET?
- ● NO, NON È SPORTIVO, ANZI… È MOLTO PIGRO.
- ■ E L'ALTRO RAGAZZO?
- ● È EMILIO, UN AMICO DI GIORGIO…
- ■ MMM… CHE TIPO È?
- ● È INSOPPORTABILE.
- ■ PERCHÉ?
- ● È MALEDUCATO E PREPOTENTE: NON RISPETTA GLI ALTRI E PENSA DI ESSERE UN GENIO DEL PC.

ATTENZIONE!

USI **NON** PRIMA DEL VERBO, COME IN QUESTE FRASI:

GIORGIO **NON** È SPORTIVO.

SANDRO **NON** HA GLI OCCHIALI.

14 LAVORA

GUARDA LE IMMAGINI E COMPLETA LE FRASI: SCRIVI **NON** NEGLI SPAZI SOLO QUANDO SERVE, COME NELL'ESEMPIO.

CHENG    MARIA    PATRICK    ANNA

A. CHENG _NON_ È GIOVANE, _✗_ È MAGRO E _NON_ HA LA BARBA.
B. MARIA _____ È MAGRA, _____ È MORA E _____ HA GLI OCCHIALI.
C. PATRICK _____ HA LA BARBA. _____ È MAGRO E _____ È GIOVANE.
D. ANNA _____ È UNA BAMBINA, _____ È BIONDA E _____ È CARINA.

CONTROLLA CON UN COMPAGNO.

PAGINA 48   ITALIANO di BASE

MODULO 2 ▸ COME SEI?

LIVELLO preA1 / A1

15 LAVORA
METTI QUESTE PAROLE NELL'ORDINE GIUSTO, COME NELL'ESEMPIO.

A. SONO - AMINA - E - AMERICANE - NON - VERONICA
   AMINA E VERONICA NON SONO AMERICANE.

B. RUSSO - È - OLEK - NON
   _____

C. NOI - SIAMO - NON - ANZIANE
   _____

D. VOI - NON - BASSI - SIETE
   _____

E. MOLTO - È - SIMPATICA - NON - LEI
   _____

F. IO - HO - NON - OGGI - L'OMBRELLO
   _____

CONTROLLA CON UN COMPAGNO.

16 ASCOLTA
CHI È DAVIDE? ASCOLTA E SEGNA CON UNA ✗ LA FOTOGRAFIA ESATTA.

A. ☐   B. ☐   C. ☐   D. ☐

17 ASCOLTA
ASCOLTA ANCORA E COMPLETA LA TABELLA.

NOME	
COGNOME	
NAZIONALITÀ	
ETÀ	
CITTÀ DI RESIDENZA	

ITALIANO di BASE

PAGINA 49

MODULO 2 ▸ COME SEI?

LIVELLO preA1 / A1

18 LAVORA
ASCOLTA ANCORA, LEGGI E CONTROLLA.

> CIAO, MI CHIAMO DAVIDE FERRARI. HO 27 ANNI. HO LA BARBA LUNGA. SONO MAGRO E BASSO. HO GLI OCCHIALI. SONO ITALIANO, DI ROMA, MA ORA ABITO A PARIGI, IN FRANCIA.

19 SCRIVI
SCRIVI DELLE FRASI CON QUESTE PAROLE, COME NELL'ESEMPIO.

| BARBA | AMERICANO | NEW YORK | 57 ANNI | ALTO | MAGRO |

A. IL MIO AMICO SI CHIAMA MIKE. _____
_____
_____

| ITALIANE | MILANO | 29 ANNI | MAGRE | OCCHIALI | BASSE | BIONDE |

B. TERESA E SONIA _____
_____
_____

COME SI DICE?

LEGGI LE FRASI E COLORA LE IMMAGINI, COME NELL'ESEMPIO.

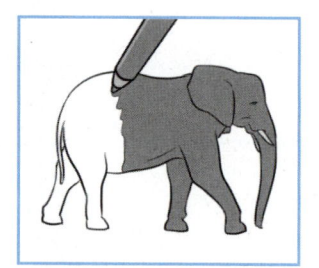

L'ELEFANTE È GRIGIO.

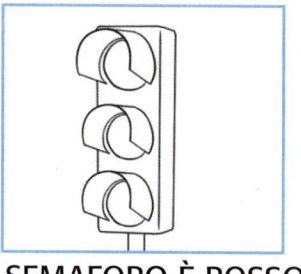

IL SEMAFORO È ROSSO, GIALLO E VERDE.

IL MARE È BLU.

L'ALBERO È VERDE E MARRONE.

L'ARANCIA È ARANCIONE.

IL LATTE È BIANCO.

ITALIANO di BASE

MODULO 2 ▸ COME SEI?

LIVELLO preA1 / A1

20 GIOCA

A SQUADRE: L'INSEGNANTE DÀ AGLI STUDENTI DI OGNI SQUADRA DIECI POST-IT. GLI STUDENTI GUARDANO GLI OGGETTI CHE CI SONO IN CLASSE, SCRIVONO IL COLORE SU UN POST-IT E ATTACCANO IL POST-IT SULL'OGGETTO. VINCE LA SQUADRA CHE ATTACCA PER PRIMA TUTTI I POST-IT CON IL COLORE CORRETTO.

AUTOVALUTAZIONE

COSA SO E COSA CONOSCO ADESSO?
SEGNO CON UNA ✗ LE COSE CHE:

SO / CONOSCO BENE ☺	SO / CONOSCO ABBASTANZA BENE 😐	NON SO / NON CONOSCO ☹

CONOSCO

	☺	😐	☹
GLI AGGETTIVI			
IL PRESENTE DEL VERBO **AVERE**			
LA DIFFERENZA TRA MASCHILE E FEMMINILE			

SO

	☺	😐	☹
DESCRIVERE UNA PERSONA			
USARE IL PRESENTE DEL VERBO **AVERE**			
USARE **NON**			

DOSSIER

GUARDA L'IMMAGINE E SCRIVI LA DESCRIZIONE DELLA PERSONA.

ITALIANO di BASE PAGINA 51

MODULO 2 ▸ FONETICA

LIVELLO preA1 / A1

GATTO
GELATO

1 ASCOLTA
ASCOLTA E RIPETI.

| GATTO | GONNA | GUANTO | GELATO |

| GHEPARDO | UNGHIA | GIACCA |

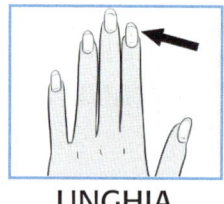

21 🔊

LA LETTERA **G** CORRISPONDE A DUE SUONI DIVERSI:

| UN SUONO COME NELLA PAROLA **GA**TTO NELLE PAROLE CON G+**A**, G+**O**, G+**U**, G+**H**+**I**, G+**H**+**E** | UN SUONO COME NELLA PAROLA **GE**LATO NELLE PAROLE CON G+**E**, G+**I** |

2 SCRIVI
A COPPIE, SCRIVETE QUESTE PAROLE AL POSTO GIUSTO, COME NEGLI ESEMPI.

✓RAGAZZO ✓GENITORI CUGINO LINGUA VALIGIA BUONGIORNO
FORMAGGIO PREGO PORTOGHESE GIORNALE FUNGHI GUFO

SUONO COME IN **GA**TTO	SUONO COME IN **GE**LATO
RAGAZZO,	GENITORI,

3 SCRIVI
ASCOLTA E COMPLETA LE PAROLE CON **GE, GI, GHE, GHI, GA, GO, GU**, COME NELL'ESEMPIO.

22 🔊

A. SPA_GHE_TTI
B. _____ACCIO
C. OROLO_____O
D. PI_____AMA
E. LA_____
F. RA_____ZZA
G. SI_____RETTA
H. PA_____NA
I. ALBER_____

PAGINA 52

ITALIANO di BASE

MODULO 2 ▸ Come sei?

LIVELLO A1 / A2

1 PARLA
A coppie: guardate le fotografie e descrivete le persone.

a.    b.    c.

2 LAVORA
Guarda le immagini e scrivi queste parole, come nell'esempio.

✓ rotondo | grosso | lunghi | all'insù | calvo
piccolo | corti | ricci | allungato/ovale | lisci

a. Ha i capelli _____ e _____.

b. Ha i capelli _____ e _____.

c. È _____.

d. Ha il naso _____.

e. Ha il naso _____.

f. Ha il naso _____.

g. Ha il viso _rotondo_.

h. Ha il viso _____.

Controlla con un compagno.

ITALIANO di BASE   PAGINA 53

MODULO 2 ▶ Come sei?

LIVELLO A1 / A2

3 LAVORA
Guarda le immagini e scrivi queste parole.

| alto | robusto | magro | di statura media | basso | atletico |

CORPORATURA   **ALTEZZA**

a. È _____ .

b. È _____ .

c. È _____ .

d. È _____ .

e. È _____ .

f. È _____ .

Controlla con un compagno.

4 ASCOLTA
Ascolta la descrizione e disegna Sara e Marco. Poi confronta con un compagno.

23 🔊

5 ASCOLTA
Ascolta ancora e completa la tabella, come nell'esempio.

23 🔊

	OCCHI	CAPELLI	CORPORATURA	STATURA
MARCO			robusto	
SARA				

Controlla con un compagno.

PAGINA 54   ITALIANO di BASE

MODULO 2 ▶ Come sei?

LIVELLO A1 / A2

6 LEGGI
Ascolta ancora, leggi e controlla.

- ■ Ciao Luis, hai conosciuto Sara e Marco alla festa di ieri?
- ● Non lo so... ho conosciuto tante persone, non ricordo i nomi! Che aspetto ha Marco?
- ■ Beh, è un ragazzo abbastanza robusto...
- ● Alto?
- ■ Sì, è poco più alto di te. Ha la barba.
- ● Forse ho capito: ha i capelli neri, molto corti e porta gli occhiali?
- ■ Sì, sì.
- ● Allora è proprio lui! Sembra simpatico... e Sara invece com'è?
- ■ È magra, abbastanza alta... ha i capelli molto lunghi.
- ● Mmm... biondi e ricci?
- ■ No, ha i capelli castani e lisci.
- ● Castani e lisci... aspetta: ha gli occhi verdi? Grandi?
- ■ Esatto!

7 SCRIVI
Descrivi l'aspetto fisico di un compagno.

8 GIOCA
Indovina chi è? Uno studente legge la descrizione del punto 7 e i compagni indovinano chi è.

ITALIANO di BASE   PAGINA 55

MODULO 2 ▸ Come sei?

LIVELLO A1 / A2

9 LEGGI
Leggi e rispondi alla domanda, come nell'esempio.

Si chiama Raissa. Ha i capelli lunghi e lisci, gli occhi marroni e porta gli occhiali. È simpatica e socievole. Ama stare con gli amici. È sincera, dice sempre quello che pensa.

Si chiama Ranjan. Ha i capelli corti, grigi. È sportivo, usa sempre la bicicletta. È timido e sensibile, è attento ai problemi delle persone.

Com'è il carattere di Raissa e Ranjan?

Raissa è __simpatica__, _____ _____

Ranjan è __sportivo__, _____ _____

Controlla con un compagno.

10 LAVORA
Completa le frasi con queste parole, come nell'esempio.

maleducata ✓ noioso | pigra | romantico | divertente | timida

a. Daniele è ___noioso___. Dice sempre le stesse cose.

b. Antonio è _____: è pieno di energia e stare con lui è molto piacevole.

c. Laura è _____: non rispetta le altre persone.

d. Maria Soledad è molto _____: ama passare le serate davanti alla tv.

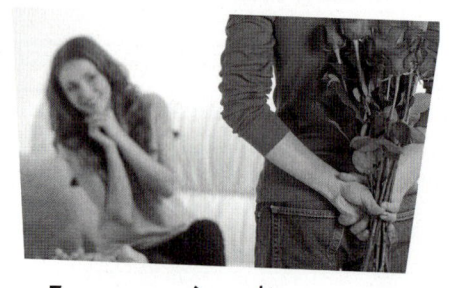

e. Francesco è molto _____: spesso regala un mazzo di rose rosse alla moglie.

f. La mia migliore amica è _____: diventa rossa quando parla con persone che non conosce.

PAGINA 56 ITALIANO di BASE

MODULO 2 ▶ Come sei?

LIVELLO A1 / A2

11 GIOCA
A coppie: uno studente descrive le fotografie 1, 2 e 3, poi il compagno descrive le fotografie 4, 5 e 6.

TEST DEL SORRISO

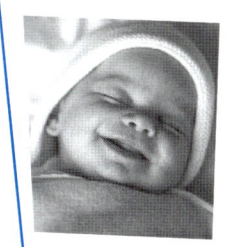

1.    2.    3.    4.    5.    6.

Poi a turno, ogni studente sceglie la fotografia che preferisce e spiega al compagno perché.

12 LEGGI
Quale fotografia del punto 11 preferisci? Capovolgi il libro e leggi il tuo profilo.

Se preferisci la fotografia 1.
sei una persona romantica, generosa, sensibile. Sei molto legata alla famiglia e ai valori. Ami l'amore e l'amicizia.

Se preferisci la fotografia 2.
sei una persona allegra. Ami viaggiare. Amici e familiari ti chiedono consigli e aiuto.

Se preferisci la fotografia 3.
sei una persona positiva, affidabile e comunicativa. Sei piena di interessi e di energia. Vivi la vita con passione.

Se preferisci la fotografia 4.
sei una persona determinata e spontanea. Non accetti ordini, vuoi avere libertà di espressione.

Se preferisci la fotografia 5.
sei una persona sincera. Ami i ruoli attivi e dinamici, ti piace conoscere persone.

Se preferisci la fotografia 6.
sei una persona concreta, affidabile e vivace. Raggiungi presto i tuoi obiettivi.

13 PARLA
Sei d'accordo con il tuo profilo? Parla con il tuo compagno, descrivi il tuo carattere.

ITALIANO di BASE

MODULO 2 ▸ Come sei?

LIVELLO A1 / A2

14 LAVORA
Completa con queste parole, come nell'esempio.

felice | stanca | ✓ arrabbiata | annoiata | triste | preoccupata

a. Sono molto _____ perché arriva mia sorella dal Perù.

b. C'è traffico, l'autobus non arriva e sono in ritardo. Sono _arrabbiata_!

c. Sono molto _____, lavoro troppo.

d. Oggi sono _____. Questa mattina ho l'esame di lingua italiana.

e. Mi sento _____, non so cosa fare.

f. Sono molto _____. I miei amici si sono trasferiti in un'altra città.

PAGINA 58 — ITALIANO di BASE

MODULO 2 ▸ Come sei?

LIVELLO A1 / A2

15 SCRIVI
Guarda le fotografie e scrivi come si sentono queste persone e perché.

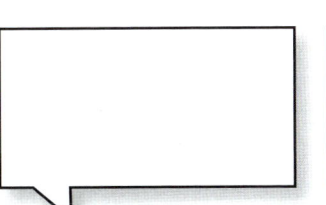

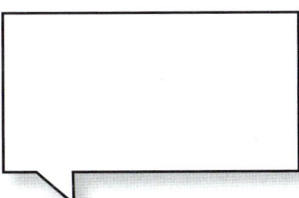

a.    b.    c.    d.

COME FUNZIONA?

Leggi queste frasi.

SINGOLARE MASCHILE	PLURALE MASCHILE	SINGOLARE FEMMINILE	PLURALE FEMMINILE
Farouk è alt**o**.	Farouk e Said sono alt**i**.	Fatima è alt**a**.	Fatima e Lucia sono alt**e**.
Mario è gentil**e**.	Mario e Franco sono gentil**i**.	Marta è gentil**e**.	Marta e Dora sono gentil**i**.

Le parole sottolineate si chiamano **AGGETTIVI**. Usi gli **AGGETTIVI** per fare una descrizione.

Completa la tabella.

SINGOLARE MASCHILE	PLURALE MASCHILE	SINGOLARE FEMMINILE	PLURALE FEMMINILE
robust**o**		robust**a**	
			cort**e**
	divertent**i**		
lung**o**			
		magr**a**	
	sincer**i**		
			socievol**i**

ITALIANO di BASE — PAGINA 59

MODULO 2 ▸ Come sei?

LIVELLO A1 / A2

16 SCRIVI
Scrivi tre aggettivi in ogni frase, come nell'esempio.

a. Gli occhi di Daniela sono: ___grandi, belli___, ___espressivi___.

b. Lo studente è: _____, _____, _____.

c. Le ragazze sono: _____, _____, _____.

d. La bambina è: _____, _____, _____.

Confronta con un compagno.

17 LAVORA
Completa le frasi con l'ultima lettera degli aggettivi, come nell'esempio.

a. Paolo è gentile. → Paolo e Felipe sono gentil_i_.
b. Il mio amico è sensibile e divertente. → Le mie amiche sono sensibil___ e divertent___.
c. Mia figlia è sincera, non dice mai bugie. → I miei figli sono sincer___, non dicono mai bugie.
d. Azalea è sempre allegra. → Lucio è sempre allegr___.
e. Toni, lo studente albanese, è molto simpatico. → Tina, la studentessa albanes___, è molto simpatic___.
f. Il film è lungo e noioso. → La lezione è lung___ e noios___.

Controlla con un compagno.

ALMA.tv
Guarda il Linguaquiz
L'articolo.

ATTENZIONE!

In italiano davanti ai nomi usi gli **ARTICOLI**.
Questi sono gli **ARTICOLI DETERMINATIVI**.

SINGOLARE MASCHILE	PLURALE MASCHILE	SINGOLARE FEMMINILE	PLURALE FEMMINILE
IL ragazzo	**I** ragazzi	**LA** bambina	**LE** bambine
IL bambino	**I** bambini	**LA** festa	**LE** feste
L'amico	**GLI** amici	**L'**intervista	**LE** interviste
L'insegnante	**GLI** insegnanti		
LO studente	**GLI** studenti		
LO zaino	**GLI** zaini		

PAGINA 60 — ITALIANO di BASE

MODULO 2 ▶ Come sei?

LIVELLO A1 / A2

AUTOVALUTAZIONE

COSA SO E COSA CONOSCO ADESSO?
Segno con una ✗ le cose che:

SO / CONOSCO BENE ☺	SO / CONOSCO ABBASTANZA BENE 😐	NON SO / NON CONOSCO ☹

CONOSCO
- gli aggettivi per descrivere l'aspetto fisico ☺ 😐 ☹
- gli aggettivi per descrivere il carattere ☺ 😐 ☹
- gli aggettivi per descrivere gli stati d'animo ☺ 😐 ☹

SO
- descrivere l'aspetto fisico ☺ 😐 ☹
- descrivere il carattere ☺ 😐 ☹
- descrivere gli stati d'animo ☺ 😐 ☹

DOSSIER

Descrivi l'aspetto fisico e il carattere di un amico o di un'amica. Scrivi almeno 50 parole.

ITALIANO di BASE

MODULO 2 ▸ Fonetica

LIVELLO A1 / A2

GATTO
GELATO

1 GIOCA
A squadre: in tre minuti trovate nell'immagine tutti gli oggetti che hanno nel nome la lettera **G**. Scrivete il nome nella colonna giusta, come nell'esempio. Vince chi trova più parole.

suono come in **GA**TTO
gomma,

suono come in **GE**LATO
giacca,

2 LEGGI
Lavora con un compagno. Leggete le parole che avete scritto al punto **1**. Completate la tabella e poi controllate con l'insegnante e tutta la classe.

La lettera **G** corrisponde a due suoni diversi:

| un suono come nella parola **GA**TTO nelle parole con G+_A_, G+___, G+___, G+___+___, G+___+___ | un suono come nella parola **GE**LATO nelle parole con G+_E_, G+___ |

3 LAVORA
Leggi e segna con una ✗ la parola giusta, come nell'esempio. Poi ascolta e verifica con un compagno.

24 🔊

a.
- ☐ cioco
- ☒ gioco
- ☐ chioco
- ☐ ghioco

b.
- ☐ cennaio
- ☐ gennaio
- ☐ chennaio
- ☐ ghennaio

c.
- ☐ cane
- ☐ gane
- ☐ chane
- ☐ ghane

d.
- ☐ bicciere
- ☐ biggiere
- ☐ bicchiere
- ☐ bigghiere

PAGINA 62 — ITALIANO di BASE

VIVERE IN ITALIA

DIAMOCI UNA MANO! | Il volontariato in Italia

1. LAVORARE PER GLI ALTRI
QUESTO È IL SITO DELL'ASSOCIAZIONE DI VOLONTARIATO *INSIEME*.
LEGGI E RISPONDI: SÌ O NO?

INSIEME
Partecipa   Aiutaci   Contattaci   Chi siamo   Notizie

HAI TEMPO LIBERO? IL SABATO VAI SEMPRE NEI CENTRI COMMERCIALI?
LA DOMENICA GUARDI TUTTO IL GIORNO LA TELEVISIONE? CHE NOIA!
VIENI A FARE VOLONTARIATO ANCHE TU.
IL VOLONTARIATO È UN'ATTIVITÀ GRATUITA CHE PUOI FARE PER AIUTARE PERSONE
IN DIFFICOLTÀ. IL VOLONTARIATO È UTILE NON SOLO PER LORO MA ANCHE PER TE:
CON IL VOLONTARIATO NON GUADAGNI SOLDI, MA IMPARI TANTE COSE, INCONTRI
NUOVI AMICI E IMPARI MEGLIO LA LINGUA ITALIANA.
TUTTI POSSONO FARE VOLONTARIATO IN ASSOCIAZIONI, MOVIMENTI POLITICI
E ORGANIZZAZIONI RELIGIOSE: CI SONO TANTE POSSIBILITÀ IN TUTTE LE CITTÀ
ITALIANE. PUOI SCEGLIERE DI FARE QUELLO CHE TI PIACE DI PIÙ E CHE SAI FARE
MEGLIO: BASTANO POCHE ORE AL MESE PER FARE COSE IMPORTANTI.

A. I VOLONTARI PRENDONO SOLDI PER LA LORO ATTIVITÀ?   SÌ   NO
B. IL VOLONTARIATO AIUTA A INCONTRARE NUOVI AMICI?   SÌ   NO
C. IL VOLONTARIATO È UTILE ANCHE PER IMPARARE L'ITALIANO?   SÌ   NO

2. IL VOLONTARIATO IN ITALIA
LEGGI E COMPLETA CON QUESTE PAROLE, COME NELL'ESEMPIO.

ASSOCIAZIONI   BAMBINO   ✓OTTO   SPESA   UOMINI   VOLONTARIATO

IN ITALIA UNA PERSONA SU __OTTO__ FA VOLONTARIATO: ALCUNI FANNO
VOLONTARIATO NELLE _____, ALTRI AIUTANO DIRETTAMENTE ALTRE
PERSONE, AD ESEMPIO FANNO LA _____ PER UN VICINO DI CASA
ANZIANO O AIUTANO UN _____ STRANIERO A FARE I COMPITI.
FANNO VOLONTARIATO DONNE E _____, ANZIANI E GIOVANI, ITALIANI
E STRANIERI. GLI ABITANTI DEL TRENTINO-ALTO ADIGE SONO LE PERSONE CHE
FANNO PIÙ _____ IN ITALIA.

ITALIANO di BASE

VIVERE IN ITALIA

DIAMOCI UNA MANO! | Il volontariato in Italia

3. CONSIGLI UTILI

CESARE È UN CITTADINO MOLTO ATTIVO E CONOSCE TANTE ASSOCIAZIONI. SCRIVI ACCANTO ALLA DOMANDA IL NUMERO DELLA RISPOSTA GIUSTA, COME NELL'ESEMPIO. POI SCRIVI IL NUMERO SOTTO LE IMMAGINI, COME NELL'ESEMPIO.

A. SONO KARIM, VORREI AIUTARE ALTRI IMMIGRATI COME ME, COSA POSSO FARE? ☐

B. POSSO FARE VOLONTARIATO CON LE PERSONE DISABILI? ☐

C. VOGLIO AIUTARE LE PERSONE NEGLI OSPEDALI, COSA POSSO FARE? ☐

D. SONO UN'OTTIMA CUOCA! 5

E. COME POSSO AIUTARE I BAMBINI? ☐

F. IO AMO LA NATURA: CI SONO ASSOCIAZIONI PER ME? ☐

1. PUOI STUDIARE CON LORO E DARE AIUTO PER FARE I COMPITI.
2. SÌ, CI SONO. PER ESEMPIO ORGANIZZANO GIORNATE DI PULIZIA NEI BOSCHI, NEI PARCHI O SULLE SPIAGGE.
3. PUOI FARE IL MEDIATORE CULTURALE: PER ESEMPIO ACCOGLIERE LE PERSONE CHE PARLANO LA TUA LINGUA.
4. PUOI ANDARE A FARE COMPAGNIA AI MALATI E AIUTARE LE PERSONE NON AUTOSUFFICIENTI.
5. PUOI DARE UNA MANO NELLE MENSE PER LE PERSONE CHE HANNO DIFFICOLTÀ ECONOMICHE.
6. CERTO, PUOI COLLABORARE CON UN GRUPPO CHE ORGANIZZA ATTIVITÀ RICREATIVE: ANDARE AL CINEMA, PARTIRE PER UNA VACANZA, FARE PASSEGGIATE.

I.  ___ II. 5   III.  ___ IV. 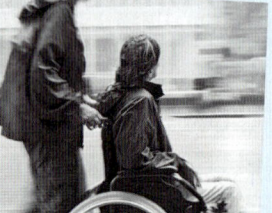 ___ V.  ___ VI. ___

4. FACCIAMO VOLONTARIATO!

TU FAI VOLONTARIATO? CONOSCI ASSOCIAZIONI DI VOLONTARIATO O PERSONE CHE FANNO VOLONTARIATO? PARLA CON UN COMPAGNO.

MODULO 3 ▸ ECCO LA MIA FAMIGLIA!

LIVELLO preA1 / A1

1 PARLA
GUARDA QUESTA FAMIGLIA. CHI SONO QUESTE PERSONE? PARLA CON UN COMPAGNO.

2 LAVORA
LAVORATE IN GRUPPO: CONOSCETE LE PAROLE DEI COMPONENTI DELLA FAMIGLIA? SCRIVETE LE PAROLE, COME NELL'ESEMPIO. POI COMPLETATE CON L'INSEGNANTE.

MAMMA/MADRE

FAMIGLIA

ITALIANO di BASE — PAGINA 65

MODULO 3 ▶ ECCO LA MIA FAMIGLIA!

LIVELLO preA1 / A1

3 LEGGI

LEGGI E COLLEGA LE PAROLE AL SIGNIFICATO, COME NELL'ESEMPIO.

A. MIO NONNO	1. LA SORELLA DI MIA MADRE
B. I MIEI GENITORI	2. IL PADRE DI MIO PADRE
C. MIA SUOCERA	3. IL FIGLIO DI MIA SORELLA
D. MIA ZIA	4. LA MAMMA DI MIO MARITO
E. MIO COGNATO	5. IL FRATELLO DI MIO MARITO
F. MIA CUGINA	6. TUTTE LE PERSONE DELLA MIA FAMIGLIA
G. MIO NIPOTE	7. MIA MADRE E MIO PADRE
H. I MIEI PARENTI	8. LA FIGLIA DI MIA ZIA
I. MIA NUORA	9. IL MARITO DI MIA FIGLIA
L. MIO GENERO	10. LA MOGLIE DI MIO FIGLIO

CONTROLLA CON UN COMPAGNO.

4 PARLA

GUARDA ANCORA L'IMMAGINE DEL PUNTO 1.
È LA FAMIGLIA DI AMINA: CHI È IL NONNO? CHI È IL SUOCERO? CHI È LA COGNATA?
QUANTE PERSONE CI SONO IN QUESTA FAMIGLIA? QUANTI BAMBINI CI SONO?

5 LAVORA

COMPLETA LA TABELLA CON LE PAROLE A DESTRA, COME NELL'ESEMPIO.

MASCHILE	FEMMINILE
PAPÀ / PADRE	MAMMA / MADRE
NONNO	
NIPOTE	NIPOTE
	SORELLA
	MOGLIE
COGNATO	COGNATA
	SUOCERA
GENERO	
ZIO	ZIA
FIGLIO	FIGLIA
CUGINO	CUGINA

NONNA
✓ PAPÀ / PADRE
SUOCERO
FRATELLO
MARITO
NUORA

CONTROLLA CON UN COMPAGNO.

PAGINA 66 — ITALIANO di BASE

MODULO 3 ▸ ECCO LA MIA FAMIGLIA!

LIVELLO preA1 / A1

6 GIOCA

A COPPIE, TROVATE 10 NOMI DI FAMIGLIA NELLA TABELLA E SCRIVETELI ACCANTO, COME NELL'ESEMPIO.

S	A	Z	I	O	P	E	V	A	T	U	T
T	A	L	A	N	S	O	R	E	L	L	A
V	M	E	R	O	I	T	A	I	L	V	E
C	A	C	H	N	I	O	C	H	E	V	E
N	D	D	E	N	N	I	P	O	T	E	E
V	R	A	C	A	A	R	T	E	C	E	N
M	E	F	G	E	N	E	R	O	U	U	M
O	E	I	R	I	P	E	R	P	G	O	T
G	U	G	A	M	A	D	R	A	I	E	E
L	S	L	T	A	T	A	D	D	N	U	R
I	A	I	D	A	R	A	G	R	A	G	I
E	U	O	N	G	E	R	E	E	L	O	S

1. ZIO
2. _____
3. _____
4. _____
5. _____
6. _____
7. _____
8. _____
9. _____
10. _____

7 ASCOLTA

PEDRO PARLA CON AMINA, ASCOLTA E RISPONDI: SÌ O NO?

25 🔊

A. AMINA È SPOSATA DA 4 ANNI? SÌ NO
B. PEDRO È SPOSATO? SÌ NO
C. LA FAMIGLIA DI PEDRO È IN PERÙ? SÌ NO
D. AMINA E SUO MARITO SONO IN MAROCCO? SÌ NO
E. AMINA ASPETTA UN BAMBINO? SÌ NO
F. PEDRO HA 3 FIGLI? SÌ NO

CONTROLLA CON UN COMPAGNO.

ITALIANO di BASE

MODULO 3 ▸ ECCO LA MIA FAMIGLIA!

LIVELLO preA1 / A1

8 LEGGI

ASCOLTA ANCORA, LEGGI E CONTROLLA.

25 🔊

- ■ SEI SPOSATA?
- ● SÌ, DA TRE ANNI E TU?
- ■ ANCH'IO. MIA MOGLIE È IN PERÙ. TUO MARITO È IN ITALIA?
- ● SÌ, SIAMO IN ITALIA INSIEME.
- ■ AVETE FIGLI?
- ● NON ANCORA... SONO INCINTA DI QUATTRO MESI.
- ■ COMPLIMENTI!
- ● GRAZIE. TU HAI FIGLI?
- ■ SÌ, TRE: UN MASCHIO E DUE FEMMINE. IL MASCHIO HA DUE ANNI E LE FEMMINE HANNO 9 MESI, SONO GEMELLE.

9 ASCOLTA

ASCOLTA LA DESCRIZIONE DELLA FAMIGLIA DI PEDRO E COMPLETA LA TABELLA, COME NELL'ESEMPIO.

26 🔊

NOME	CHI È PER PEDRO?	QUANTI ANNI HA?	DOV'È?
CECILIA	NONNA	87	IN PERÙ
CARLOS			
MARIA			
KEVIN			
MARCOS E LEO			
CLARA			

CONTROLLA CON UN COMPAGNO.

PAGINA 68

ITALIANO di BASE

MODULO 3 ▸ ECCO LA MIA FAMIGLIA!

LIVELLO preA1 / A1

10 LEGGI

ASCOLTA ANCORA, LEGGI E CONTROLLA.

26 🔊

ECCO UNA FOTO DEI MIEI PARENTI.
NELLA MIA FAMIGLIA C'È SOLO UNA NONNA, CECILIA. HA 87 ANNI.
QUESTO È MIO PADRE, SI CHIAMA CARLOS.
QUESTA È MIA MAMMA, MARIA. I MIEI GENITORI HANNO 67 ANNI, VIVONO IN PERÙ.
QUESTO È MIO FRATELLO KEVIN. HA 32 ANNI, È SPOSATO E HA DUE FIGLI. ECCO I MIEI NIPOTI: MARCOS E LEO. MIO FRATELLO È IN FRANCIA CON LA SUA FAMIGLIA.
LA RAGAZZA A SINISTRA È MIA SORELLA. SI CHIAMA CLARA, HA 24 ANNI. ABITA IN SPAGNA.

11 PARLA

PARLA CON UN COMPAGNO E CHIEDI:

- HAI SORELLE?
- DOV'È LA TUA FAMIGLIA?
- HAI FRATELLI?
- SEI SPOSATO?
- HAI NIPOTI?
- HAI NONNI?
- HAI FIGLI?

'ALMA.tv ▶

GUARDA IL VIDEO *LA FAMIGLIA* NELLA RUBRICA ITALIANO IN PRATICA.

12 LAVORA

COMPLETA CON QUESTE PAROLE, COME NELL'ESEMPIO.

FRATELLI   ✓PACHISTANA   FAMIGLIA   MASCHIO

MI CHIAMO SANAM, SONO __PACHISTANA__.
HO UNA _____ GRANDE: HO 4 SORELLE E TRE _____ . HO 35 NIPOTI!
LA MIA FAMIGLIA È TUTTA IN PAKISTAN.
SONO IN ITALIA CON MIO MARITO.
ABBIAMO TRE FIGLI: UN _____ E DUE FEMMINE.
IL MASCHIO HA 7 ANNI E LE FEMMINE HANNO 5 E 3 ANNI.

ITALIANO di BASE

MODULO 3 ▸ ECCO LA MIA FAMIGLIA!

LIVELLO preA1 / A1

13 LEGGI

QUESTO DOCUMENTO SI CHIAMA **AUTOCERTIFICAZIONE DELLO STATO DI FAMIGLIA**.
È UN DOCUMENTO DEL COMUNE DOVE SCRIVIAMO CHI C'È NELLA NOSTRA FAMIGLIA.
LEGGI IL DOCUMENTO E RISPONDI ALLE DOMANDE.

AUTOCERTIFICAZIONE STATO DI FAMIGLIA

ai sensi degli artt. 46 e 47, D.P.R. n. 445 del 28 dicembre 2000

Il sottoscritto

KARAZI AMIS, nato a DAMASCO (Siria) il giorno 17 agosto 1970, nazionalità SIRIANA, residente in CASERTA (CE), VIA LEOPARDI 25, CAP 81050, codice fiscale KRZNSA70M17Z240Z

consapevole che

ai sensi dell'art. 76 del D.P.R. 28 dicembre 2000, n. 455, le dichiarazioni mendaci, la falsità negli atti e l'uso di atti falsi sono puniti ai sensi del Codice Penale e delle leggi speciali in materia,

DICHIARA

che la propria famiglia, residente in CASERTA (CE), VIA LEOPARDI 25,

è così composta:

1. **KARAZI AMIS**, nato a DAMASCO (Siria) il giorno 17 agosto 1970, nazionalità SIRIANA, codice fiscale KRZNSA70M17Z240Z
2. **AICHA AHMADI**, nata a ALEPPO (Siria) il giorno 22 aprile 1978, nazionalità SIRIANA, codice fiscale HMDCHA78D62Z240D
3. **KARAZI NADER**, nato a Milano (MI) il 23 marzo 2007, nazionalità SIRIANA, codice fiscale KRZNDR07C23F205U
4. **KARAZI AMINA**, nata a Milano (MI) il 16 settembre 2009, nazionalità SIRIANA, codice fiscale KRZMNA11P56F205R

CASERTA, 22 dicembre 2015

IN FEDE

_____

A. QUANTE PERSONE CI SONO IN QUESTA FAMIGLIA? _____

B. DOVE ABITA QUESTA FAMIGLIA? _____

C. IN QUESTA FAMIGLIA AICHA AHMADI È
   1. ☐ IL PAPÀ.
   2. ☐ LA MAMMA.
   3. ☐ LA FIGLIA.

D. QUAL È IL COGNOME DEI FIGLI? _____

E. QUAL È LA NAZIONALITÀ DI QUESTA FAMIGLIA? _____

MODULO 3 ▸ ECCO LA MIA FAMIGLIA!

LIVELLO preA1 / A1

14 SCRIVI

COSA C'È NELLO ZAINO DI AMINA? COMPLETA LA LISTA.

	C'È		CI SONO
1	PORTAFOGLIO	3	FAZZOLETTI
1	BOTTIGLIA	3	CHIAVI
1	_____	2	_____
1	_____	2	_____
1	_____	2	_____

COME FUNZIONA?

LEGGI QUESTA FRASI.

NELLO ZAINO **C'È** UN PORTAFOGLIO.

NELLO ZAINO **CI SONO** TRE CHIAVI.

QUANDO USI **C'È** E QUANDO USI **CI SONO**?

PARLA CON UN COMPAGNO E POI SOTTOLINEA LA PAROLA GIUSTA.

USI **C'È** CON LE PAROLE **SINGOLARI / PLURALI.**
USI **CI SONO** CON LE PAROLE **SINGOLARI / PLURALI**.

ITALIANO di BASE

MODULO 3 ▶ ECCO LA MIA FAMIGLIA!

LIVELLO preA1 / A1

15 LAVORA

GUARDA LE FOTOGRAFIE E RISPONDI ALLE DOMANDE.

1.

2.

A. IN QUALE FAMIGLIA CI SONO DUE NONNI?	1. ☐	2. ☐
B. IN QUALE FAMIGLIA C'È SOLO UN FIGLIO?	1. ☐	2. ☐
C. IN QUALE FAMIGLIA C'È SOLO UN GENITORE?	1. ☐	2. ☐
D. IN QUALE FAMIGLIA CI SONO DUE FIGLI?	1. ☐	2. ☐

CONTROLLA CON UN COMPAGNO.

16 SCRIVI

SCRIVI **C'È** O **CI SONO**.

A. NELLA MIA CLASSE _____ 12 DONNE E 2 UOMINI.
B. SUL TAVOLO _____ UN TELEFONO.
C. IN CLASSE _____ UN COMPUTER.
D. QUANTE PENNE _____ NELL'ASTUCCIO?

CONTROLLA CON UN COMPAGNO.

17 LAVORA

COLLEGA LE PAROLE, COME NELL'ESEMPIO.

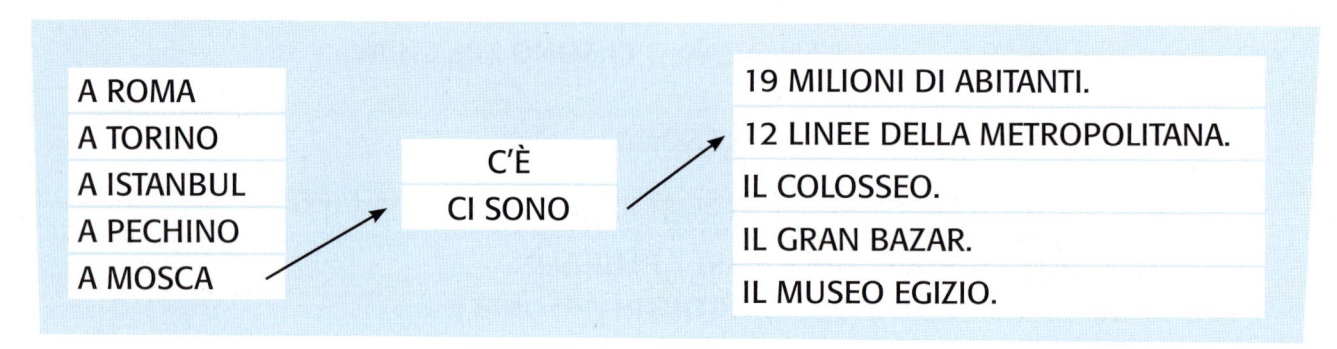

A ROMA		19 MILIONI DI ABITANTI.
A TORINO		12 LINEE DELLA METROPOLITANA.
A ISTANBUL	C'È	IL COLOSSEO.
A PECHINO	CI SONO	IL GRAN BAZAR.
A MOSCA		IL MUSEO EGIZIO.

PAGINA 72

ITALIANO di BASE

MODULO 3 ▸ ECCO LA MIA FAMIGLIA!

LIVELLO preA1 / A1

AUTOVALUTAZIONE

COSA SO E COSA CONOSCO ADESSO?
SEGNO CON UNA ✗ LE COSE CHE:

SO / CONOSCO BENE	SO / CONOSCO ABBASTANZA BENE	NON SO / NON CONOSCO
😊	😐	☹️

CONOSCO
LE PAROLE DELLA FAMIGLIA	😊	😐	☹️

SO
DESCRIVERE UNA FAMIGLIA	😊	😐	☹️
USARE **C'È / CI SONO**	😊	😐	☹️

DOSSIER

SCRIVI LA PRESENTAZIONE DELLA TUA FAMIGLIA.

ITALIANO di BASE

MODULO 3 ▸ FONETICA

LIVELLO preA1 / A1

LIBRO
FOGLIO

1 LEGGI
ASCOLTA E RIPETI. 27 🔊

LIBRO  — ITALIA 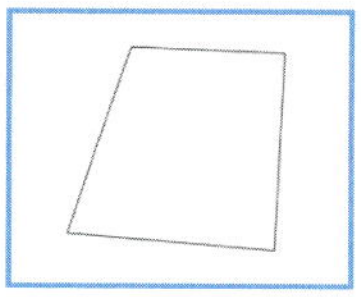 — FOGLIO  — MAGLIONE  — BOTTIGLIA
LIMONE  — OLIO  — AGLIO  — FAMIGLIA  — MOGLIE 

LE COMBINAZIONI DI LETTERE **LI** E **GLI** CORRISPONDONO A DUE SUONI DIVERSI.

UN SUONO COME NELLA PAROLA **LI**BRO

UN SUONO COME NELLA PAROLA FO**GLI**O

ASCOLTA ANCORA E GUARDA LE PAROLE. POI SCRIVI LE PAROLE NELLA COLONNA GIUSTA, COME NELL'ESEMPIO.

SUONO COME IN **LI**BRO	SUONO COME IN FO**GLI**O
LIMONE,	MAGLIONE,

2 ASCOLTA 28 🔊
LA PAROLA HA UN SUONO COME IN **LI**BRO O COME IN FO**GLI**O?
SEGNA CON UNA ✗ IL SUONO CHE SENTI.

	SUONO COME IN **LI**BRO	SUONO COME IN FO**GLI**O
A.	☐	☐
B.	☐	☐
C.	☐	☐
D.	☐	☐
E.	☐	☐
F.	☐	☐
G.	☐	☐
H.	☐	☐

A. CAVIGLIA
B. ALIMENTO
C. ALI
D. POLIZIA
E. CONIGLIO
F. BIGLIETTO
G. ALICE
H. FAMIGLIA

LEGGI LE PAROLE ACCANTO E CONTROLLA.

PAGINA 74

ITALIANO di BASE

MODULO 3 ▸ Ecco la mia famiglia!

LIVELLO A1 / A2

1 GIOCA

Conoscete i nomi di parentela? Ad esempio **fratello**, **sorella**…
A coppie, scrivete tutti i nomi di parentela che conoscete. Vince chi scrive più nomi.

_____
_____
_____
_____
_____
_____
_____
_____

2 ASCOLTA

29 🔊

Giulia descrive la sua famiglia a Luis. Ascolta e scrivi il nome vicino a ogni persona della famiglia. Poi controlla con un compagno.

a. _____
b. _____
c. _____
d. _____
e. _____
f. _____
g. _____
h. ____Giulia____

ITALIANO di BASE   PAGINA 75

MODULO 3 ▸ Ecco la mia famiglia!

LIVELLO A1 / A2

3 ASCOLTA
Ascolta ancora e completa.

- ■ Ecco. Questa è la mia famiglia.
- ● Ah, siete a una festa?
- ■ Sì, siamo al compleanno di nostra _____, Anna. Festeggia 60 anni.
- ● E il bambino in piedi è tuo _____?
- ■ Sì, Martino, con i suoi _____. L'uomo vicino a lui è Emilio, mio papà.
- ● E queste persone chi sono?
- ■ La signora con la bambina in braccio è mia _____ Marisa, la sorella di mio padre.
- ● Anche la bambina è tua _____?
- ■ Sì, è Francesca, ha 4 anni.
- ● Che carina! E la signora a destra chi è?
- ■ È mia _____, Teresa, la mamma di mio marito.
- ● Hai fratelli?
- ■ Sì, ho due fratelli. Questo vicino a me è Claudio, il più piccolo. Il più grande si chiama Alessandro.
- ● Ma non c'è nella foto...
- ■ No, lui è il fotografo!

4 SCRIVI
Chi sono queste persone? Completa con questi nomi, come nell'esempio.

| Marisa | Martino | Claudio ✓ | Emilio | Teresa |

a. __Emilio__ vive con sua moglie, Anna.
b. _____ è la nonna di Martino.
c. _____ è il fratello di Alessandro.
d. _____ è la cognata di Anna.
e. _____ è il fratello di Francesca.

Controlla con un compagno.

MODULO 3 ▸ Ecco la mia famiglia!

LIVELLO A1 / A2

5 LEGGI

Questo è il modulo per la **richiesta di ricongiungimento familiare**. Con questo documento, un cittadino straniero può chiedere l'ingresso in Italia di un suo parente. Il modulo è diviso in tre parti. Leggi e rispondi: VERO o FALSO?

DATI DEL RICHIEDENTE

Codice fiscale KLTSGJ87D10Z138V   **Sesso** M
Cognome Klitscho
Nome Sergij
Nato/a il 10/04/1987   **Stato di nascita** Ucraina

DICHIARAZIONI DEL RICHIEDENTE

Dichiara di aver ~~richiesto~~/ottenuto Nulla Osta per altri congiunti in data 17/07/2015

sezione da compilare se in possesso di permesso/~~carta~~ di soggiorno per lavoro subordinato o autonomo
Attività lavorativa subordinata
Lavora attualmente presso (ditta/privato) Impresa di Costruzioni Fratelli Giovine
Provincia Bergamo **Città** Bergamo
Indirizzo Via Treviglio
N° civico 47 **CAP** 24121
In qualità di muratore
Tipologia contratto a tempo indeterminato
con regolare contratto dal 10/10/2014 **al** ---
di avere un reddito lordo annuo da lavoro subordinato/~~autonomo~~ risultante dalla dichiarazione dei redditi relativi all'anno 2014 di € 32.000

FAMILIARE NON PRESENTE SUL TERRITORIO NAZIONALE
Codice fiscale (se in possesso) MRKLSN85L27Z138L
Cognome Markevitch
Nome Aleksandra
Sesso F   **Stato civile** coniugata   **Parentela** moglie
Nato/a il 27/07/1985   **Stato di nascita** Ucraina
Provincia di nascita Kiev   **Città di nascita** Kiev
Luogo di nascita estero Kiev   **Cittadinanza** Ucraina
Residente in (Stato estero) Ucraina

---

a. Sergij Klitschko è romeno.	VERO	FALSO
b. Lavora per una ditta di Bergamo.	VERO	FALSO
c. Fa il muratore.	VERO	FALSO
d. Ha un contratto di lavoro per sei mesi.	VERO	FALSO
e. Guadagna tremiladuecento euro all'anno.	VERO	FALSO
f. Aleksandra è sposata.	VERO	FALSO

Controlla con un compagno.

MODULO 3 ▶ Ecco la mia famiglia!

LIVELLO A1 / A2

6 PARLA
A coppie: ogni studente descrive la sua famiglia al compagno.

7 LAVORA
Guarda le fotografie e scrivi questi nomi di lavori di casa, come nell'esempio.

✓ pagare le bollette / fare la spesa / portare i bambini a scuola / all'asilo / fare piccole riparazioni / annaffiare le piante / fare le pulizie / buttare la spazzatura / cucinare / giocare con i bambini

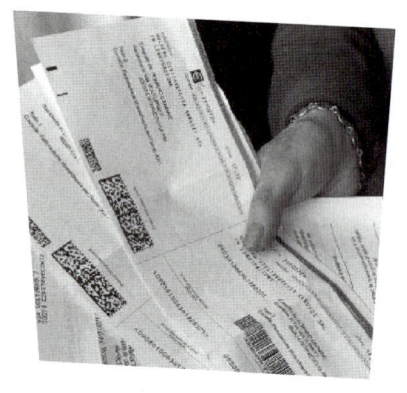

a. _pagare le bollette_

b. _____

c. _____

d. _____

e. _____

f. _____

g. _____

h. _____

i. _____

PAGINA 78   ITALIANO di BASE

MODULO 3 ▸ Ecco la mia famiglia!

LIVELLO A1 / A2

8 SCRIVI

Scrivi chi fa questi lavori di casa nella tua famiglia.

CHI?	LAVORI DI CASA
	pulisce la casa
	porta fuori la spazzatura
	fa la spesa
	cucina
	porta i bambini a scuola / all'asilo
	annaffia le piante
	gioca con i bambini
	fa le piccole riparazioni
	paga le bollette

Confronta con un compagno e con la classe. Chi fa più lavori di casa nella tua famiglia?

COME FUNZIONA?

Leggi queste frasi.

Questa è la <u>mia</u> famiglia.

Il bambino è <u>tuo</u> figlio? Sì, è Martino con i <u>suoi</u> nonni.

Le parole sottolineate si chiamano **aggettivi possessivi**.

Completa la tabella con questi **aggettivi possessivi**.

| tua | suoi | mio | tuoi | suo | nostra | tuo | sua | mia |

	SINGOLARE MASCHILE	PLURALE MASCHILE	SINGOLARE FEMMINILE	PLURALE FEMMINILE
IO		miei		mie
TU				tue
LUI/LEI				sue
NOI	nostro	nostri		nostre
VOI	vostro	vostri	vostra	vostre
LORO	loro	loro	loro	loro

ITALIANO di BASE — PAGINA 79

MODULO 3 ▸ Ecco la mia famiglia!

LIVELLO A1 / A2

9 LAVORA

Completa il dialogo con gli aggettivi possessivi.

■ Ecco. Questa è la _____ famiglia.
● Ah, siete a una festa?
■ Sì, siamo al compleanno di _____ mamma, Anna. Festeggia 60 anni.
● E il bambino in piedi è _____ figlio?
■ Sì, Martino, con i suoi nonni. L'uomo vicino a lui è Emilio, _____ papà.
● E queste persone chi sono?
■ La signora con la bambina in braccio è _____ zia Marisa, la sorella di _____ padre.
● Anche la bambina è _____ figlia?
■ Sì, è Francesca, ha 4 anni.
● Che carina! E la signora a destra chi è?
■ È _____ suocera, Teresa, la mamma di _____ marito.
● Hai fratelli?
■ Sì, ho due fratelli. Questo vicino a me, è Claudio, il più piccolo. Il più grande si chiama Alessandro.
● Ma non c'è nella foto...
■ No, lui è il fotografo!

Controlla con un compagno poi tornate al punto **3** e verificate.

ATTENZIONE!

Leggi.
Di solito prima di un aggettivo possessivo c'è l'articolo.

`la mia casa`
`i miei amici`

Con i nomi di famiglia:

- al singolare NON c'è l'articolo `tuo fratello`

- al plurale c'è l'articolo `i tuoi fratelli`

- con l'aggettivo possessivo **loro** c'è l'articolo `il loro padre`

ALMA.tv
Guarda il Linguaquiz
I possessivi.

PAGINA 80   ITALIANO di BASE

MODULO 3 ▸ Ecco la mia famiglia!

LIVELLO A1 / A2

10 GIOCA

Gioco a tempo per tutta la classe.
Hai due minuti di tempo. Pensa ai tuoi compagni. Scrivi una frase con gli aggettivi possessivi (puoi fare delle domande ai compagni). Leggi la frase e la classe indovina di chi parli, come negli esempi.

> I suoi genitori sono italiani.

> L'insegnante!

> Sua figlia si chiama Francesca.

> Giulia!

COME SI DICE?

Collega queste parole alle immagini delle **fasi della vita**, come nell'esempio.

adolescenza | età adulta | infanzia | giovinezza | vecchiaia

ITALIANO di BASE

PAGINA 81

MODULO 3 ▸ Ecco la mia famiglia!

LIVELLO A1 / A2

11 / PARLA

Leggi le domande, pensa al tuo Paese e parla con un compagno.

> Nel tuo Paese cosa fanno i bambini?

> Nel tuo Paese cosa fanno gli adulti?

> Nel tuo Paese cosa fanno i giovani?

> Nel tuo Paese cosa fanno gli anziani?

12 / LAVORA

Chi parla? Collega le fotografie alle frasi, come nell'esempio.

1. 
2. 
3. 
4. 
5.

a. Che bello! L'anno prossimo posso prendere la patente di guida.

b. I miei figli sono bravi a scuola.

c. Mi piace il mio lavoro e adesso vorrei sposarmi.

d. Le medicine, la spesa, l'affitto: quanto costano! E i soldi della mia pensione sono sempre pochi.

e. A settembre compio 18 anni: divento maggiorenne!

f. Sono contenta perché oggi vengono a casa mia i miei nipoti e mia figlia.

g. Mi piace tanto la matematica e la maestra è molto simpatica.

h. Domani è domenica e non vado a lavorare. Esco con la mia fidanzata.

i. Mia mamma è molto bella, anch'io da grande voglio essere bella come lei.

l. La domenica porto i miei figli al parco giochi.

PAGINA 82 — ITALIANO di BASE

MODULO 3 ▸ Ecco la mia famiglia!

LIVELLO A1 / A2

AUTOVALUTAZIONE

COSA SO E COSA CONOSCO ADESSO?
Segno con una ✗ le cose che:

SO / CONOSCO BENE	SO / CONOSCO ABBASTANZA BENE	NON SO / NON CONOSCO
☺	😐	☹

CONOSCO

i nomi di parentela	☺	😐	☹
gli aggettivi possessivi	☺	😐	☹

SO

descrivere una famiglia	☺	😐	☹
parlare delle fasi della vita	☺	😐	☹

DOSSIER

Scrivi la presentazione della famiglia di un amico o di un'amica.

ITALIANO di BASE — PAGINA 83

MODULO 3 ▸ Fonetica

LIVELLO A1 / A2

LIBRO / FOGLIO

1 ASCOLTA 30 🔊

Ascolta e ripeti le parole a libro chiuso. Poi trova nel serpente tutte le parole.
Le lettere rimanenti formano il nome del padre del nonno.

BLIBROIFAMIGLIASAGLIONFOGLIOLUGLIOONOLIOSBAGLIONFILIO

Le combinazioni di lettere **LI** e **GLI** corrispondono a due suoni diversi.

| un suono come nella parola **LIBRO** | un suono come nella parola **FOGLIO** |

2 ASCOLTA 31 🔊

Ascolta e completa le parole con **li** o **gli**.

- a. mi____one
- b. mi____ardo
- c. ma____a
- d. o____o
- e. baga____o
- f. gi____o
- g. petro____o
- h. ci____egia
- i. acco____enza
- l. coni____o
- m. Sici____a
- n. Reggio Emi____a

3 LAVORA 32 🔊

Guarda le immagini. Ascolta e <u>sottolinea</u> la parola giusta, come nell'esempio.

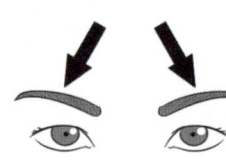

- a. <u>sopracciglia</u>/sopraccilia
- b. biglietto/bilietto 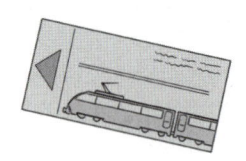
- c. foglio/folio 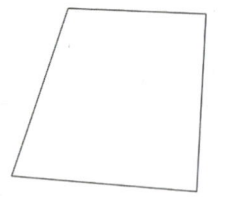
- d. tovaglia/tovalia 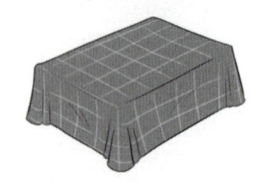
- e. sveglia/svelia
- f. malietta/maglietta 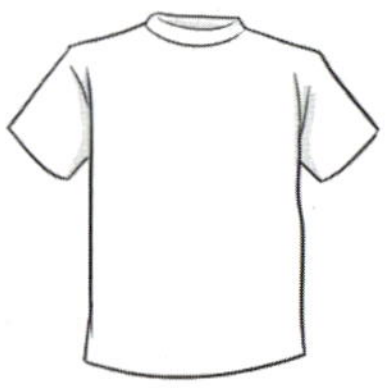
- g. portafolio/portafoglio 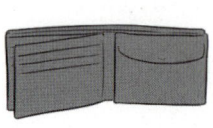
- h. bottilia/bottiglia 

PAGINA 84 — ITALIANO di BASE

VIVERE IN ITALIA

IN FAMIGLIA | L'articolo 29 della Costituzione Italiana; Il matrimonio

1. L'ARTICOLO 29

LA COSTITUZIONE ITALIANA È UN DOCUMENTO CHE RACCOGLIE LE LEGGI FONDAMENTALI DELLO STATO ITALIANO. NELLA COSTITUZIONE LE LEGGI SI CHIAMANO ARTICOLI; OGNI ARTICOLO HA UN NUMERO. ECCO L'ARTICOLO 29.

> LA REPUBBLICA RICONOSCE I DIRITTI DELLA FAMIGLIA COME SOCIETÀ NATURALE FONDATA SUL MATRIMONIO.
> IL MATRIMONIO È ORDINATO SULL'UGUAGLIANZA MORALE E GIURIDICA DEI CONIUGI, CON I LIMITI STABILITI DALLA LEGGE A GARANZIA DELL'UNITÀ FAMILIARE.

NEL TESTO CI SONO DIVERSE PAROLE DIFFICILI. COLLEGA LE PAROLE AI SIGNIFICATI, COME NELL'ESEMPIO.

1. UGUAGLIANZA MORALE E GIURIDICA   2. CONIUGI   3. A GARANZIA DELL'UNITÀ FAMILIARE

A. MARITO E MOGLIE   B. IL MARITO E LA MOGLIE HANNO GLI STESSI DIRITTI   C. PER AIUTARE LA FAMIGLIA

2. IL MATRIMONIO

LEGGI E COMPLETA CON QUESTE PAROLE.

| CIVILE | MATRIMONIO | RELIGIOSO | SEPARAZIONE | SPOSARSI | VEDOVI |

PER LO STATO ITALIANO CI SONO DUE TIPI DI MATRIMONIO: IL MATRIMONIO _____ IN COMUNE, E IL MATRIMONIO _____, NELLE CHIESE CATTOLICHE.

IL MATRIMONIO CHE SI FA NELLE MOSCHEE, NELLE SINAGOGHE O NELLE CHIESE CRISTIANE NON CATTOLICHE NON È VALIDO PER LO STATO ITALIANO.

QUANDO IL MARITO E LA MOGLIE NON VOGLIONO PIÙ STARE INSIEME, POSSONO SCEGLIERE LA _____. UN GIUDICE STABILISCE SE I CONIUGI SONO ECONOMICAMENTE AUTONOMI O SE UNO DEI DUE DEVE AIUTARE L'ALTRO.

DOPO LA SEPARAZIONE, I CONIUGI POSSONO ANCHE SCEGLIERE IL DIVORZIO: IL _____ FINISCE E L'UOMO E LA DONNA POSSONO _____ CON UN'ALTRA PERSONA.

QUANDO IL MARITO O LA MOGLIE MUORE, I _____ POSSONO SPOSARE UN'ALTRA PERSONA.

ITALIANO di BASE

VIVERE IN ITALIA

IN FAMIGLIA | L'iscrizione all'asilo; La scuola dell'obbligo in Italia

3. LA SCUOLA DELL'INFANZIA

LEGGI LE INFORMAZIONI SULLA SCUOLA DELL'INFANZIA IN ITALIA E RISPONDI: SÌ O NO?

GUIDA AI SERVIZI SCOLASTICI COMUNALI

COS'È LA SCUOLA DELL'INFANZIA?
LA SCUOLA DELL'INFANZIA È LA SCUOLA PER I BAMBINI DA 3 A 6 ANNI. DURA 3 ANNI. PUOI ISCRIVERE TUO FIGLIO ALLA SCUOLA STATALE O PRIVATA.

COSA DEVO FARE PER ISCRIVERE MIO FIGLIO ALLA SCUOLA STATALE?
DAL 15 GENNAIO AL 15 FEBBRAIO DEVI PORTARE LA DOMANDA DI ISCRIZIONE ALLA SEGRETERIA DELLA SCUOLA O PUOI FARE L'ISCRIZIONE ONLINE, CON IL COMPUTER DI CASA O DELLA BIBLIOTECA.

POSSO FARE LA DOMANDA DI ISCRIZIONE A DUE SCUOLE?
NO, PUOI PRESENTARE LA DOMANDA SOLO A UNA SCUOLA.

QUANTO COSTA?
SOLO LA SCUOLA PRIVATA È A PAGAMENTO. LA SCUOLA STATALE NON COSTA NIENTE, È GRATUITA. DEVI SOLO PAGARE LA MENSA.

CI SONO AIUTI PER LE FAMIGLIE MENO RICCHE?
SÌ, DEVI COMPILARE IL MODELLO ISEE, UN DOCUMENTO CHE SERVE PER MISURARE LA SITUAZIONE ECONOMICA DELLA TUA FAMIGLIA. CON L'ISEE PAGHI I SERVIZI, COME LA MENSA DELLA SCUOLA, IN BASE ALLA TUA SITUAZIONE ECONOMICA. PAGHI DI PIÙ SE SEI RICCO E DI MENO SE HAI DIFFICOLTÀ.

A. POSSO ISCRIVERE MIO FIGLIO DI 5 ANNI ALLA SCUOLA DELL'INFANZIA? SÌ NO
B. POSSO FARE L'ISCRIZIONE SU INTERNET? SÌ NO
C. LA MENSA È GRATUITA? SÌ NO
D. PER RICEVERE AIUTI ECONOMICI DEVO COMPILARE IL MODELLO ISEE? SÌ NO

4. LA SCUOLA DELL'OBBLIGO

LEGGI E RISPONDI.

IL SISTEMA SCOLASTICO ITALIANO

IN ITALIA TUTTI I BAMBINI DEVONO ANDARE A SCUOLA PER 10 ANNI, DA QUANDO HANNO 6 ANNI A QUANDO HANNO 16 ANNI. L'ISCRIZIONE ALLA SCUOLA DELL'OBBLIGO È GRATUITA.

TIPO DI SCUOLA		ETÀ	ANNI DI STUDIO
PRIMARIA (O ELEMENTARE)		6-11	5
SECONDARIA DI PRIMO GRADO (O MEDIA)		11-13	3
SECONDARIA DI SECONDO GRADO (O SUPERIORE)	LICEO (SCIENTIFICO, CLASSICO, ARTISTICO, LINGUISTICO, PSICOPEDAGOGICO, ECC.)	13-18	5
	ISTITUTO TECNICO	13-18	5
	ISTITUTO PROFESSIONALE	13-16	3

SAI CHE DIFFERENZE CI SONO TRA LE SCUOLE SUPERIORI? PARLA CON I COMPAGNI E CON L'INSEGNANTE.

MODULO 4 › CHE LAVORO FAI?

LIVELLO preA1 / A1

1 PARLA

PARLA CON UN COMPAGNO. GUARDATE LE FOTOGRAFIE.
QUALE LAVORO FANNO QUESTE PERSONE? QUALE LAVORO PREFERITE? PERCHÉ?

A.

B.

C.

2 LAVORA

COMPLETA CON QUESTE PAROLE, COME NELL'ESEMPIO.

✓BADANTE   CUOCA   CAMERIERE   CASALINGA   MEDICO   IMPIEGATO
INFERMIERA   INSEGNANTE   MURATORE   OPERAIO   IDRAULICO   COMMESSA

A. _____

B. _____

C. _____

D. _____

E. _____

F. _____

G. _____

H. _____

I. _____

L. _____

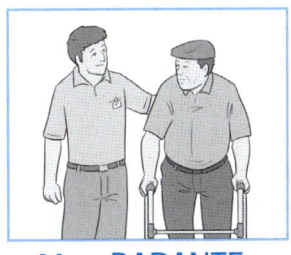

M. _____BADANTE_____

N. _____

CONTROLLA CON UN COMPAGNO.

ITALIANO di BASE   PAGINA 87

MODULO 4 ▸ CHE LAVORO FAI?

LIVELLO preA1 / A1

3 LAVORA

COLLEGA IL NOME DEL LAVORO AL LUOGO, COME NELL'ESEMPIO.

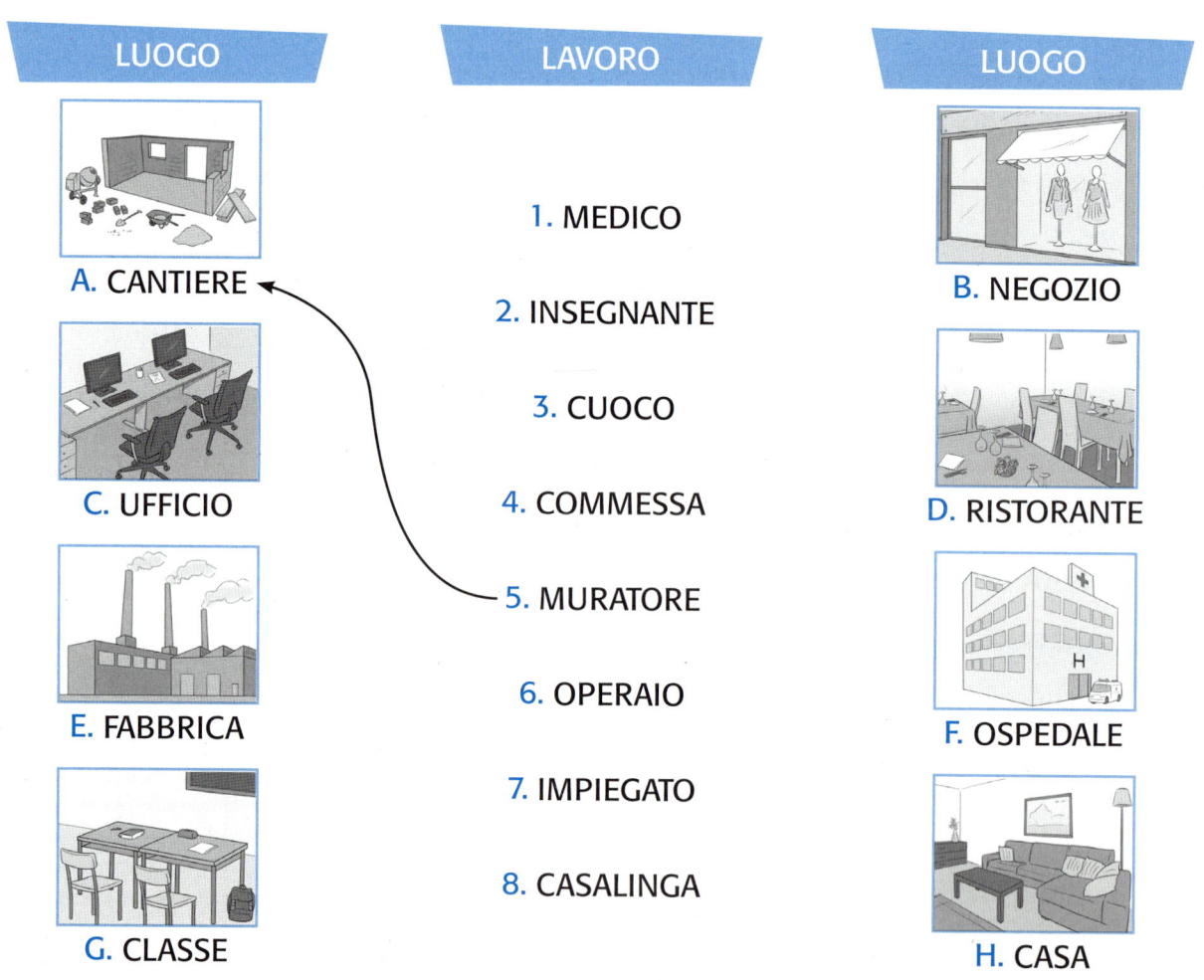

LUOGO

A. CANTIERE

C. UFFICIO

E. FABBRICA

G. CLASSE

LAVORO

1. MEDICO
2. INSEGNANTE
3. CUOCO
4. COMMESSA
5. MURATORE
6. OPERAIO
7. IMPIEGATO
8. CASALINGA

LUOGO

B. NEGOZIO

D. RISTORANTE

F. OSPEDALE

H. CASA

4 PARLA

INTERVISTA UN COMPAGNO. PUOI USARE QUESTE DOMANDE.

| LAVORI? | DOVE LAVORI? | CHE LAVORO FAI IN ITALIA? | E NEL TUO PAESE? |

5 ASCOLTA

ASCOLTA E RISPONDI: SÌ O NO?

33

	SÌ	NO
A. AMINA È MEDICO?	SÌ	NO
B. AMINA LAVORA IN UN OSPEDALE?	SÌ	NO
C. PEDRO LAVORA IN UNA SCUOLA A MILANO?	SÌ	NO
D. PEDRO LAVORA IN UN RISTORANTE?	SÌ	NO
E. AMINA INIZIA LAVORARE ALLE DIECI?	SÌ	NO

CONTROLLA CON UN COMPAGNO.

ITALIANO di BASE

MODULO 4 ▶ CHE LAVORO FAI?

LIVELLO preA1 / A1

6 LEGGI
ASCOLTA ANCORA, LEGGI E CONTROLLA.

33 🔊

- ■ CHE LAVORO FAI?
- ● SONO UN'INFERMIERA.
- ■ DOVE LAVORI?
- ● ALL'OSPEDALE SAN GERARDO DI MONZA. E TU?
- ■ SONO INSEGNANTE DI MATEMATICA, MA ORA FACCIO IL CAMERIERE IN UN BAR.
- ● ANCHE TU LAVORI A MONZA?
- ■ NO, LAVORO A MILANO.
- ● SCUSA, SAI CHE ORE SONO?
- ■ SONO LE NOVE E UN QUARTO.
- ● SCAPPO! ALLE DIECI COMINCIO IL TURNO.
- ■ CIAO E BUON LAVORO!

7 LAVORA
SCRIVI L'ORA GIUSTA SOTTO OGNI OROLOGIO, COME NELL'ESEMPIO.

✓ SONO LE NOVE E UN QUARTO   È L'UNA E MEZZA   SONO LE TRE MENO DIECI
SONO LE SEI MENO UN QUARTO   SONO LE QUATTRO MENO VENTI   SONO LE NOVE

A. SONO LE NOVE E UN QUARTO   B. _____   C. _____   D. _____   E. _____   F. _____

COME FUNZIONA?

CI SONO DUE DOMANDE PER CHIEDERE L'ORA:

CHE ORA È?   CHE ORE SONO?

PER RISPONDERE USI **È** CON LE PAROLE:
MEZZOGIORNO, L'UNA, MEZZANOTTE.

CHE ORA È? CHE ORE SONO? — È MEZZOGIORNO.

ALTRIMENTI USI **SONO LE**… SEGUITO DALL'ORA.

CHE ORA È? CHE ORE SONO? — SONO LE DUE.

GUARDA IL LINGUAQUIZ *CHE ORA È?*

ITALIANO di BASE   PAGINA 89

MODULO 4 ▸ CHE LAVORO FAI?

LIVELLO preA1 / A1

8 LAVORA

LEGGI L'AGENDA DI AMINA. POI DISEGNA SUGLI OROLOGI LE LANCETTE PER INDICARE L'ORARIO DEI SUOI APPUNTAMENTI, COME NELL'ESEMPIO.

GIOVEDÌ 13 FEBBRAIO — 9:50 — 50% — 8°

8:45	APPUNTAMENTO DAL DENTISTA
11:00	VISITA AL CONSULTORIO
12:05	IN COMUNE PER FARE CARTA D'IDENTITÀ
15:15	A SCUOLA PER INCONTRO CON GLI INSEGNANTI
17:40	IDRAULICO PER CONTROLLO CALDAIA
19:00	LEZIONE DI ITALIANO

1. DENTISTA   2. CONSULTORIO   3. COMUNE

4. SCUOLA   5. IDRAULICO   6. LEZIONE

9 LAVORA

LEGGI GLI ORARI DELLE DUE BANCHE E RISPONDI: SÌ O NO?

CREDITO BANCA
GALLERIA STRASBURGO 1
MILANO (MI) CAP 20122
TELEFONO: 02 77331711 FAX 02 77331711

ORARI E GIORNI DI APERTURA:
DAL LUNEDÌ AL VENERDÌ:
8:35 – 13:35, 14:45 – 16:15
SABATO: 8:35 – 12:00

CREDITO BANCA
VIALE CARLO PEPOLI 82
BOLOGNA (BO) CAP 40123
TELEFONO: 051 6140006 FAX 051 6140334

ORARI E GIORNI DI APERTURA:
DAL LUNEDÌ AL VENERDÌ:
8:20 – 12:45, 14:35 – 16:35

A. LA BANCA DI MILANO È APERTA IL LUNEDÌ ALLE OTTO E MEZZA? SÌ NO

B. LA BANCA DI MILANO È APERTA IL MERCOLEDÌ ALLE QUATTORDICI E QUARANTA? SÌ NO

C. LA BANCA DI BOLOGNA È APERTA IL GIOVEDÌ ALL'UNA MENO DIECI? SÌ NO

D. LA BANCA DI BOLOGNA È APERTA IL SABATO? SÌ NO

CONTROLLA CON UN COMPAGNO.

ATTENZIONE!

PER INDICARE L'ORA (DOPO MEZZOGIORNO) USI **12** O **24** ORE.

`21:00`

SONO LE NOVE (DI SERA).
SONO LE VENTUNO.

MODULO 4 ▸ CHE LAVORO FAI?

LIVELLO preA1 / A1

10 LEGGI
LEGGI E RISPONDI.

> MI CHIAMO MARTA, SONO COLOMBIANA E ABITO A MODENA DA 5 ANNI.
> LAVORO COME BADANTE: MI OCCUPO DI UNA DONNA ANZIANA DI 85 ANNI, PAOLA.
> QUESTA È LA NOSTRA GIORNATA: ALLE NOVE FACCIAMO COLAZIONE E ASCOLTIAMO LA RADIO. PAOLA AMA LA MUSICA.
> TUTTI I GIORNI PASSEGGIAMO NEL PARCO DALLE DIECI ALLE UNDICI. POI FACCIAMO LA SPESA E TORNIAMO A CASA.
> PAOLA GUARDA LA TELEVISIONE FINO ALLE DODICI. INTANTO IO CUCINO E A MEZZOGIORNO E MEZZA MANGIAMO INSIEME.
> NEL POMERIGGIO GIOCHIAMO A CARTE E CHIACCHIERIAMO. PAOLA È MOLTO SOCIEVOLE E ALLEGRA, RACCONTA SEMPRE I SUOI RICORDI DI GIOVENTÙ. POI PREPARIAMO PIATTI ITALIANI O COLOMBIANI PER LA CENA. PAOLA AMA I MIEI PATACONES, LE FRITTELLE DI PLATANO.
> ALLE SETTE CENIAMO E ALLE NOVE PAOLA VA A LETTO.
> ALLE DIECI TELEFONO AI MIEI GENITORI: LORO ABITANO IN COLOMBIA.
> IL GIOVEDÌ POMERIGGIO E LA DOMENICA NON LAVORO.
> TUTTE LE DOMENICHE VEDO I MIEI AMICI. FACCIAMO UNA PASSEGGIATA IN CENTRO O ANDIAMO A PRANZO A BOLOGNA.

A. A CHE ORA FANNO COLAZIONE MARTA E PAOLA? _____
B. DA CHE ORA A CHE ORA PASSEGGIANO NEL PARCO? _____
C. FINO A CHE ORA PAOLA GUARDA LA TELEVISIONE? _____
D. A CHE ORA PRANZANO? _____
E. CHE COSA FANNO NEL POMERIGGIO? _____
F. A CHE ORA VA A DORMIRE PAOLA? _____
G. CHE COSA FA MARTA ALLE 22:00? _____

11 ASCOLTA

ASCOLTA E SEGNA CON UNA ✗ IL NOME GIUSTO: AMINA O PEDRO?

A. LAVORA TUTTI I GIORNI DELLA SETTIMANA.	☐ AMINA	☐ PEDRO
B. LAVORA OTTO ORE AL GIORNO.	☐ AMINA	☐ PEDRO
C. NON LAVORA LA SERA.	☐ AMINA	☐ PEDRO
D. FA I TURNI.	☐ AMINA	☐ PEDRO
E. NON LAVORA IL LUNEDÌ.	☐ AMINA	☐ PEDRO

CONTROLLA CON UN COMPAGNO.

ITALIANO di BASE

MODULO 4 ▶ CHE LAVORO FAI?

LIVELLO preA1 / A1

12 LEGGI
ASCOLTA ANCORA, LEGGI E CONTROLLA.

34 🔊

- QUAL È IL TUO ORARIO DI LAVORO?
- FACCIO I TURNI. LA MATTINA LAVORO DALLE 6:00 ALLE 14:00, IL POMERIGGIO DALLE 14:00 ALLE 22:00 E LA NOTTE DALLE 22:00 ALLE 6:00.
- TU CHE ORARI FAI?
- LAVORO PART-TIME TUTTE LE MATTINE DALLE 7:00 ALLE 13:00, DAL MARTEDÌ ALLA DOMENICA.

COME FUNZIONA?

GUARDA L'ORARIO E LEGGI LE FRASI.

| 19:00 / 21:00 | LEZIONE DI ITALIANO |

- **DA CHE ORA A CHE ORA** C'È LEZIONE?
- **DALLE** SETTE **ALLE** NOVE DI SERA.

- **FINO A CHE ORA** C'È LEZIONE?
- **FINO ALLE** NOVE DI SERA.

USI **A**, **DA** CON **MEZZOGIORNO**, **MEZZANOTTE**.
USI **ALL'**, **DALL'** CON **L'UNA**.

DA CHE ORA A CHE ORA PRANZI?

DA MEZZOGIORNO ALL'UNA.

13 LAVORA
CONOSCI LE PAROLE SOTTOLINEATE? COLLEGA AL SIGNIFICATO GIUSTO, COME NELL'ESEMPIO.

1. CARLOS È DISOCCUPATO.
2. JALILA LAVORA PART-TIME.
3. SIETE PENSIONATI.
4. VIOLETA LAVORA A TEMPO PIENO.
5. FACCIO I TURNI DI LAVORO.

A. LAVORA 8 ORE AL GIORNO.
B. LAVORO CON ORARI DIVERSI OGNI SETTIMANA.
C. PERSONE ANZIANE CHE NON LAVORANO PIÙ E RICEVONO LA PENSIONE.
D. NON HA UN LAVORO.
E. LAVORA 4 ORE AL GIORNO.

CONTROLLA CON UN COMPAGNO.

14 PARLA
A COPPIE, DESCRIVI A UN COMPAGNO IL TUO ORARIO DI LAVORO.

ITALIANO di BASE

MODULO 4 ▸ CHE LAVORO FAI?

LIVELLO preA1 / A1

COME FUNZIONA?

LEGGI QUESTE FRASI.

- DOVE LAVORI?
- LAVORO IN UN BAR.
  E VOI DOVE LAVORATE?

ALLE SETTE CENIAMO.
LORO ABITANO IN COLOMBIA.
PAOLA AMA LA MUSICA.

LE PAROLE SOTTOLINEATE SI CHIAMANO **VERBI**.
LAVORARE, CENARE, ABITARE, AMARE SONO LE FORME ALL'INFINITO DEI VERBI.
QUESTI VERBI FINISCONO IN **–ARE**.
SI CHIAMANO VERBI DELLA **PRIMA CONIUGAZIONE**.
CON UN COMPAGNO, COMPLETA LA TABELLA DEL PRESENTE DEL VERBO **LAVORARE**.

	LAVORARE
IO	LAVOR___
TU	LAVOR___
LUI/LEI	LAVOR___
NOI	LAVOR___
VOI	LAVOR___
LORO	LAVOR___

15 LAVORA

SOTTOLINEA IL VERBO CORRETTO, COME NELL'ESEMPIO.

A. PAOLA **LAVORA/LAVORANO** IN BANCA.
B. LORO **CENATE/CENANO** INSIEME.
C. IO NON **GUARDI/GUARDO** LA TV.
D. NOI **ASPETTIAMO/ASPETTANO** L'AUTOBUS.
E. TU A CHE ORA **INIZI/INIZIO** IL TURNO?
F. ANA **ARRIVI/ARRIVA** STASERA.

CONTROLLA CON UN COMPAGNO.

16 LAVORA

COSA FANNO QUESTE PERSONE? USA QUESTI VERBI, COME NELL'ESEMPIO.

MANGIARE ✓STUDIARE   LAVORARE   BACIARE   AMARE   GIOCARE

A. MARCO ___STUDIA___.
B. IO E LE MIE AMICHE _____ LA TORTA. 
C. SONO UN IMPIEGATO: _____ IN UFFICIO. 
D. TU_____ A PALLA. 
E. VOI _____ LA MUSICA SUDAMERICANA. 
F. I BAMBINI _____ LA MAMMA. 

CONTROLLA CON UN COMPAGNO.

ITALIANO di BASE

MODULO 4 ▸ CHE LAVORO FAI?

LIVELLO preA1 / A1

COME FUNZIONA?

LEGGI QUESTE FRASI. <u>FACCIO</u> I TURNI. IO E PAOLA <u>FACCIAMO</u> LA SPESA.

LE PAROLE SOTTOLINEATE SONO LE FORME DEL VERBO **FARE**.
IL VERBO **FARE** È IRREGOLARE: NON SEGUE LE REGOLE DELLA PRIMA CONIUGAZIONE.

FARE

IO	FACCIO
TU	FAI
LUI/LEI	FA
NOI	FACCIAMO
VOI	FATE
LORO	FANNO

IL VERBO **FARE** SI USA ANCHE PER INDICARE IL LAVORO.

- CHE LAVORO <u>FAI</u>?
- <u>FACCIO</u> LA CAMERIERA.

17 LAVORA

CI SONO TANTE ALTRE ESPRESSIONI CON IL VERBO **FARE**.
COMPLETA LE FRASI CON QUESTE PAROLE, COME NELL'ESEMPIO.

LE PULIZIE ✓LA DOCCIA GINNASTICA UNA PAUSA COLAZIONE I COMPITI LA SPESA

A. NON SONO ANCORA PRONTA. FACCIO <u>LA DOCCIA</u> E USCIAMO!

B. AMANDA FA _____ NEGLI UFFICI.

C. PREFERISCI FARE _____ AL MERCATO O AL SUPERMERCATO?

D. DOMANI FACCIAMO _____ AL BAR? ADORO IL CAPPUCCINO!

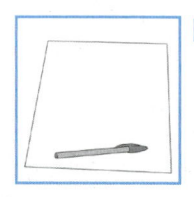

E. GLI STUDENTI FANNO _____ IN BIBLIOTECA.

F. SE SIETE STANCHI, FATE _____!

G. IRINA È MOLTO SPORTIVA: FA _____ TRE VOLTE A SETTIMANA.

ITALIANO di BASE

MODULO 4 ▸ CHE LAVORO FAI?

LIVELLO preA1 / A1

AUTOVALUTAZIONE

COSA SO E COSA CONOSCO ADESSO?
SEGNO CON UNA ✗ LE COSE CHE:

SO / CONOSCO BENE	SO / CONOSCO ABBASTANZA BENE	NON SO / NON CONOSCO
☺	😐	☹

CONOSCO

I NOMI DEI LAVORI	☺	😐	☹
LE ORE	☺	😐	☹
GLI ORARI DI LAVORO	☺	😐	☹
IL PRESENTE DEI VERBI DELLA PRIMA CONIUGAZIONE (-ARE)	☺	😐	☹
IL PRESENTE DEL VERBO **FARE**	☺	😐	☹

SO

CHIEDERE E DIRE CHE LAVORO FA UNA PERSONA	☺	😐	☹
RACCONTARE UNA GIORNATA DI LAVORO	☺	😐	☹
CHIEDERE E DIRE CHE ORE SONO	☺	😐	☹
USARE I VERBI DELLA PRIMA CONIUGAZIONE (-ARE)	☺	😐	☹

DOSSIER

DESCRIVI LA TUA GIORNATA DI LAVORO.

ITALIANO di BASE

MODULO 4 ▸ FONETICA

LIVELLO preA1 / A1

CAMPANA CAMPAGNA

1 ASCOLTA
ASCOLTA E RIPETI.

CAMPANA    CAMPAGNA    ANELLO    AGNELLO

35 🔊

I SUONI CORRISPONDENTI, NELLO SCRITTO, A **N** E **GN** SONO DIVERSI.

UN SUONO COME NELLA PAROLA CAMPA**N**A

UN SUONO COME NELLA PAROLA CAMPA**GN**A

2 ASCOLTA
ASCOLTA E SOTTOLINEA LA PAROLA CHE SENTI.

36 🔊

A. ANELLO / AGNELLO
B. CAMPAGNA / CAMPANA
C. CASTANA / CASTAGNA
D. PINA / PIGNA

3 SCRIVI
LEGGI LE FRASI E COMPLETA IL CRUCIVERBA.

ORIZZONTALI →

3. MADRID È LA CAPITALE DELLA _____.

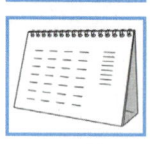

5. IL MESE DOPO MAGGIO.

6. LAVORA A SCUOLA.

VERTICALI ↓

1. UN PRIMO PIATTO TIPICO ITALIANO.

2. L'INSEGNANTE SCRIVE SULLA _____.

4. COMPILA IL MODULO CON NOME E _____.

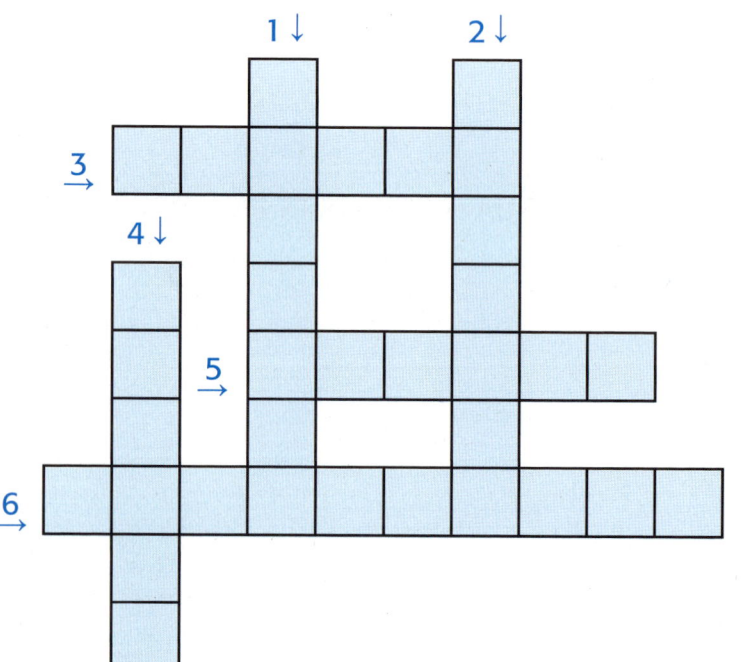

PAGINA 96   ITALIANO di BASE

MODULO 4 ▸ Che lavoro fai?

LIVELLO A1 / A2

1 PARLA

Quali cose sono importanti nel lavoro? Scrivi queste caratteristiche in ordine di importanza (1 > più importante, 6 > meno importante). Poi parla con un compagno.

| colleghi simpatici | stipendio buono | orario buono | vicinanza da casa | tipo di lavoro interessante | mensa aziendale |

1. _____
2. _____
3. _____
4. _____
5. _____
6. _____

2 LAVORA

Che lavoro fanno queste persone? Scrivi negli spazi i nomi dei lavori, come negli esempi.

✓ l'infermiera   ✓ l'impiegato   ✓ il giornalista   ✓ la pasticciera   il falegname   la dentista
l'idraulico   la sarta   il meccanico   la parrucchiera   il pizzaiolo   la barista

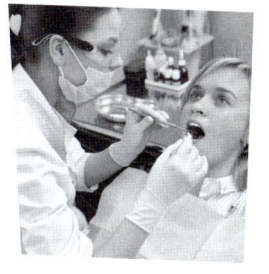

a. _____ 
b. l'infermiera 
c. la pasticciera 
d. il giornalista

e. _____ 
f. _____ 
g. _____ 
h. _____

i. _____
l. _____ 
m. _____ 
n. l'impiegato 

Controlla con un compagno.

ITALIANO di BASE   PAGINA 97

MODULO 4 ▸ Che lavoro fai?

LIVELLO A1 / A2

3 ASCOLTA

Ascolta il dialogo. Collega i nomi al lavoro.

impiegato — Giulia

infermiera — Marco

pasticciera — Luis

giornalista — Maria Cristina

Controlla con un compagno.

4 ASCOLTA

Ascolta ancora e completa la tabella, come negli esempi.

NOME	LUOGO DI LAVORO	CARATTERISTICHE DEL LAVORO
Giulia		lavora dal venerdì alla domenica
Marco		
Luis		
Maria Cristina	ospedale	

Controlla con un compagno.

Guarda il Linguaquiz *Professioni*.

PAGINA 98 — ITALIANO di BASE

MODULO 4 ▸ Che lavoro fai?

LIVELLO A1 / A2

5 LEGGI
Ascolta ancora, leggi e controlla.

- Giulia, che lavoro fai adesso?
- Faccio la pasticciera in un grande ristorante, vicino casa.
- E ti piace?
- Sì, è divertente e poi, lo sai, ho la passione per i dolci. Purtroppo però non ho molto tempo per stare con i miei figli perché lavoro dal venerdì alla domenica.
- Come fate con i bambini? Anche tuo marito lavora, giusto?
- Sì, Marco fa l'impiegato in uno studio dentistico. Per fortuna ha un contratto part-time.
- Lavora di mattina o di pomeriggio?
- Di mattina, dalle nove alle due. E poi si occupa dei bambini. Tu invece non hai orari fissi, vero?
- Assolutamente no! Faccio il giornalista sportivo, sono sempre in viaggio.
- Che lavoro fa la tua fidanzata?
- Maria Cristina fa l'infermiera in ospedale e spesso fa i turni di notte.

6 PARLA
Intervista un compagno: puoi usare queste domande.

- Che lavoro fai in Italia?
- Quali sono le tue esperienze di lavoro?
- Cerchi lavoro?
- Qual è il tuo lavoro ideale?

7 SCRIVI
Scrivi il nome di questi strumenti accanto al lavoro giusto, come nell'esempio.

✓ lavagna e pennarello  | ago e filo  | cucchiaio e pentola  | scopa e straccio | asciugacapelli e forbici  | computer e telefono

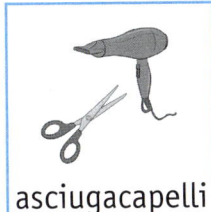

a. insegnante: _lavagna e pennarello_
b. parrucchiere: _____
c. casalinga: _____
d. impiegato: _____
e. cuoco: _____
f. sarto: _____

8 PARLA
Quali strumenti usi nel tuo lavoro? Parla con un compagno.

ITALIANO di BASE — PAGINA 99

MODULO 4 ▶ Che lavoro fai?

LIVELLO A1 / A2

9 LAVORA
Collega le frasi, come nell'esempio.

1. Paolo non ha ancora un lavoro.
2. Mio marito lavora tutti giorni dalle 9:00 alle 17:00.
3. Zahra lavora dal lunedì al giovedì dalle 10:00 alle 14:00.
4. Carlo fa l'infermiere in un ospedale e qualche volta lavora anche di notte.
5. Mia zia ha 70 anni e non lavora più.
6. Susanne ha due figli piccoli e si occupa della casa e della sua famiglia.
7. Chiara va all'università.

a. È una studentessa.
b. È disoccupato.
c. È una casalinga.
d. Ha un lavoro part-time.
e. Fa i turni.
f. Lavora a tempo pieno.
g. È in pensione.

10 ASCOLTA
Marco, il marito di Giulia, racconta la sua giornata di lavoro: ascolta più volte, poi metti nell'ordine giusto le immagini.

a.  ☐   b.  ☐   c.  ☐   d. ☐

Controlla con un compagno.

11 ASCOLTA
Ascolta ancora e rispondi alle domande.

a. Come va al lavoro Marco?

b. Chi accompagna i bambini a scuola?

c. A che ora arriva in ufficio Marco?

d. Che cosa fa di solito in ufficio?

e. Con chi fa la pausa pranzo? Dove?

Controlla con un compagno.

MODULO 4 ▸ Che lavoro fai?

LIVELLO A1 / A2

12 LEGGI

Ascolta ancora, leggi e controlla.

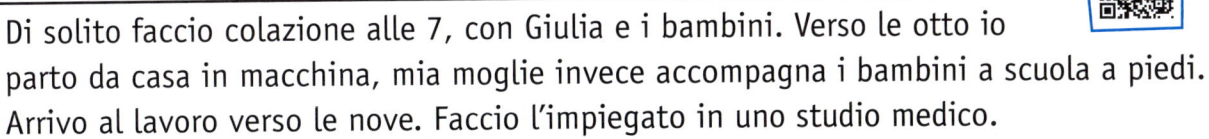

> Di solito faccio colazione alle 7, con Giulia e i bambini. Verso le otto io parto da casa in macchina, mia moglie invece accompagna i bambini a scuola a piedi. Arrivo al lavoro verso le nove. Faccio l'impiegato in uno studio medico.
> La mattina sono molto impegnato: rispondo al telefono, mi occupo dei pazienti, prendo gli appuntamenti, controllo le mail. Il mio lavoro è interessante e piacevole, ma non è facile essere sempre gentili con i pazienti: a volte arrivano in ritardo o sono maleducati. Verso mezzogiorno io e il dottor Rogetti, il mio datore di lavoro, mangiamo un panino o un'insalata al bar. Alle 12:30 torniamo allo studio. Alle due arriva Tina, la mia collega. Prendiamo un caffè insieme e poi io vado a casa.

COME FUNZIONA?

Leggi queste frasi.

| Arrivo al lavoro verso le nove. | Prendiamo un caffè insieme. | Parto da casa alle otto. |

Arrivo è una forma del verbo **ARRIVARE**: i verbi che finiscono in -ARE si chiamano **verbi della prima coniugazione**.
Prendiamo è una forma del verbo **PRENDERE**: i verbi che finiscono in -ERE si chiamano **verbi della seconda coniugazione**.
Parto è una forma del verbo **PARTIRE**: i verbi che finiscono in -IRE si chiamano **verbi della terza coniugazione**.

Leggi ancora il testo del punto **12** e completa la tabella del presente.

	ARRIVARE	PRENDERE	PARTIRE
IO			
TU	arrivi	prendi	parti
LUI/LEI		prende	parte
NOI			partiamo
VOI	arrivate	prendete	partite
LORO		prendono	partono

ITALIANO di BASE — PAGINA 101

MODULO 4 ▶ Che lavoro fai?

LIVELLO A1 / A2

13 LAVORA

Completa le frasi con il presente di questi verbi, come nell'esempio.

| tornare | scrivere | prendere | mangiare |
| ✓ arrivare | lavorare | leggere | |

a. I miei cugini _____arrivano_____ stasera alle 9.
b. Signori, che cosa (voi) _____ da bere?
c. A pranzo Marco _____ un panino o un'insalata.
d. Io e mia moglie _____ nello stesso ufficio.
e. Maria Sol, a che ora _____ a casa stasera?
f. Luisa _____ lettere d'amore al suo fidanzato.
g. Bambini, (noi) _____ un bel libro adesso!

Controlla con un compagno.

14 LEGGI

Leggi le offerte di lavoro e scrivi questi significati al posto giusto, come nell'esempio.

| ✓ limitato a un periodo di tempo | persona che ha una macchina | prima esperienza di lavoro | con giudizi positivi di esperienze di lavoro passate | persona che impara una professione |

1. BARISTA
Bar cerca ragazzo o ragazza con esperienza, per lavoro **stagionale**.
Per maggiori informazioni chiamare il 349 437456 **Arezzo**

a. limitato a un periodo di tempo

2. COMMESSA
Negozio di abbigliamento cerca giovani commesse, età 18-26, per lavoro part-time, anche **primo impiego**. Si richiede massima serietà e la conoscenza di almeno una lingua straniera.
Per informazioni telefonare ore pasti 328 4576345 **Napoli**

b. _____

c. _____

3. MECCANICO
Officina meccanica cerca **apprendista** meccanico **automunito**. Possibilità di assunzione a tempo indeterminato.
Contattare il 02 2678549 **Roma**

d. _____

4. BABY SITTER
Cercasi baby sitter **referenziata**, disponibile in orario pomeridiano tutti i giorni dal lunedì al venerdì.
Per informazioni chiamare in orario serale il 347 6578987 **Bologna**

e. _____

Controlla con un compagno e poi con l'insegnante e tutta la classe.

MODULO 4 ▸ Che lavoro fai?

LIVELLO A1 / A2

15 LAVORA
Leggi le richieste di lavoro. Quale lavoro del punto 14 consigli a queste persone?

ANNUNCI GRATUITI ONLINE — PUBBLICA ANNUNCIO

Cosa cerchi? | Offerte ▼ | Tutta italia ▼ | CERCA

a. Alessandro Zucca
22 anni
diploma di perito meccanico
patente B
piena disponibilità di orari

b. Ana Ionesco
Ho 24 e amo stare con i bambini.
Ho lavorato 3 anni in una scuola materna privata.
Disponibilità anche per aiuto compiti e accompagnamento dei bambini a scuola.

c. Hans Zwart
25 anni
Esperienza di 4 anni come cameriere e barista in un ristorante.
Mi offro per lavoro part time e full time.

d. Maria Flores
19 anni
colombiana
bella presenza
diploma turistico
madrelingua spagnola
ottima conoscenza dell'inglese
disponibilità immediata

Alessandro: annuncio _____   **Hans:** annuncio _____
Ana: annuncio _____   **Maria:** annuncio _____

Controlla con un compagno.

16 SCRIVI
Completa le frasi con queste parole, come nell'esempio.

| primo impiego | disponibile | stagionale | lavoratore qualificato |
| automunito | referenze | apprendista | stipendio | ✓ assunta |

a. Anca è ___assunta___: ha un contratto di lavoro.
b. Molti datori di lavoro hanno scritto che Alberto è un bravo lavoratore: lui ha molte _____.
c. Ali sta imparando la professione: è un _____.
d. Roula è al _____: questa è la sua prima esperienza di lavoro.
e. Marco ha una macchina: è _____.
f. Patricia è _____ a trasferirsi in un'altra città.
g. Lorenzo è un _____: ha studiato e ha un titolo di studio.
h. Iman ha un lavoro _____: lavora in un albergo da giugno a settembre.
i. Lo _____ è buono, ma ho poco tempo libero.

ITALIANO di BASE — PAGINA 103

MODULO 4 ▸ Che lavoro fai?

LIVELLO A1 / A2

17 SCRIVI

Leggi le definizioni e completa il cruciverba, come nell'esempio.

ORIZZONTALI →

3. Lui usa le ✂, l'ago e il filo.

4. Se il 🚰 perde acqua, chiami l'_____.

5. Lavora il legno e costruisce i mobili.

VERTICALI ↓

1. Lui prepara 🍰🍰 e pasticcini.

2. Assiste le persone anziane.

Controlla con un compagno.

18 SCRIVI

Scrivi le definizioni di questo cruciverba.

ORIZZONTALI →

3. _____

4. _____
   _____

VERTICALI ↓

1. _____
   _____

2. _____
   _____

				M				B		
				E				A		
				C				R		
3→| P	A	R	R	U	C	C	H	I	E	R	E
				A				S		
				N				T		
4→	P	I	Z	Z	A	I	O	L	O
				C						
				O						

PAGINA 104

ITALIANO di BASE

MODULO 4 ▸ Che lavoro fai?

LIVELLO A1 / A2

AUTOVALUTAZIONE

COSA SO E COSA CONOSCO ADESSO?
Segno con una ✗ le cose che:

SO / CONOSCO BENE ☺	SO / CONOSCO ABBASTANZA BENE 😐	NON SO / NON CONOSCO ☹

CONOSCO
	☺	😐	☹
i nomi di professione			
i luoghi di lavoro			
gli strumenti di lavoro			
le parole degli annunci di lavoro			

SO
	☺	😐	☹
chiedere e dire la professione			
descrivere il mio lavoro			
capire un annuncio di lavoro			
usare i verbi delle tre coniugazioni al presente			

DOSSIER

Descrivi il tuo lavoro.

ITALIANO di BASE

MODULO 4 ▶ Fonetica

LIVELLO A1 / A2

CAMPANA
CAMPAGNA

1 ASCOLTA
Ascolta e ripeti.

CAMPANA    CAMPAGNA    ANELLO    AGNELLO

39 🔊

I suoni corrispondenti, nello scritto, a **N** e **GN** sono diversi.

un suono come nella parola CAMPA**NA**

un suono come nella parola CAMPA**GN**A

2 LAVORA
Ascolta e ripeti a libro chiuso. Poi apri il libro, ascolta e scrivi.

40 🔊

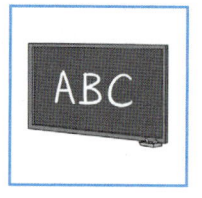

a. 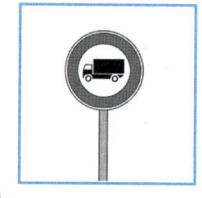 _____   b.  _____   c.  _____   d. _____

3 ASCOLTA
La parola ha un suono come in CAMPA**NA** o come in CAMPA**GN**A? Segna con una ✗ il suono che senti.

41 🔊

	suono come in CAMPA**NA**	suono come in CAMPA**GN**A
a.	☐	☐
b.	☐	☐
c.	☐	☐
d.	☐	☐
e.	☐	☐
f.	☐	☐

Controlla con un compagno le parole in fondo alla pagina.

a. panino; b. animale; c. impegno; d. spagnolo; e. bisogno; f. matrimonio

PAGINA 106

ITALIANO di BASE

VIVERE IN ITALIA

AL LAVORO! | Tipologie di contratti e diritti del lavoratore

1. IL LAVORO IN ITALIA

COLLEGA LE PAROLE AL SIGNIFICATO, COME NELL'ESEMPIO. POI LEGGI IL TESTO.

1. DISOCCUPATO 2. IMPIEGO 3. COLLOQUIO 4. LISTA 5. FERIE

A. ELENCO B. VACANZE C. SENZA LAVORO D. INTERVISTA E. LAVORO

(1 → C)

Vivere e lavorare in Italia — MINISTERO DEL LAVORO E DELLE POLITICHE SOCIALI

Home   Chi siamo   I Servizi   Le Regioni   Attualità   Normative

SONO DISOCCUPATO, COME POSSO TROVARE UN LAVORO?
PUOI ANDARE IN QUESTI SERVIZI:
- IN UN CENTRO PER L'IMPIEGO: FAI UN COLLOQUIO E PARLI DELLA TUA ESPERIENZA DI LAVORO. POI TI ISCRIVI A UNA LISTA, QUANDO C'È LAVORO TI CHIAMANO.
- ALLO SPORTELLO LAVORO DEL TUO COMUNE: QUESTO SPORTELLO MANDA I TUOI DATI AL CENTRO PER L'IMPIEGO.

QUALI DOCUMENTI DEVO PORTARE IN QUESTI SERVIZI?
DEVI PORTARE UN DOCUMENTO D'IDENTITÀ (PASSAPORTO O CARTA D'IDENTITÀ) E IL CODICE FISCALE. SE SEI UN CITTADINO EXTRACOMUNITARIO, DEVI PORTARE ANCHE IL PERMESSO DI SOGGIORNO.

HO 15 ANNI, POSSO LAVORARE?
NO, IN ITALIA POSSONO LAVORARE LE PERSONE CHE HANNO PIÙ DI 16 ANNI.

POSSO LAVORARE SENZA CONTRATTO?
NO, IL LAVORO IN NERO, CIOÈ SENZA CONTRATTO, È ILLEGALE. SENZA CONTRATTO LE FERIE E LA MALATTIA NON SONO PAGATE.

2. COSA DICE LA LEGGE ITALIANA SUL LAVORO?

LA COSTITUZIONE, LA LEGGE PIÙ IMPORTANTE DELLO STATO, IN ALCUNI ARTICOLI PARLA DEL LAVORO E DEI DIRITTI DEL LAVORATORI. LEGGI E RISPONDI: SÌ O NO?

ARTICOLO 1: L'ITALIA È UNA REPUBBLICA DEMOCRATICA BASATA SUL LAVORO.
ARTICOLO 4: LA REPUBBLICA RICONOSCE A TUTTI I CITTADINI IL DIRITTO AL LAVORO.
ARTICOLO 36: IL LAVORATORE HA DIRITTO AL RIPOSO SETTIMANALE E A FERIE ANNUALI RETRIBUITE E NON PUÒ RINUNCIARVI.
ARTICOLO 37: LA DONNA LAVORATRICE HA GLI STESSI DIRITTI E, A PARITÀ DI LAVORO, LE STESSE RETRIBUZIONI CHE SPETTANO AL LAVORATORE.

A. HO UN CONTRATTO DI LAVORO: IL DATORE DI LAVORO MI PUÒ CHIEDERE DI LAVORARE TUTTI I GIORNI DELLA SETTIMANA? SÌ / NO

B. HO UN CONTRATTO DI LAVORO: RICEVO LO STIPENDIO ANCHE QUANDO SONO IN FERIE? SÌ / NO

C. UOMINI E DONNE CHE FANNO LO STESSO LAVORO DEVONO RICEVERE UNO STIPENDIO UGUALE? SÌ / NO

ITALIANO di BASE

VIVERE IN ITALIA

AL LAVORO! | Tipologie di contratti e diritti del lavoratore

3. I CONTRATTI DI LAVORO

IN ITALIA CI SONO DIVERSI TIPI DI CONTRATTI DI LAVORO. LEGGI E COMPLETA CON QUESTE PAROLE, COME NELL'ESEMPIO.

- A TEMPO INDETERMINATO
- A TEMPO DETERMINATO
- FULL-TIME
- PART-TIME
- ✓ SOMMINISTRATO
- STAGIONALE

A. IL CONTRATTO DI LAVORO __SOMMINISTRATO__ SI CHIAMA ANCHE TEMPORANEO O INTERINALE. UN'AGENZIA DI LAVORO TI FA UN CONTRATTO E TU LAVORI PER UN PERIODO DI TEMPO DETERMINATO IN UN'AZIENDA.

B. CON IL CONTRATTO DI LAVORO _____ LAVORI DI SOLITO 40 ORE ALLA SETTIMANA.

C. CON IL CONTRATTO DI LAVORO _____ LAVORI MENO DI 40 ORE ALLA SETTIMANA.

D. IL CONTRATTO DI LAVORO _____ NON HA SCADENZA, CIOÈ NON HA FINE.

E. IL CONTRATTO DI LAVORO _____ È IL CONTRATTO DI LAVORO A TERMINE; PER ESEMPIO, LAVORI UN ANNO O 3 ANNI E POI IL CONTRATTO TERMINA, CIOÈ FINISCE.

F. CON IL CONTRATTO DI LAVORO _____ LAVORI SOLO ALCUNI MESI ALL'ANNO. NORMALMENTE QUESTO CONTRATTO RIGUARDA
- CHI LAVORA NEL TURISMO: LAVORI COME CUOCO, CAMERIERE, FAI LE PULIZIE NEGLI ALBERGHI
- CHI LAVORA NELL'AGRICOLTURA: FAI LA RACCOLTA DI POMODORI, MELE, OLIVE.

4. I SINDACATI

LEGGI E RISPONDI ALLE DOMANDE.

TUTTI I LAVORATORI HANNO DIRITTI.
I LORO DIRITTI SONO SCRITTI NELLE LEGGI E NEI CONTRATTI.
MA COSA PUOI FARE QUANDO I TUOI DIRITTI NON SONO RISPETTATI?
IN TUTTE LE CITTÀ ITALIANE CI SONO ASSOCIAZIONI CHE DIFENDONO I DIRITTI DEI LAVORATORI: SI CHIAMANO **SINDACATI**.
I SINDACATI POSSONO AIUTARTI ANCHE PER ALTRE COSE IMPORTANTI, PER ESEMPIO:
- PRESENTARE LA DICHIARAZIONE DEI REDDITI PER PAGARE LE TASSE;
- COMPILARE L'ISEE, UN DOCUMENTO IMPORTANTE PER AVERE RIDUZIONI DI SPESA PER I SERVIZI PUBBLICI (PER ESEMPIO, LA MENSA SCOLASTICA DEI BAMBINI);
- FAR RISPETTARE I TUOI DIRITTI SE VIVI IN UNA CASA IN AFFITTO.

QUALI SINDACATI CI SONO NELLA TUA CITTÀ? DOVE SONO? PARLA CON I COMPAGNI E CON L'INSEGNANTE.

MODULO 5 ▸ BENVENUTI A CASA MIA!

LIVELLO preA1 / A1

1 LAVORA

GUARDA LA PIANTINA DELL'APPARTAMENTO DI AMINA E COLLEGA LE AZIONI ALLA STANZA GIUSTA, COME NELL'ESEMPIO.

- DORMIRE
- FARE LA DOCCIA
- FARE I COMPITI 
- PREPARARE IL PRANZO
- STENDERE I PANNI
- GUARDARE LA TV

CONTROLLA CON UN COMPAGNO.

2 SCRIVI

GUARDA LE PIANTINE E SCRIVI QUESTE PAROLE AL POSTO GIUSTO.

BILOCALE   MONOLOCALE   TRILOCALE

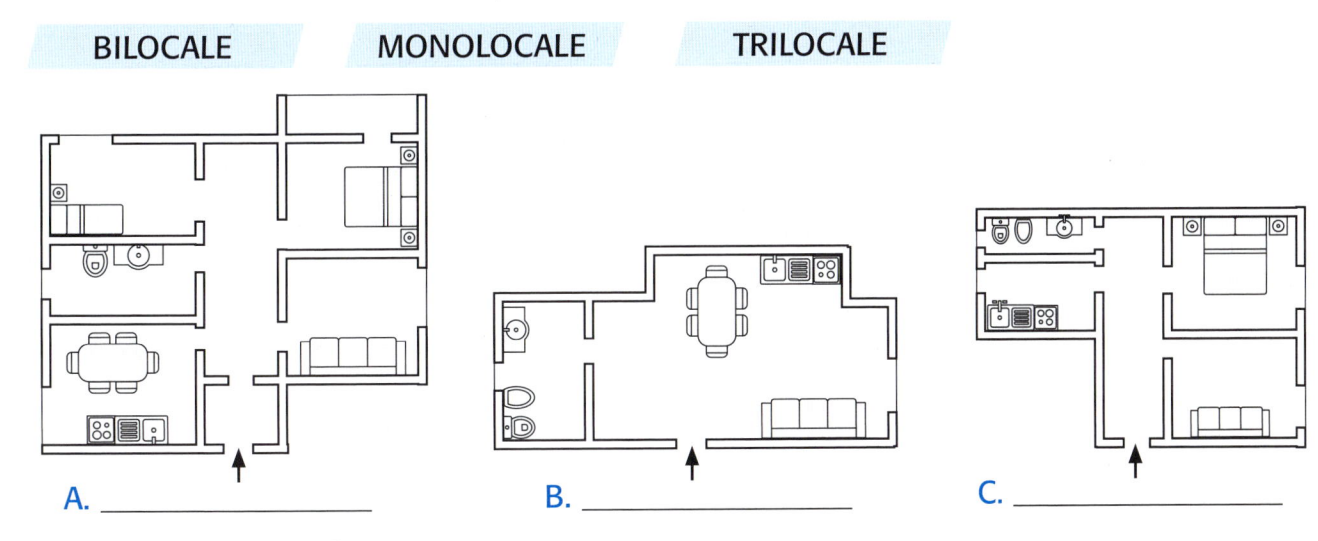

A. _____   B. _____   C. _____

CONTROLLA CON L'INSEGNANTE E TUTTA LA CLASSE.

3 ASCOLTA

ASCOLTA LA DESCRIZIONE DELL'APPARTAMENTO DI PEDRO E SCRIVI QUALI STANZE CI SONO.

42 🔊

_____
_____

CONTROLLA CON UN COMPAGNO.

ITALIANO di BASE   PAGINA 109

MODULO 5 ▶ BENVENUTI A CASA MIA!

LIVELLO preA1 / A1

4 LEGGI
ASCOLTA ANCORA, LEGGI E CONTROLLA.

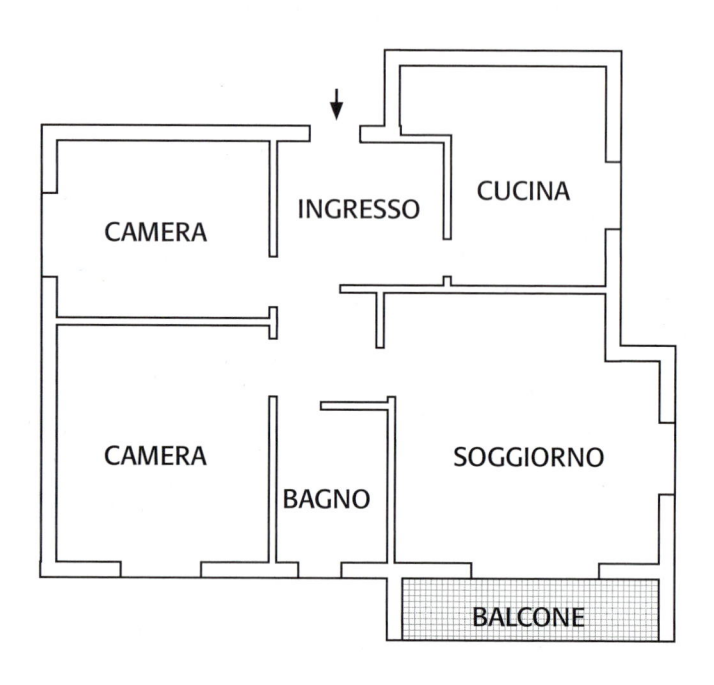

42 🔊

QUESTO È L'APPARTAMENTO DI PEDRO IN PERÙ: È AL PRIMO PIANO DI UN PALAZZO.
CI SONO UNA CUCINA, UN SOGGIORNO, UN BAGNO, UNA CAMERA MATRIMONIALE MOLTO GRANDE E UNA CAMERA DA LETTO PER I BAMBINI.
LA CASA È GRANDE.
C'È UN BALCONE CON TANTI FIORI.
DAVANTI ALLA CASA C'È UN GIARDINO.

5 PARLA
PARLA CON UN COMPAGNO.
CHIEDI:

- A CHE PIANO ABITI?
- QUANTE STANZE CI SONO NELLA TUA CASA?
- C'È UN SOGGIORNO?
- C'È UN BALCONE?
- CI SONO DUE BAGNI?
- CI SONO DUE CAMERE?

COME FUNZIONA?

NELL'UNITÀ **0** CI SONO I NUMERI CARDINALI.
QUESTI SONO I **NUMERI ORDINALI**.

L'APPARTAMENTO DI PEDRO È AL PRIMO PIANO.

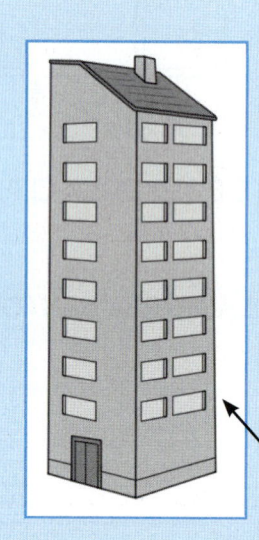

NUMERI CARDINALI	NUMERI ORDINALI
1	PRIMO
2	SECONDO
3	TERZO
4	QUARTO
5	QUINTO
6	SESTO
7	SETTIMO
8	OTTAVO
9	NONO
10	DECIMO

PRIMO PIANO

ITALIANO di BASE

MODULO 5 ▸ BENVENUTI A CASA MIA!

LIVELLO preA1 / A1

6 LAVORA

GUARDA LA PIANTINA DELLA CASA E SCRIVI IL NUMERO GIUSTO ACCANTO AI NOMI, COME NELL'ESEMPIO.

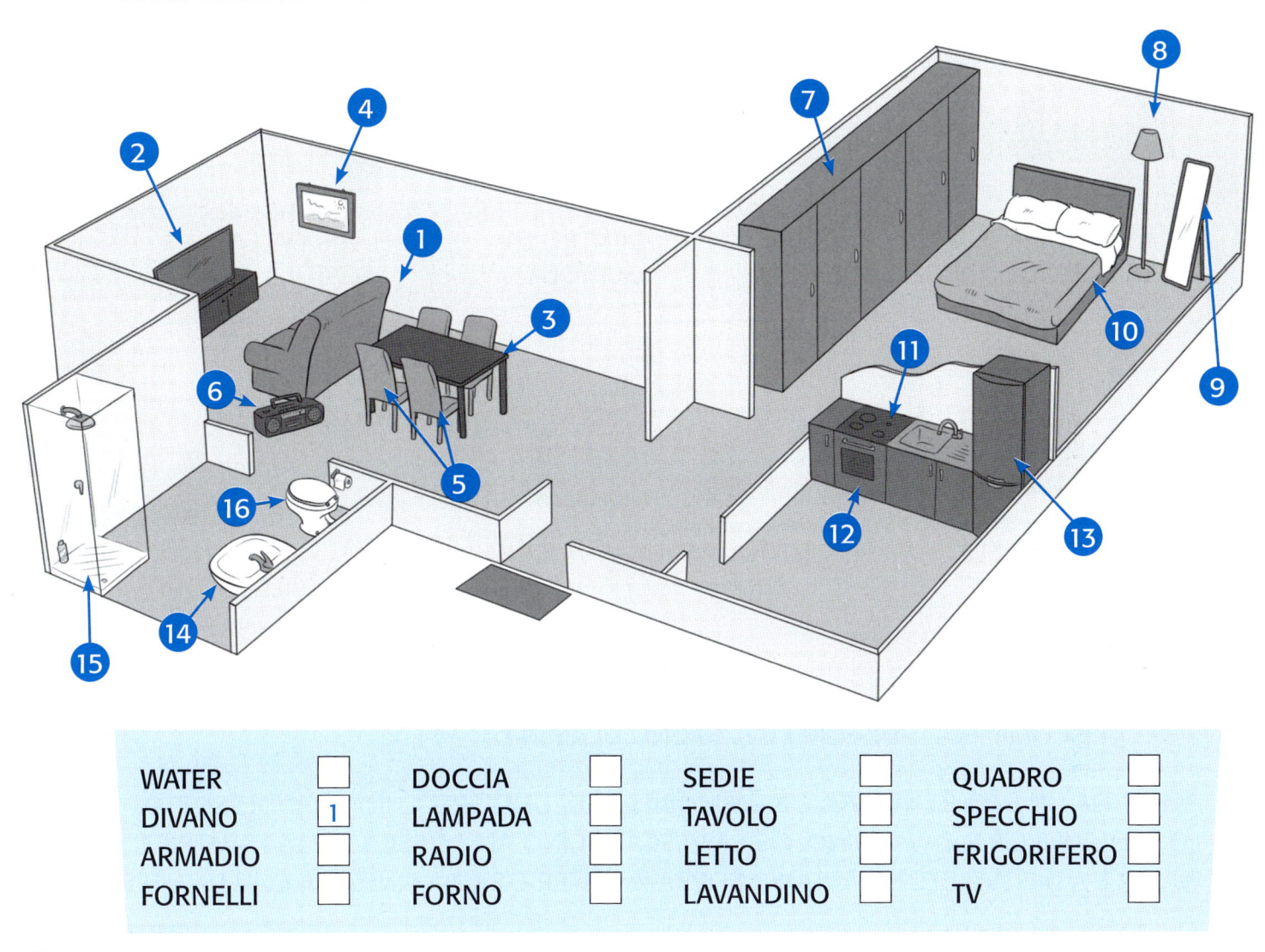

WATER	☐	DOCCIA	☐	SEDIE	☐	QUADRO	☐
DIVANO	1	LAMPADA	☐	TAVOLO	☐	SPECCHIO	☐
ARMADIO	☐	RADIO	☐	LETTO	☐	FRIGORIFERO	☐
FORNELLI	☐	FORNO	☐	LAVANDINO	☐	TV	☐

7 SCRIVI

DESCRIVI LA TUA CASA IN ITALIA O NEL TUO PAESE.

LA MIA CASA È…

ITALIANO di BASE

MODULO 5 ▸ BENVENUTI A CASA MIA!

LIVELLO preA1 / A1

COME FUNZIONA?

DOV'È IL GATTO? GUARDA I DISEGNI E LEGGI LE FRASI.

- A DESTRA DELLA SCATOLA
- A SINISTRA DELLA SCATOLA 
- DENTRO LA SCATOLA 
- FUORI DALLA SCATOLA 
- SOPRA LA SEDIA 
- SOTTO LA SEDIA 
- VICINO ALLA SEDIA 
- LONTANO DALLA SEDIA 

8 LEGGI

LEGGI E COMPLETA IL DISEGNO DEL BAGNO DI AMINA.

AMINA HA UN BAGNO NUOVO: C'È UN MOBILE CON UNO SPECCHIO GRANDE. SOTTO LO SPECCHIO C'È IL LAVANDINO. C'È LA VASCA. VICINO ALLA VASCA C'È LA LAVATRICE. IL WATER È A DESTRA DEL LAVANDINO. SOPRA IL WATER C'È UNA FINESTRA CON UNA TENDA.

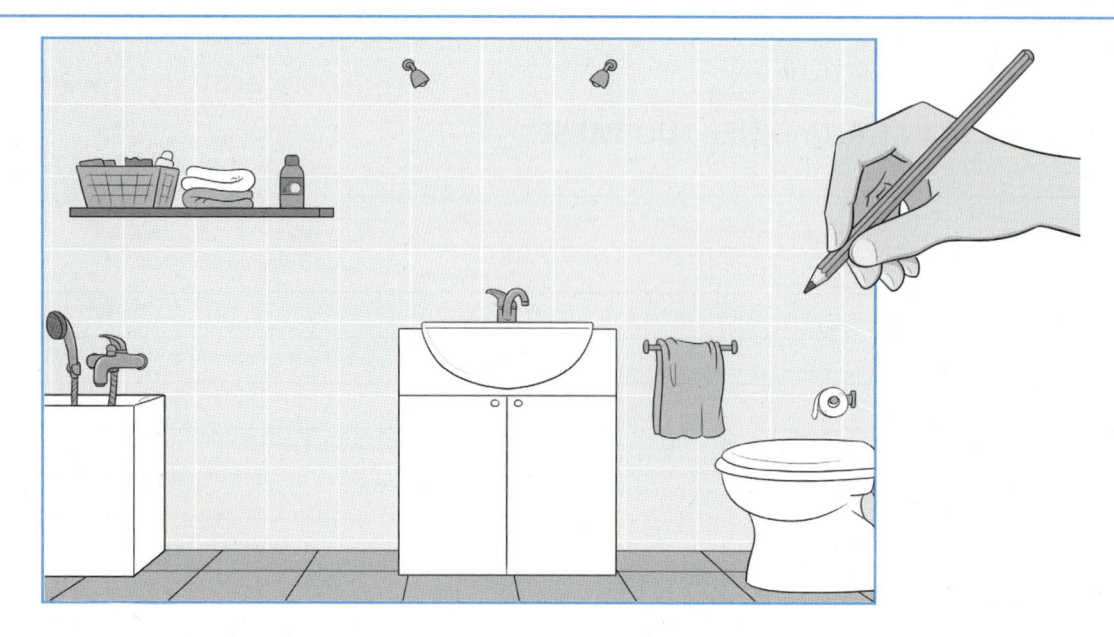

PAGINA 112 — ITALIANO di BASE

MODULO 5 ▶ BENVENUTI A CASA MIA!

LIVELLO preA1 / A1

9 LAVORA
SCRIVI LA LETTERA ACCANTO ALLA FRASE GIUSTA, COME NELL'ESEMPIO.

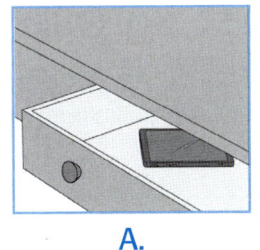

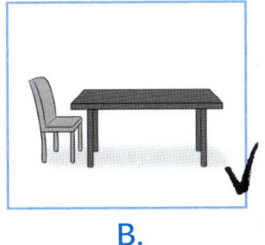

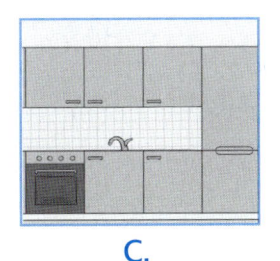

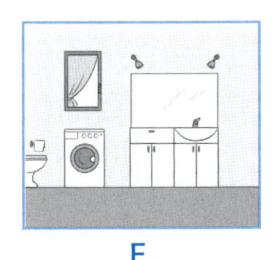

A.   B.   C.   D.   E.

1. LA SEDIA È A SINISTRA DEL TAVOLO. [B]
2. IL FORNO È VICINO AL FRIGORIFERO. ☐
3. IL LAVANDINO È A SINISTRA DELLA DOCCIA. ☐
4. LA SEDIA È A DESTRA DEL TAVOLO. ☐
5. IL TELEFONO È DENTRO AL CASSETTO. ☐
6. IL LAVANDINO È A DESTRA DELLA DOCCIA. ☐
7. IL TELEFONO È FUORI DAL CASSETTO. ☐
8. LA LAVATRICE È LONTANA DAL WATER. ☐
9. IL FORNO È LONTANO DAL FRIGORIFERO. ☐
10. LA LAVATRICE È VICINA AL WATER. ☐

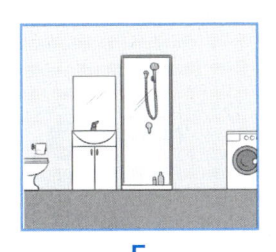

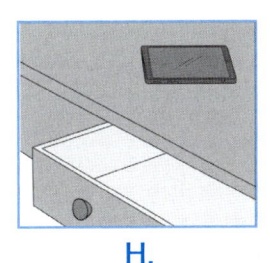

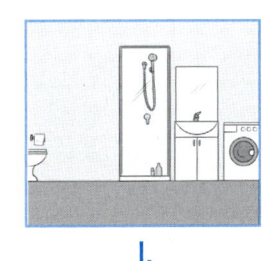

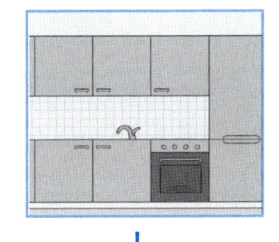

F.   G.   H.   I.   L.

10 GIOCA
A COPPIE: GUARDA L'IMMAGINE. PENSA A UN OGGETTO E DESCRIVI DOVE SI TROVA, COME NELL'ESEMPIO. POI IL COMPAGNO INDOVINA L'OGGETTO.

> È LONTANO DALLA FINESTRA.

> IL DIVANO.

11 SCRIVI
SCRIVI DOVE TROVI QUESTE COSE, COME NELL'ESEMPIO.

✓ 1. BAGNO   2. CAMERA DA LETTO   3. CUCINA   4. GIARDINO

A. SPECCHIO, WATER, LAVANDINO, DOCCIA [1]
B. TAVOLO, SEDIE, FORNO, FRIGORIFERO ☐
C. TAVOLO, SEDIE, FIORI, ERBA ☐
D. LETTO, ARMADIO, CASSETTI, QUADRO ☐

CONTROLLA CON UN COMPAGNO.

ITALIANO di BASE   PAGINA 113

MODULO 5 ▶ BENVENUTI A CASA MIA!

LIVELLO preA1 / A1

12 SCRIVI

COMPLETA LE FRASI CON QUESTE PAROLE, COME NELL'ESEMPIO.

CASSETTI ✓DIVANO   ARMADIO   GIARDINO   BALCONE   LAVATRICE   FINESTRA

A. IL GATTO DORME SUL ____DIVANO____.
B. MIRIAM STENDE I VESTITI IN _____.
C. PAULETTE LEGGE IL GIORNALE IN _____.
D. I BAMBINI ROMPONO LA _____ DEL SOGGIORNO.
E. MARCO METTE LA GIACCA NELL'_____ .
F. RAINER METTE I VESTITI SPORCHI DENTRO LA _____.
G. LA NONNA APRE I _____ PER CERCARE LE CHIAVI.

CONTROLLA CON UN COMPAGNO.

13 PARLA

A COPPIE: GUARDATE LE IMMAGINI E A TURNO DITE COSA FANNO AMINA E SUO MARITO.

A.   B.   C.

D.   E.   F.

GUARDA IL LINGUAQUIZ *CERCA L'INTRUSO.*

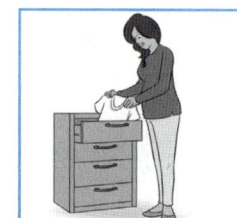

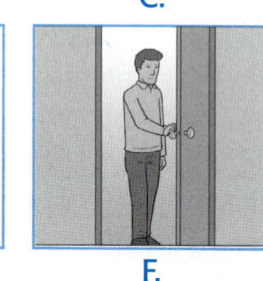

14 LAVORA

PER OGNI PAROLA SEGNA CON UNA ✗ I VERBI GIUSTI, COME NELL'ESEMPIO.

	APRO	LAVO	CHIUDO	LEGGO
LA PORTA	✗		✗	
I VESTITI				
IL LIBRO				
I PIATTI				
LA FINESTRA				

CONTROLLA CON UN COMPAGNO.

PAGINA 114   ITALIANO di BASE

MODULO 5 ▸ BENVENUTI A CASA MIA!

LIVELLO preA1 / A1

15 LAVORA

COLLEGA GLI ANNUNCI ALLE FOTOGRAFIE: SECONDO TE CHI COMPRA L'APPARTAMENTO **A**? CHI COMPRA L'APPARTAMENTO **B**?

A.

VENDESI

APPARTAMENTO DI DUE LOCALI DI 50 MQ CON SOGGIORNO CON ANGOLO COTTURA, GRANDE CAMERA MATRIMONIALE, BAGNO E BALCONE. L'APPARTAMENTO È IN UNA ZONA TRANQUILLA.

B.

VENDESI

MONOLOCALE DI 35 MQ. HA UN BAGNO NUOVO E UN GIARDINO. L'APPARTAMENTO È VICINO AL CENTRO.

1.   2.   3.

CONTROLLA CON UN COMPAGNO.

16 LEGGI

NEL TUO PALAZZO C'È QUESTO CARTELLO. LEGGI E RISPONDI ALLE DOMANDE: SÌ O NO?

AVVISO

È vietato fare rumore nelle ore di riposo: dalle 14:00 alle 16:00 e dalle 19:00 alle 07:00.
È vietato mettere piante o vasi di fiori sui davanzali delle finestre e sui parapetti dei balconi, senza le apposite fioriere.
È vietato lasciare motocicli, carrozzine, biciclette negli spazi condominiali.

Come da ordinanza della Polizia Roma Capitale.
l'Amministratore

A. È VIETATO ACCENDERE LA LAVATRICE LA MATTINA?	SÌ	NO
B. È VIETATO AI BAMBINI GIOCARE IN GIARDINO DALLE 16:00 ALLE 17:00?	SÌ	NO
C. È VIETATO METTERE I FIORI NELLE FIORIERE SUL BALCONE?	SÌ	NO
D. È VIETATO PARCHEGGIARE LA BICICLETTA NEL GIARDINO CONDOMINIALE?	SÌ	NO

ITALIANO di BASE

MODULO 5 ▸ BENVENUTI A CASA MIA!

LIVELLO preA1 / A1

COME FUNZIONA?

LEGGI QUESTE FRASI.

(IO) SENTO LA RADIO IN CAMERA.
(TU) METTI IL VASO DI FIORI SUL BALCONE.
PAULETTE LEGGE IL GIORNALE IN GIARDINO.
IO E JEWEL APRIAMO LE FINESTRE.
(VOI) ACCENDETE LA LAMPADA IN CAMERA DA LETTO.
I BAMBINI ROMPONO LA FINESTRA DEL SOGGIORNO.

LE PAROLE SOTTOLINEATE SONO I **VERBI**.
SENTIRE, METTERE, LEGGERE, APRIRE, ACCENDERE, ROMPERE SONO LE FORME ALL'INFINITO DEI VERBI. TU HAI GIÀ VISTO I VERBI IN **–ARE** DELLA PRIMA CONIUGAZIONE (COME **LAVORARE**).
I VERBI CON L'INFINITO IN **–ERE** (**LEGGERE, ROMPERE, METTERE, ACCENDERE**) SONO DELLA SECONDA CONIUGAZIONE.
I VERBI CON L'INFINITO IN **–IRE** (**APRIRE, SENTIRE**) SONO DELLA TERZA CONIUGAZIONE.

CON UN COMPAGNO, COMPLETA LA TABELLA DEL PRESENTE DEI VERBI **PRENDERE** E **APRIRE**.

	–ERE **PRENDERE**	–IRE **APRIRE**
IO	PREND____	APR____
TU	PREND____	APR____
LUI/LEI	PREND____	APR____
NOI	PREND____	APR____
VOI	PREND____	APR____
LORO	PREND____	APR____

ATTENZIONE!
ALCUNI VERBI IN **-IRE** (COME PER ESEMPIO **FINIRE, CAPIRE, PREFERIRE, PULIRE, SPEDIRE**) HANNO UNA CONIUGAZIONE DIVERSA PER IO, TU, LUI/LEI E LORO.

	–IRE **FINIRE**
IO	FIN**ISCO**
TU	FIN**ISCI**
LUI/LEI	FIN**ISCE**
NOI	FIN**IAMO**
VOI	FIN**ITE**
LORO	FIN**ISCONO**

17 SCRIVI

COMPLETA LE FRASI CON QUESTI VERBI, COME NELL'ESEMPIO.

METTO   CONOSCI   APRITE   VIVONO   PARTE   ✓PRENDETE   LEGGIAMO

A. A CHE ORA ___PRENDETE___ L'AUTOBUS TU E TUO FRATELLO?
B. PEDRO E AMINA _____ IN ITALIA.
C. (TU) _____ IL FIGLIO DI VERONICA?
D. OGGI GIULIA _____ PER LONDRA CON LA SUA FAMIGLIA.
E. (VOI) _____ LA PORTA, PER FAVORE?
F. (IO) _____ IL CELLULARE IN CARICA.
G. (NOI) _____ IL GIORNALE SULLA METRO.

MODULO 5 ▸ BENVENUTI A CASA MIA!

LIVELLO preA1 / A1

AUTOVALUTAZIONE

COSA SO E COSA CONOSCO ADESSO?
SEGNO CON UNA ✗ LE COSE CHE:

| SO / CONOSCO BENE ☺ | SO / CONOSCO ABBASTANZA BENE 😐 | NON SO / NON CONOSCO ☹ |

CONOSCO

I LOCALI E I MOBILI DELLA CASA	☺	😐	☹
IL PRESENTE DEI VERBI DELLA SECONDA CONIUGAZIONE (-ERE)	☺	😐	☹
IL PRESENTE DEI VERBI DELLA TERZA CONIUGAZIONE (-IRE)	☺	😐	☹
LE LOCUZIONI DI LUOGO (SOPRA, SOTTO,...)	☺	😐	☹
I NUMERALI ORDINALI (DA **PRIMO** A **DECIMO**)	☺	😐	☹

SO

DESCRIVERE LA CASA	☺	😐	☹
DIRE DOVE SONO GLI OGGETTI	☺	😐	☹

DOSSIER

AMINA È AL TELEFONO CON UNA SUA AMICA E RACCONTA DOVE SONO E COSA FANNO SUO MARITO, I SUOI GENITORI E IL SUO GATTO. SCRIVI SUL QUADERNO COSA DICE AMINA ALLA SUA AMICA.

ITALIANO di BASE

MODULO 5 ▸ FONETICA

LIVELLO preA1 / A1

FIORI

VASI

1 ASCOLTA
ASCOLTA E SOTTOLINEA LA PAROLA CHE SENTI.

43 🔊

A. FOTO / VOTO
B. FETTA / VETTA
C. FOCE / VOCE
D. FEROCE / VELOCE
E. FINO / VINO
F. INFERNO / INVERNO

2 LAVORA
COLLEGA LE PAROLE ALLE IMMAGINI. POI LEGGI.

1. FARMACIA   2. VELO   3. CARCIOFO   4. AVVISO

A. 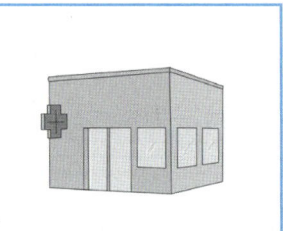   B.    C. 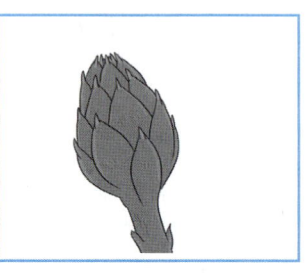   D.

3 ASCOLTA
ASCOLTA E COMPLETA LE PAROLE CON **F** O **V**.

44 🔊

A. ___AR___ALLA
B. ___UNGO
C. DI___ERSO
D. ___ICINO
E. UO___O
F. ___IORE
G. ___IOLA
H. TA___OLO
I. ___OGLIO

CONTROLLA CON UN COMPAGNO.

4 SCRIVI
COMPLETA LE PAROLE CON **F** O **V**. POI ASCOLTA E VERIFICA.

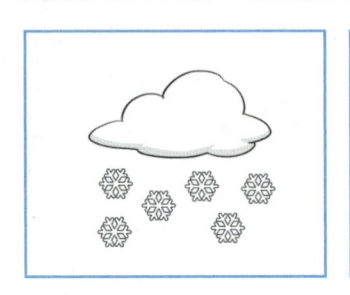

45 🔊

A. NE___E 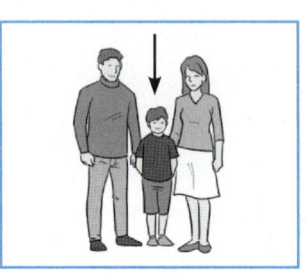   B. ___IGLIO 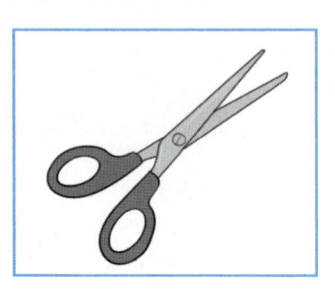   C. ___ORBICI 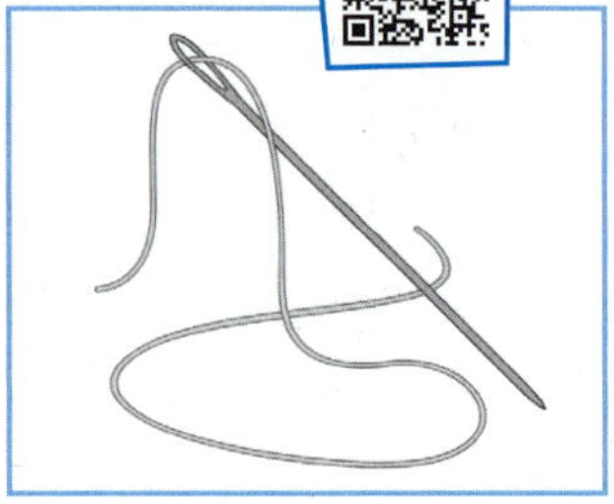   D. ___ILO

PAGINA 118   ITALIANO di BASE

MODULO 5 ▸ Benvenuti a casa mia!

LIVELLO A1 / A2

1 LAVORA

Lavora con un compagno: collegate gli annunci alle fotografie, come nell'esempio.

A.

B.

C.

1. **TRANI**
vendesi appartamento di 80 metri quadri, terzo piano in condominio fronte mare. Box privato e cantina.
€ 180.000

2. **VERONA**
vendesi villa su due livelli, appena ristrutturata con ampio giardino e garage.
Trattative riservate.

3. **OLBIA**
affittasi appartamento di 65 mq, piano seminterrato ma molto luminoso, completamente arredato. **€ 650 al mese**

4. **FIRENZE**
affittasi mansarda in palazzina d'epoca, con ascensore. Riscaldamento centralizzato.
€ 800 (spese condominiali escluse).

5. **BINASCO (MI)**
Affittasi villetta a schiera. Riscaldamento autonomo.
€ 1500 mensili ✓

6. **ROMA** - zona Eur
affittasi monolocale con angolo cottura. Undicesimo piano senza ascensore.
950 euro mensili (spese condominiali incluse).

D.

E.

F.

2 PARLA

Com'è la tua casa qui in Italia? E nel tuo paese? Parla con un compagno.

3 LAVORA

Scrivi i numeri ordinali al posto giusto, come nell'esempio.

11°	undicesimo	16°	
12°		17°	
13°		18°	
14°		19°	
15°		20°	

quindicesimo ventesimo
✓ undicesimo tredicesimo
sedicesimo diciassettesimo
dodicesimo quattordicesimo
diciannovesimo diciottesimo

ITALIANO di BASE   PAGINA 119

MODULO 5 ▶ Benvenuti a casa mia!

LIVELLO A1 / A2

4 LAVORA

Scrivi il numero giusto nelle caselle, come nell'esempio.

1. cucina
2. bagno
3. camera matrimoniale
4. corridoio
5. soggiorno
6. terrazzo ✓
7. balcone
8. ripostiglio
9. cameretta

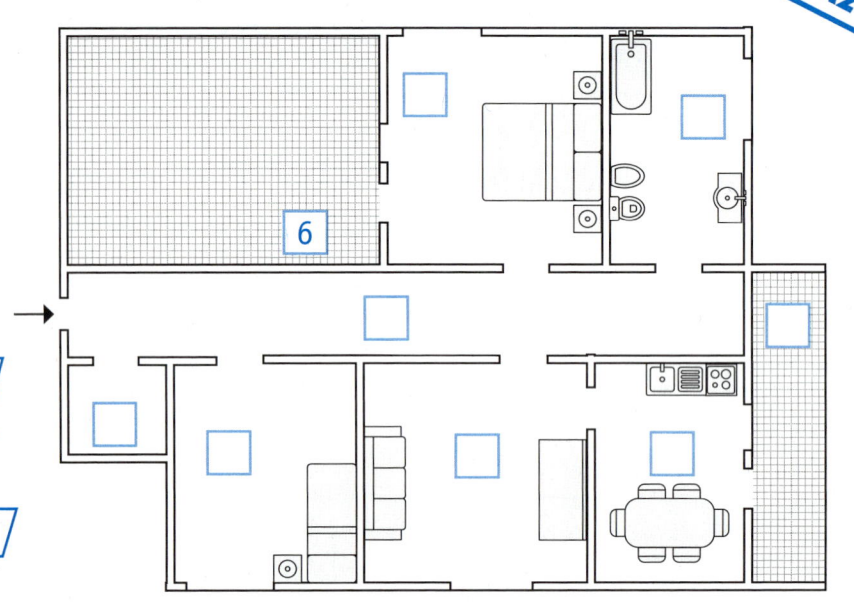

5 ASCOLTA

Ascolta il dialogo tra Giulia e Luis.
Poi guarda le due piantine: qual è l'appartamento di Giulia?

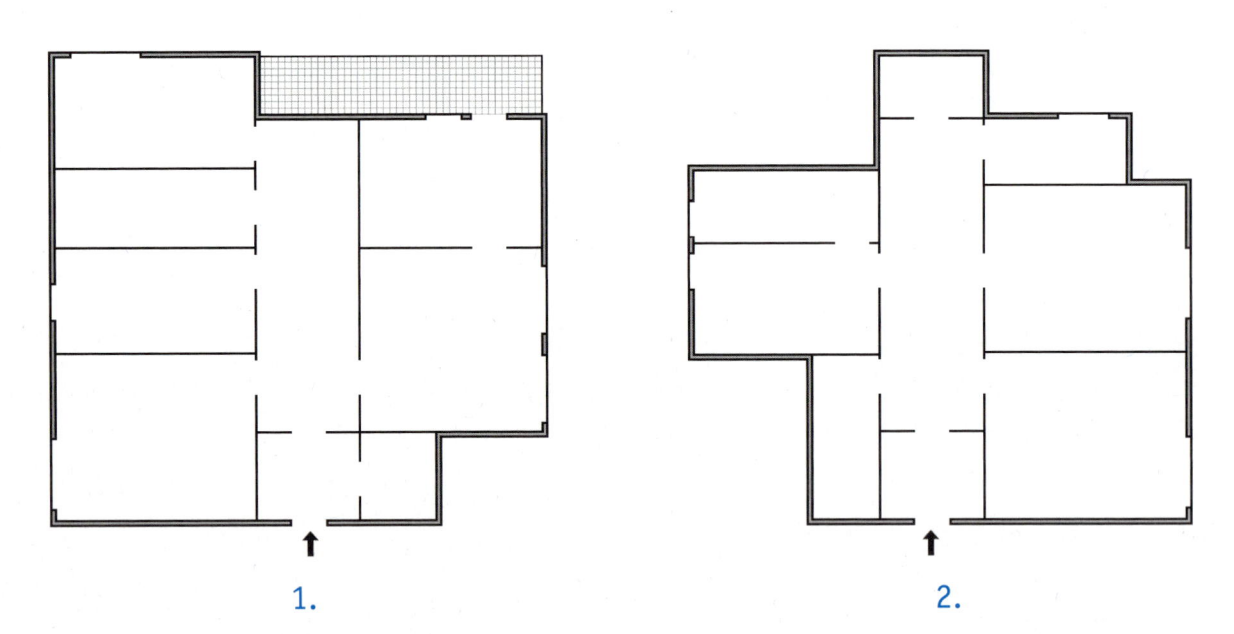

46

1.

2.

Ascolta ancora il dialogo e rispondi alle domande.

a. A che piano abita Giulia? _____
b. Quante stanze ci sono nell'appartamento? _____
c. Com'è il soggiorno? _____
d. Com'è la cucina? _____
e. Com'è la camera di Francesca e Martino? _____

Controlla con un compagno.

PAGINA 120   ITALIANO di BASE

MODULO 5 ▸ Benvenuti a casa mia!

LIVELLO A1 / A2

6 LEGGI
Ascolta ancora, leggi e controlla.

46 🔊

- ■ Allora, com'è il vostro nuovo appartamento?
- ● È molto carino: è al primo piano di una palazzina di tre piani.
- ■ È in una via tranquilla?
- ● Sì, la zona è molto silenziosa.
- ■ Quante stanze ci sono?
- ● È un trilocale. Quando entri c'è un piccolo ingresso con un ripostiglio e un corridoio lungo e stretto. A destra c'è il soggiorno, molto ampio e luminoso, poi dal soggiorno arrivi in cucina.
- ■ La cucina è grande?
- ● È abbastanza grande, c'è spazio per un tavolo da sei. L'annuncio infatti diceva "cucina abitabile".
- ■ E come sono le camere da letto?
- ● La nostra camera è grande, la cameretta di Francesca e Martino invece è più piccola e piena di luce. Poi ci sono due bagni: uno grande, con una bella finestra e uno piccolo, senza finestra.
- ■ Avete anche uno spazio all'aperto?
- ● Sì, abbiamo un balcone.

7 LAVORA
Collega le parole alle definizioni, come nell'esempio.

1. ripostiglio	a. è il primo ambiente che trovi quando entri in un appartamento
2. ingresso	b. cucina con uno spazio grande per mangiare
3. cucina abitabile	c. casa con tre stanze più servizi (bagno e cucina)
4. camera da letto	d. piccola stanza dove metti gli oggetti per pulire la casa
5. trilocale	e. stanza dove dormi

(esempio: 2 → a)

Controlla con un compagno.

8 GIOCA
A coppie, parlate della vostra casa ideale (È in città o in campagna? È un appartamento o una villa? Quante stanze ci sono? Quale stanza preferite e perché?).
Trovate un accordo e disegnate la piantina.
Poi ogni coppia descrive la casa a tutta la classe.

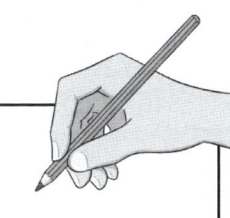

ITALIANO di BASE

MODULO 5 ▸ Benvenuti a casa mia!

LIVELLO A1 / A2

9 LAVORA
Completa con queste parole, come nell'esempio.

| tappeto | ✓ poltrona | libreria | tavolino | quadro | comodino |
| scrivania | lampada | vaso | lampadario | coperta | cuscino |

a. P<u>oltrona</u>
b. S_____ 
c. C_____ 
d. C_____

e. L_____ 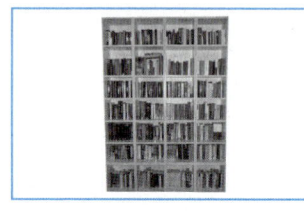
f. L_____ 
g. V_____ 
h. T_____

i. T_____
l. Q_____ 
m. L_____ 
n. C_____ 

Controlla con un compagno.

10 SCRIVI
Guarda l'immagine e completa le frasi con queste parole, come nell'esempio.

| di fronte | tra | sopra | di fianco | ✓ in mezzo | nell'angolo |

a. La scrivania è _____in mezzo_____ alla stanza.
b. Il computer è _____ la scrivania.
c. La penna è _____ il libro e il computer.
d. Il cestino è _____ della stanza.
e. Il comodino è _____ alla scrivania.
f. La sedia è _____ alla scrivania.

Controlla con un compagno.

PAGINA 122 — ITALIANO di BASE

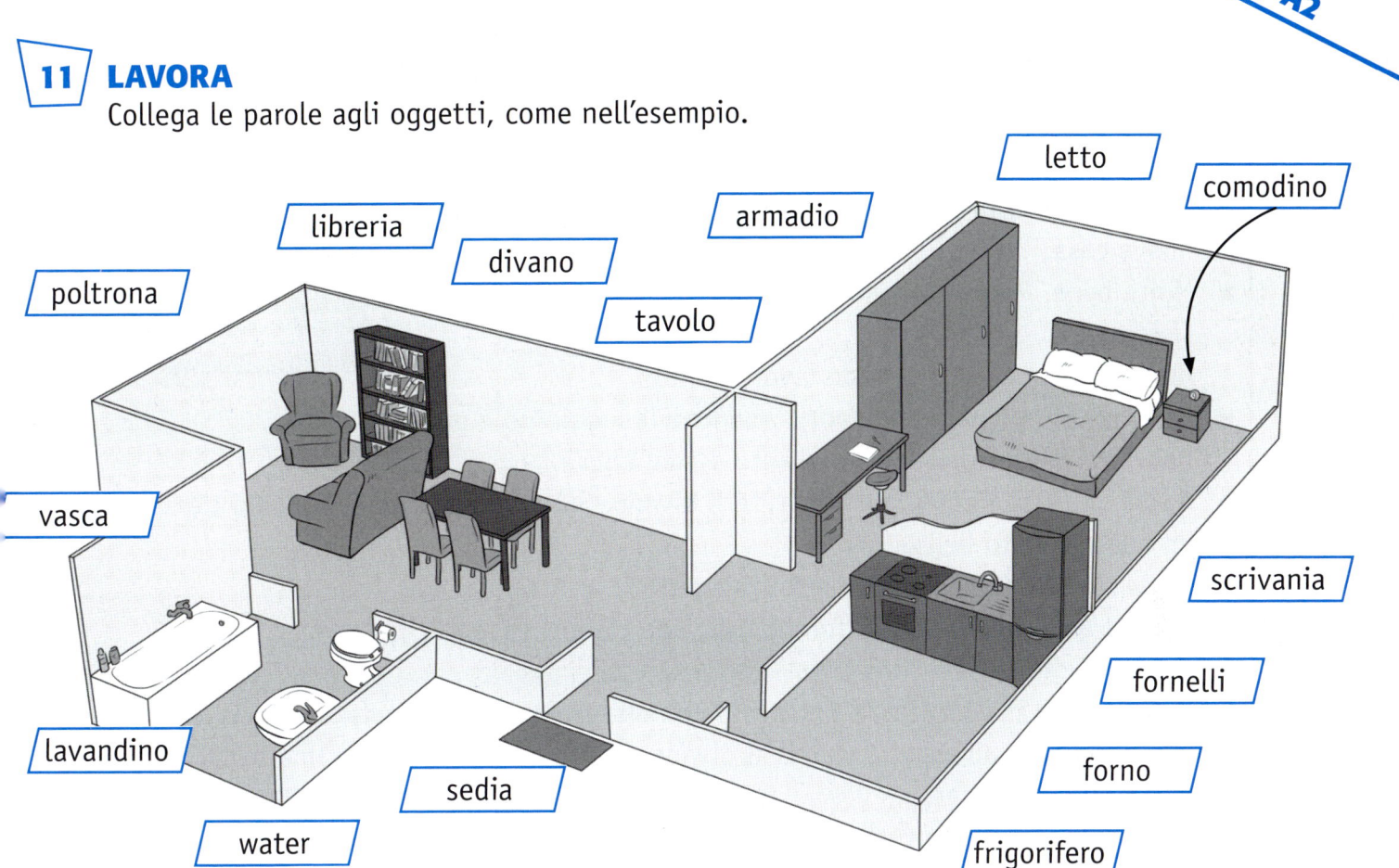

MODULO 5 ▸ Benvenuti a casa mia!

LIVELLO A1 / A2

11 | LAVORA
Collega le parole agli oggetti, come nell'esempio.

letto · comodino · libreria · armadio · divano · tavolo · poltrona · vasca · scrivania · fornelli · forno · lavandino · sedia · water · frigorifero

12 | ASCOLTA
Giulia descrive il suo soggiorno: mentre ascolti la telefonata, disegna gli oggetti e i mobili sulla piantina e scrivi il loro nome.

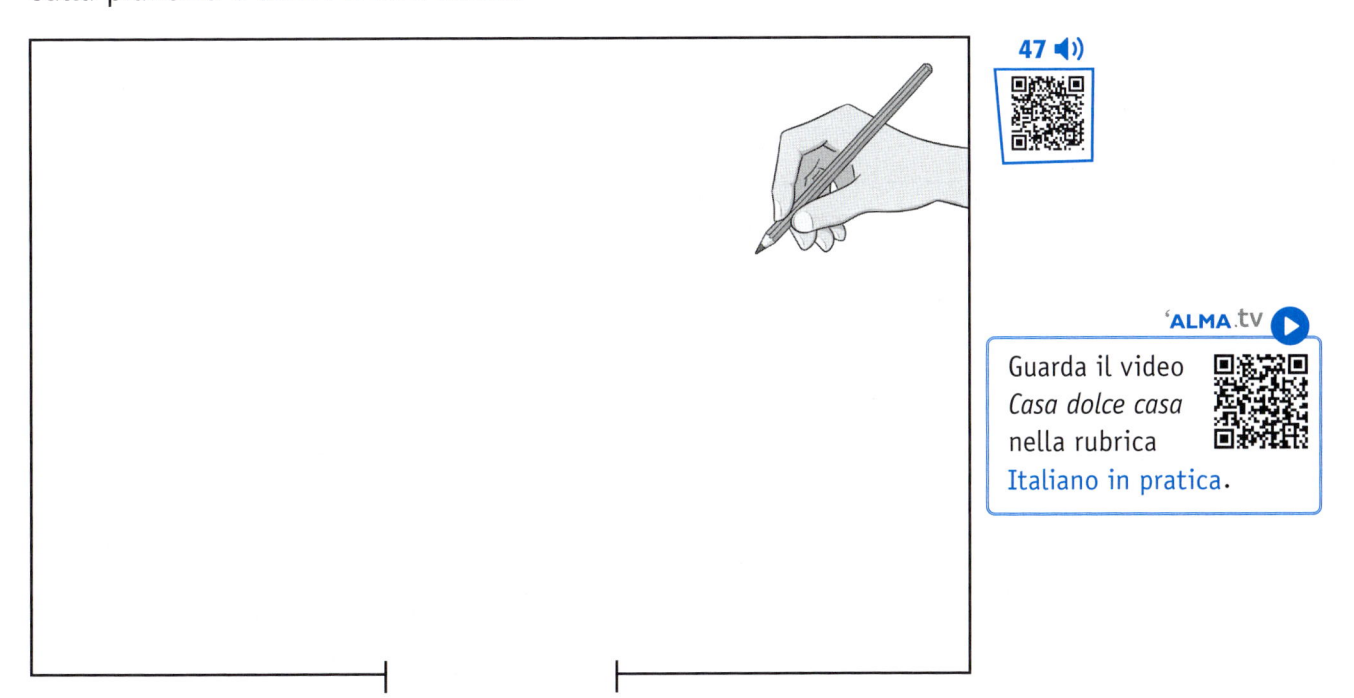

47 ◀))

Guarda il video *Casa dolce casa* nella rubrica Italiano in pratica.

ITALIANO di BASE · PAGINA 123

MODULO 5 ▸ Benvenuti a casa mia!

LIVELLO A1 / A2

13 LEGGI
Ascolta ancora, leggi e controlla.

- Ciao Pilar, come stai?
- Ciao Giulia! Tutto bene, grazie. E voi? Come va con la nuova casa?
- Molto bene. Ma quando vieni? Così vedi come ci siamo sistemati.
- Non lo so. In questo periodo lavoro molto.
- Pazienza… ho una grande notizia: anche il soggiorno è pronto!
- Davvero? Sono curiosa. Dai, intanto dimmi com'è.
- Allora… quando entri, a sinistra c'è il divano. Sulla parete sopra al divano c'è un quadro molto bello…
- Il quadro che abbiamo comprato insieme?
- Esatto! A destra invece, di fronte al divano c'è una libreria con la tv.
- C'è un tavolo?
- Sì, in mezzo alla stanza c'è un tavolo con quattro sedie e davanti al divano c'è un tavolino. Poi, nell'angolo, vicino al divano, c'è un grande vaso con una bella pianta, regalo di mia suocera…
- Che bello, c'è proprio tutto!
- Sì, sì… c'è anche un bel tappeto colorato sotto al tavolino.

14 GIOCA
A coppie: trovate le 6 differenze tra la cameretta **A** e la cameretta **B**.
Usate le parole: **in mezzo a**, **tra**, **dentro**, **di fronte a**, **sotto**, **sopra**, **di fianco a**, **a destra**, **a sinistra**, come nell'esempio.

> Nella cameretta **A** il cestino è sotto la scrivania, nella cameretta **B** è di fianco al comodino.

a.

b.

PAGINA 124   ITALIANO di BASE

MODULO 5 ▶ Benvenuti a casa mia!

LIVELLO A1 / A2

15 LEGGI
Leggi questi annunci e completa la tabella, come negli esempi.

1. AFFITTASI
In piccola palazzina, non lontana dal centro, appartamento di 90 mq, terzo piano con ascensore, composto da: soggiorno, due camere da letto, cucina abitabile due bagni, ripostiglio e balcone.
Garage e cantina
Riscaldamento autonomo
€ 700 spese condominiali incluse

2. VENDESI
Bellissimo bilocale appena ristrutturato, composto da soggiorno, cucina abitabile, camera da letto spaziosa, bagno e piccolo giardino privato.
Piano terra
Garage e cantina
Riscaldamento autonomo
€ 180.000

3. AFFITTASI
Trilocale di 95 mq, settimo piano, composto da: camera matrimoniale, camera singola, soggiorno, angolo cottura, ripostiglio, doppi servizi e terrazzo.
Cantina
Riscaldamento centralizzato
€ 700 spese condominiali escluse

	Annuncio 1	Annuncio 2	Annuncio 3
a. L'appartamento è in vendita o in affitto?			
b. A che piano è?			
c. Quante camere ci sono?			
d. Com'è la cucina?			angolo cottura
e. Com'è il riscaldamento?			
f. C'è la cantina?			
g. C'è il ripostiglio?			
h. C'è il garage?			
i. Quanti bagni ci sono?			
l. Quanto costa?			

16 ASCOLTA
Ascolta e rispondi: VERO o FALSO?

48 ◀))

a. Luis vuole comprare un appartamento.   VERO   FALSO
b. Luis cerca un appartamento con due bagni.   VERO   FALSO
c. L'appartamento che Luis deve visitare ha una cucina spaziosa.   VERO   FALSO
d. Luis prende un appuntamento per domani.   VERO   FALSO
e. Nei 700 euro sono incluse le spese condominiali.   VERO   FALSO

Leggi ancora gli annunci del punto **15**. A quale appartamento è interessato Luis?
Annuncio _____

Controlla con un compagno.

ITALIANO di BASE   PAGINA 125

MODULO 5 ▸ Benvenuti a casa mia!

LIVELLO A1 / A2

17 LEGGI
Ascolta ancora, leggi e controlla.

48 🔊

- Edilcasa, buongiorno.
- Buongiorno, cerco un appartamento in affitto.
- Che tipo di appartamento cerca?
- Vorrei un appartamento con due camere da letto, due bagni, una cucina abbastanza grande e un piccolo spazio all'aperto.
- Abbiamo un bellissimo trilocale all'ultimo piano, con un soggiorno molto ampio, due camere da letto, doppi servizi, ripostiglio e un piccolo terrazzo. La cucina però non è abitabile.
- Quanto costa al mese?
- Settecento euro, senza le spese condominiali.
- Quando posso vedere l'appartamento?
- Anche domani...
- Se vengo alle cinque, va bene?
- Sì, certo. Ci vediamo alle 17:00 in agenzia, arrivederci.
- Arrivederci. A domani.

18 PARLA
A coppie, siete al telefono. Uno studente è un cliente che cerca un appartamento, il compagno è un agente immobiliare. Mettetevi seduti di spalle, come nell'immagine.

> Edilcasa, buongiorno.

> Buongiorno, cerco un appartamento in affitto.

COME FUNZIONA?

Leggi queste frasi.

> Quando vieni a casa nostra?

> Se vengo alle cinque, va bene?

Le parole sottolineate sono le forme del presente del verbo **venire**.
Il verbo **venire** è irregolare: non segue le regole della terza coniugazione.

Completa la tabella.

	VENIRE
IO	_____
TU	_____
LUI/LEI	VIENE
NOI	VENIAMO
VOI	VENITE
LORO	VENGONO

PAGINA 126

ITALIANO di BASE

MODULO 5 ▶ Benvenuti a casa mia!

LIVELLO A1 / A2

19 LEGGI

Completa le frasi con la forma corretta del verbo **venire**.

- a. Oggi pomeriggio (io) _____ al corso di italiano con un'amica.
- b. Domani i miei genitori _____ a mangiare a casa mia.
- c. Samira, quando _____ a vedere la mia nuova casa?
- d. Ragazzi, (voi) _____ in pizzeria stasera?
- e. Sabato io e Mei _____ a casa vostra!
- f. A che ora _____ Mercedes?

Controlla con un compagno.

AUTOVALUTAZIONE

COSA SO E COSA CONOSCO ADESSO?

Segno con una ✗ le cose che:

SO / CONOSCO BENE ☺	SO / CONOSCO ABBASTANZA BENE 😐	NON SO / NON CONOSCO ☹

CONOSCO

	☺	😐	☹
i diversi tipi di abitazione			
i numeri ordinali (da **undicesimo** a **ventesimo**)			
il presente del verbo **venire**			
le parole degli annunci immobiliari			

SO

	☺	😐	☹
descrivere le stanze e l'arredamento			
descrivere la posizione degli oggetti			
interagire con un agente immobiliare			

DOSSIER

Scrivi la descrizione della tua casa qui in Italia. Scrivi almeno 50 parole.

ITALIANO di BASE

MODULO 5 ▸ Fonetica

LIVELLO A1 / A2

FIORI
VASI

1 ASCOLTA
Ascolta e completa le parole con **V** o **F**.

49 🔊

a. la__agna    b. __iore    c. __otogra__ia 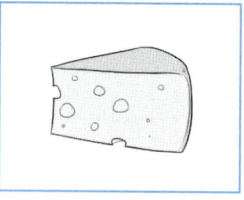   d. __ormaggio    e. sti__ale

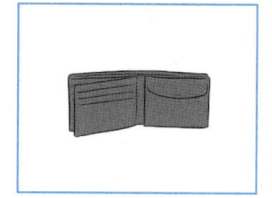

f. porta__oglio 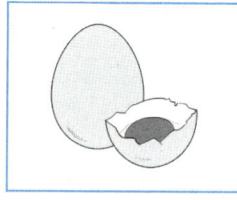   g. uo__o 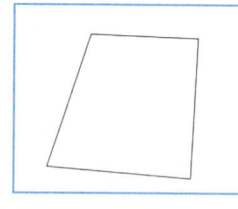   h. __oglio    i. tele__ono    l. __ar__alla

2 LAVORA
Collega i nomi alle immagini. Poi leggi.

1. lavastoviglie   2. fornelli   3. divano   4. tavolo   5. frigorifero

a.    b. 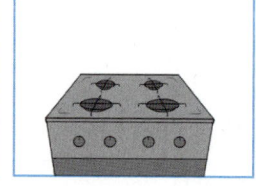   c. 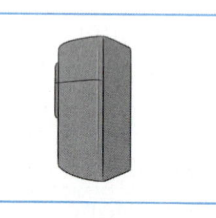   d. 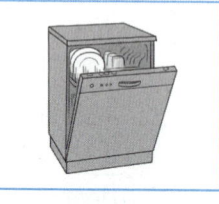   e.

3 SCRIVI
Ascolta e completa le frasi con le parole che senti.

50 🔊

a. L'albergo è _____ al mare, di _____ al parco.
b. Noi _____ in una casa in _____.
c. Mario _____ in un _____ a _____.
d. Il _____ è _____, oggi _____ la spesa.

4 SCRIVI
A coppie: uno studente legge cinque parole del punto **1** e il compagno scrive sul quaderno. Poi fate cambio.

PAGINA 128   ITALIANO di BASE

VIVERE IN ITALIA

BENVENUTI A CASA MIA! | I contratti di affitto

1. IL CONTRATTO DI AFFITTO

QUESTO È IL VOLANTINO DI UN'AGENZIA IMMOBILIARE. PUOI TROVARE MOLTE INFORMAZIONI UTILI PER CHI PRENDE UNA CASA IN AFFITTO.

QUALI DOCUMENTI SERVONO PER PRENDERE IN AFFITTO UNA CASA?

I CITTADINI DELL'UNIONE EUROPEA DEVONO AVERE LA CARTA D'IDENTITÀ VALIDA, NON SCADUTA, E IL CODICE FISCALE. I CITTADINI EXTRACOMUNITARI DEVONO AVERE:
- IL PASSAPORTO IN REGOLA E IL PERMESSO DI SOGGIORNO NON SCADUTO;
- UNA COPIA DELLE ULTIME DUE BUSTE PAGA.

COS'È UN CONTRATTO D'AFFITTO?

È UN DOCUMENTO CHE REGOLA L'ACCORDO TRA IL PROPRIETARIO DELLA CASA E L'AFFITTUARIO O INQUILINO, CIOÈ LA PERSONA CHE PRENDE LA CASA IN AFFITTO. NEL CONTRATTO CI SONO INFORMAZIONI IMPORTANTI: QUANTO DEVI PAGARE DI AFFITTO AL MESE, PER QUANTO TEMPO PUOI RESTARE NELLA CASA, QUALI SONO LE SPESE CONDOMINIALI, QUALI SONO I TUOI DIRITTI E DOVERI.
IL CONTRATTO DEVE ESSERE SCRITTO E REGISTRATO ALL'UFFICIO DEL REGISTRO ENTRO 20 GIORNI.
IL PROPRIETARIO DELLA CASA REGISTRA IL CONTRATTO.

È IMPORTANTE REGISTRARE IL CONTRATTO?

SÌ, È IMPORTANTE PER IL RISPETTO DEI DIRITTI DELL'AFFITTUARIO E DEL PADRONE DI CASA E SERVE ANCHE PER RINNOVARE IL PERMESSO DI SOGGIORNO.

PAGO L'AFFITTO SOLO DOPO LA REGISTRAZIONE DEL CONTRATTO?

SÌ, ATTENZIONE: L'INQUILINO DI SOLITO DÀ AL PROPRIETARIO DELLA CASA ALTRI SOLDI, QUESTI SOLDI SI CHIAMANO DEPOSITO CAUZIONALE. ALLA FINE DEL CONTRATTO, QUESTI SOLDI TORNANO ALL'INQUILINO. MA SE L'INQUILINO HA CAUSATO DANNI ALLA CASA (PER ESEMPIO HA ROTTO DEI MOBILI) IL DEPOSITO CAUZIONALE RESTA AL PROPRIETARIO DELLA CASA.

NEL TESTO LE PAROLE SOTTOLINEATE SONO DIFFICILI.
COLLEGA LE PAROLE AI SIGNIFICATI, COME NELL'ESEMPIO.

PAROLA	SIGNIFICATO
1. VALIDA	A. CITTADINI DI UN PAESE CHE NON È NELL'UNIONE EUROPEA
2. EXTRACOMUNITARI	B. IN REGOLA, NON SCADUTA
3. PROPRIETARIO	C. CHI PAGA L'AFFITTO
4. INQUILINO	D. SOLDI CHE L'INQUILINO DÀ AL PROPRIETARIO QUANDO FIRMA IL CONTRATTO E CHE IL PROPRIETARIO POI RESTITUISCE ALLA FINE DEL CONTRATTO
5. DEPOSITO CAUZIONALE	E. PADRONE DI CASA

(2 → A)

VIVERE IN ITALIA

CASA DOLCE CASA | Il mutuo

2. IL MUTUO

RAMÓN E SUA MOGLIE VOGLIONO COMPRARE UNA CASA E DEVONO CHIEDERE UN MUTUO, CIOÈ DEI SOLDI IN PRESTITO ALLA BANCA. RAMÓN SCRIVE ALLA BANCA PER AVERE INFORMAZIONI, UN IMPIEGATO GLI RISPONDE.

LEGGI, POI COMPLETA LE FRASI CON LE PAROLE <u>SOTTOLINEATE</u>.

> COSA DOBBIAMO FARE PER CHIEDERE UN <u>MUTUO BANCARIO</u> PER COMPRARE UNA CASA?

> DOVETE FARE DUE COSE:
> 1. PORTARE IN BANCA LA VOSTRA DICHIARAZIONE DEI <u>REDDITI</u>;
> 2. VERSARE IL VOSTRO STIPENDIO SU UN CONTO CORRENTE DI QUESTA BANCA.
>
> IL VOSTRO STIPENDIO È ALTO?

> NO, PERCHÉ?

> QUANDO LO STIPENDIO NON È MOLTO ALTO, UN'ALTRA PERSONA DEVE FARE IL GARANTE: SE VOI NON PAGATE, PAGA IL GARANTE.

> QUANTO DURA IL MUTUO?

> IL MUTUO DURA DA 5 A 30 ANNI E OGNI MESE DOVETE PAGARE UNA RATA. CI SONO DUE TIPI DI MUTUI.
>
> POTETE FARE UN MUTUO A TASSO <u>FISSO</u> E LA RATA È SEMPRE LA STESSA.
>
> OPPURE POTETE FARE UN MUTUO A TASSO <u>VARIABILE</u>, E LA RATA CAMBIA: A VOLTE È PIÙ BASSA, A VOLTE È PIÙ ALTA. ATTENZIONE: IL MUTUO A TASSO VARIABILE È PIÙ RISCHIOSO.

IL _____ È IL PRESTITO CHE LA BANCA FA QUANDO VUOI COMPRARE UNA CASA.

I SOLDI CHE GUADAGNI IN UN ANNO SI CHIAMANO _____.

CON IL MUTUO A TASSO _____ PAGHI OGNI MESE LA STESSA CIFRA.

CON IL MUTUO A TASSO _____ ALCUNI MESI PAGHI DI PIÙ, ALTRI MENO.

MODULO 6 ▸ IN CITTÀ

LIVELLO preA1 / A1

1 PARLA

GUARDA LE FOTOGRAFIE. PARLA CON UN COMPAGNO: CONOSCETE QUESTE CITTÀ? CONOSCETE ALTRE CITTÀ IN ITALIA?

1. MILANO
2. VENEZIA
3. BARI
4. NAPOLI
5. PALERMO
6. ROMA
7. FIRENZE
8. TORINO

GUARDA IL VIDEO *NAPOLI* NELLA RUBRICA IN VIAGGIO CON SARA.

2 LAVORA

LEGGI QUESTE PAROLE E SCRIVI IL NUMERO DELLA FOTOGRAFIA GIUSTA (PUNTO 1), COME NELL'ESEMPIO.

- A. CENTRO ☐
- B. FIUME ☐
- C. MARCIAPIEDE [5]
- D. PARCO ☐
- E. PONTE ☐
- F. SEMAFORO ☐
- G. STRADA ☐
- H. VIA ☐

CONTROLLA CON UN COMPAGNO.

ITALIANO di BASE

MODULO 6 ▶ IN CITTÀ

LIVELLO preA1 / A1

3 SCRIVI

GUARDA LE IMMAGINI E COMPLETA CON ALCUNE DELLE PAROLE DEL PUNTO 2, COME NELL'ESEMPIO.

PER ARRIVARE IN __CENTRO__ ⦿, ATTRAVERSA IL _____

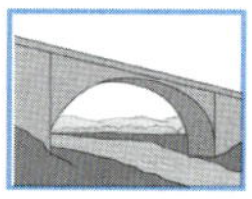

E VAI DRITTO. AL SECONDO  _____ 🚦 GIRA A DESTRA.

ALLA FINE DELLA _____ C'È UN _____, QUI

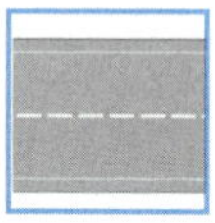

DEVI GIRARE A DESTRA E PRENDERE _____ ROMA.

4 LAVORA

GUARDA I CARTELLI E SCRIVI IL NUMERO DI FIANCO AL SIGNIFICATO, COME NELL'ESEMPIO.

1.  2.  3.  4. 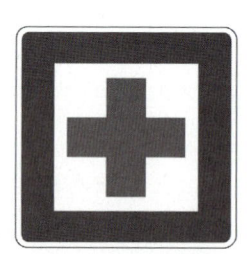 5.

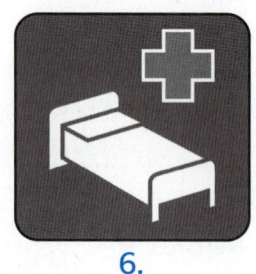

6.  7.  8.  9.  10.

A. FARMACIA [2]
B. FERMATA SCUOLABUS ☐
C. STAZIONE ☐
D. PARCHEGGIO ☐
E. PARCHEGGIO PER DONNE INCINTE ☐

F. TABACCAIO ☐
G. FERMATA AUTOBUS ☐
H. OSPEDALE ☐
I. PRONTO SOCCORSO ☐
L. FERMATA METROPOLITANA ☐

CONTROLLA CON UN COMPAGNO.

PAGINA 132   ITALIANO di BASE

MODULO 6 ▸ IN CITTÀ

LIVELLO preA1 / A1

5 LAVORA

COLLEGA I CONTRARI, COME NELL'ESEMPIO.

1. A DESTRA 
2. DAVANTI
3. VICINO 
4. FUORI  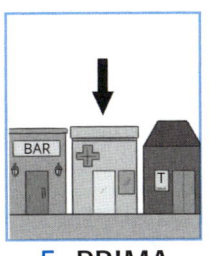
5. PRIMA
6. ALLA FINE 

A. LONTANO
B. ALL'INIZIO 
C. DIETRO 
D. A SINISTRA 
E. DENTRO 
F. DOPO 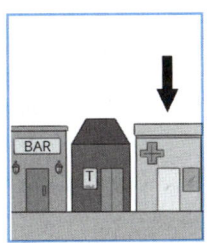

6 ASCOLTA

DOVE VA AMINA? DOVE VA PEDRO? ASCOLTA E SCRIVI IL NOME DI PEDRO E AMINA SOTTO I DISEGNI GIUSTI. ATTENZIONE: CI SONO DUE DISEGNI IN PIÙ.

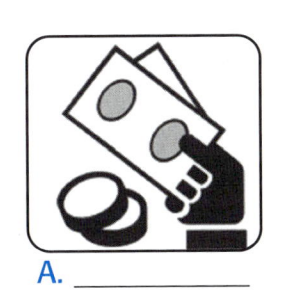

A. _____
B. _____ 
C. _____ 
D. _____ 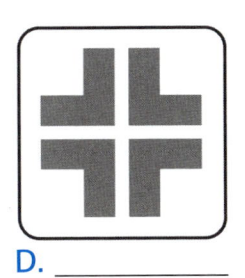
E. _____ 
F. _____ 
G. _____ 
H. _____ 
I. _____ 

CONTROLLA CON UN COMPAGNO.

ITALIANO di BASE

PAGINA 133

MODULO 6 ▸ IN CITTÀ

LIVELLO preA1 / A1

7 LEGGI

ASCOLTA ANCORA, LEGGI E CONTROLLA.

51 🔊

AMINA VA A COMPRARE LE MEDICINE IN FARMACIA E INCONTRA UNA SUA AMICA. INSIEME VANNO AL SUPERMERCATO. POI ASPETTANO L'AUTOBUS ALLA FERMATA VICINO ALL'EDICOLA E TORNANO A CASA.

PEDRO HA UN APPUNTAMENTO CON SUO FRATELLO DAVANTI ALLA BANCA. INSIEME PRENDONO LA METROPOLITANA E VANNO IN QUESTURA A RITIRARE IL PERMESSO DI SOGGIORNO. POI PEDRO VA ALL'UFFICIO POSTALE PER PAGARE LA BOLLETTA DEL TELEFONO.

8 SCRIVI

GUARDA LA CARTINA E COMPLETA LE RISPOSTE SOTTO CON QUESTE PAROLE, COME NELL'ESEMPIO.

✓ ALLA FINE DI   ALL'INIZIO DI   DI FRONTE   TRA   VICINO   DI FRONTE

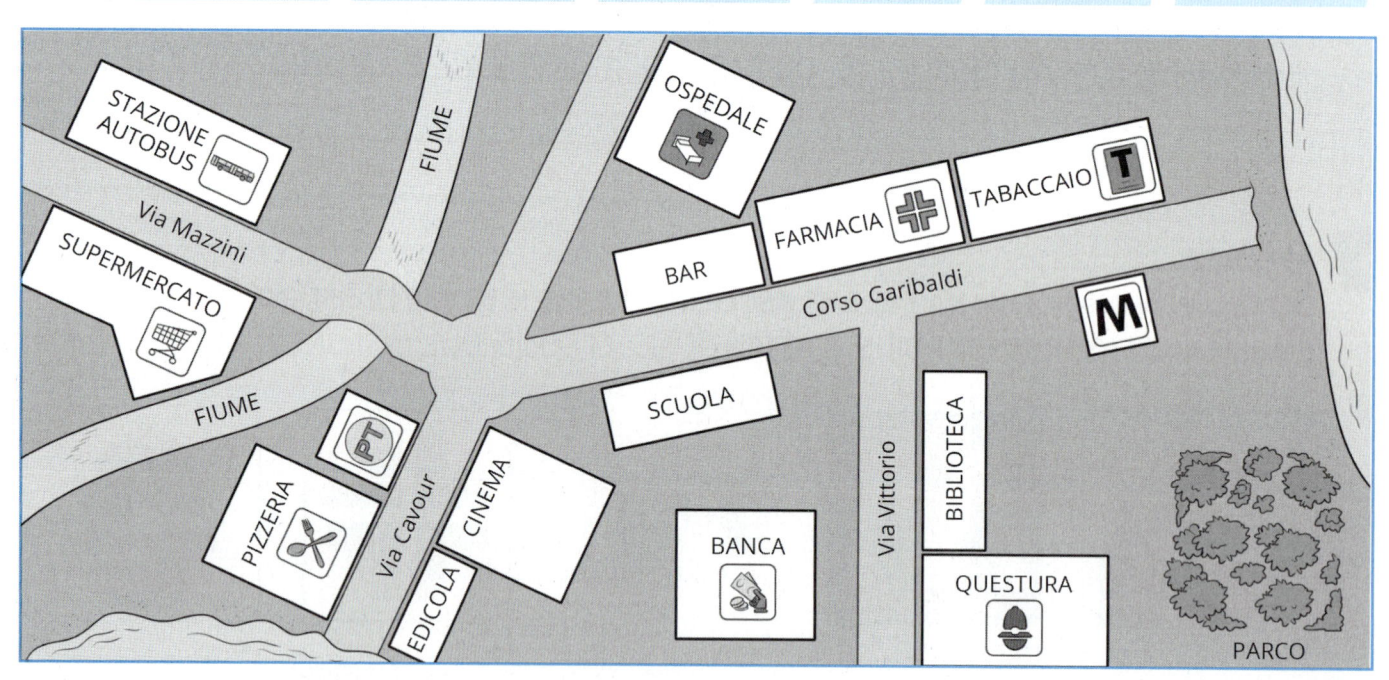

A. ■ SCUSI, DOV'È L'OSPEDALE?
   ● <u>ALLA FINE</u> DI VIA CAVOUR.

B. ■ SCUSI, DOV'È L'EDICOLA?
   ● _____ ALLA PIZZERIA.

C. ■ SCUSI, DOV'È LA SCUOLA?
   ● _____ CORSO GARIBALDI.

D. ■ SCUSI, DOV'È LA FARMACIA?
   ● _____ IL BAR E IL TABACCAIO.

E. ■ SCUSI, DOV'È LA QUESTURA?
   ● _____ ALLA BIBLIOTECA.

F. ■ SCUSI, DOV'È LA FERMATA DELLA METROPOLITANA?
   ● _____ AL TABACCAIO.

CONTROLLA CON UN COMPAGNO.

PAGINA 134   ITALIANO di BASE

MODULO 6 ▶ IN CITTÀ

LIVELLO preA1 / A1

9 PARLA

A COPPIE, GUARDATE LA CARTINA DEL PUNTO 8 E FATE BREVI DIALOGHI, COME NELL'ESEMPIO.

> SCUSI, DOV'È LA FERMATA DEGLI AUTOBUS?

> È IN VIA MAZZINI, DI FRONTE AL SUPERMERCATO.

10 ASCOLTA

52 🔊

AMINA TELEFONA A NADIA. ASCOLTA LA TELEFONATA E SEGNA LA STRADA SULLA CARTINA: DOV'È LA CASA DI NADIA?

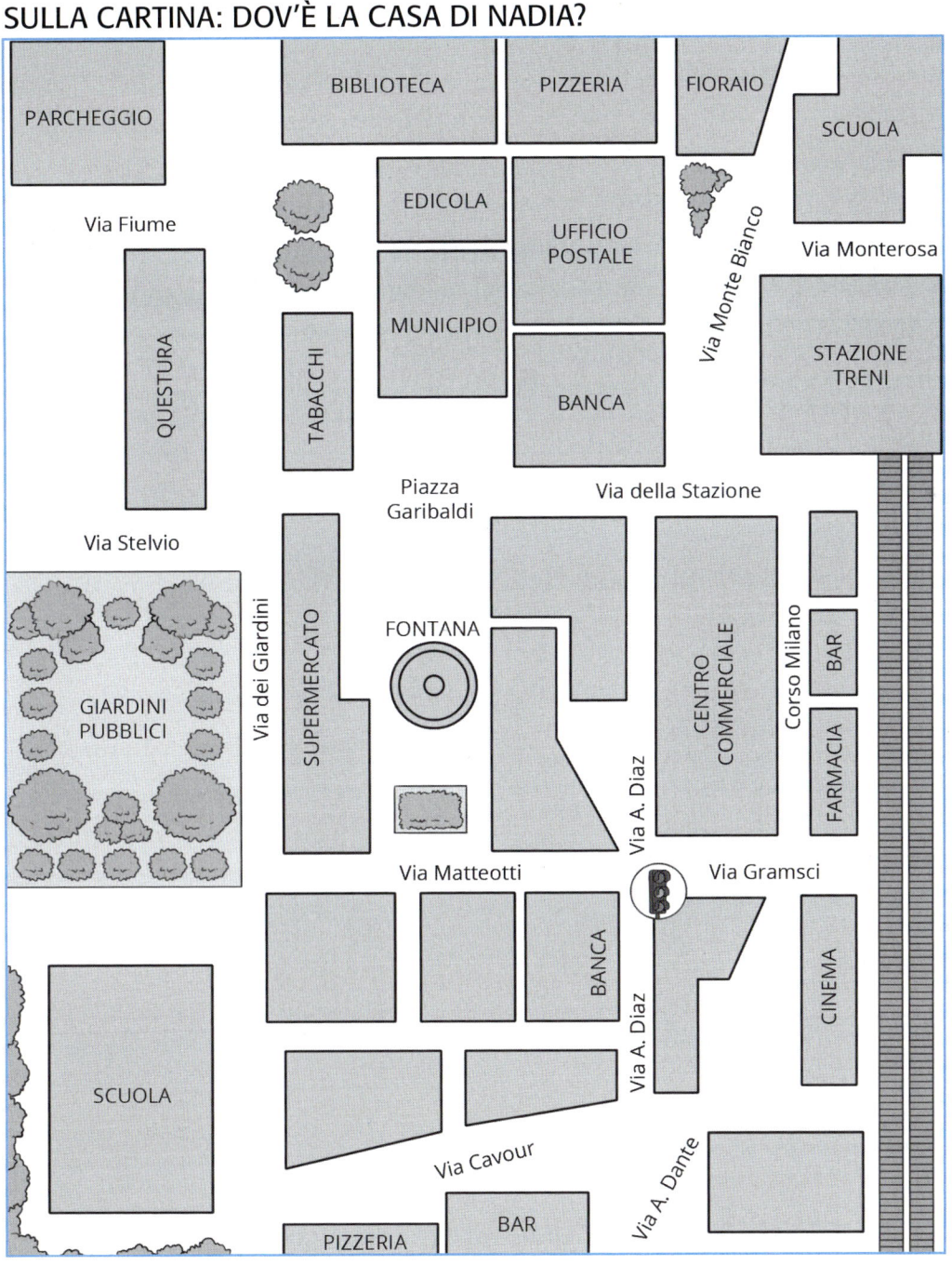

CONTROLLA CON UN COMPAGNO.

ITALIANO di BASE — PAGINA 135

MODULO 6 ▸ IN CITTÀ

LIVELLO preA1 / A1

11 LEGGI

ASCOLTA ANCORA, LEGGI E CONTROLLA.

52 🔊

- CIAO NADIA.
- CIAO AMINA. A CHE ORA ARRIVATE?
- ALLE TRE. PER TE VA BENE?
- CERTO! VENITE A PIEDI O PREFERITE PRENDERE L'AUTOBUS?
- ABITI LONTANO DALLA STAZIONE?
- NON MOLTO.
- ALLORA VENIAMO A PIEDI. QUALE STRADA FACCIAMO?
- È FACILE. FUORI DALLA STAZIONE, ANDATE IN CORSO MILANO. ARRIVATE FINO ALLA FINE DELLA STRADA E TROVATE VIA GRAMSCI. GIRATE A DESTRA E CAMMINATE FINO AL SEMAFORO.
- SÌ, HO CAPITO. E POI?
- AL SEMAFORO GIRATE A SINISTRA, IN VIA DIAZ, PASSATE DAVANTI A UNA BANCA, POI ANDATE A DESTRA IN VIA CAVOUR E... SIETE ARRIVATE!
- ABITI IN VIA CAVOUR?
- SÌ, AL NUMERO 54. DAVANTI A CASA MIA C'È UNA PIZZERIA.
- VA BENE. A DOPO.
- VI ASPETTO!

12 LAVORA

COSA VEDI QUANDO GUARDI FUORI DALLA FINESTRA DELLA TUA CASA?
RISPONDI: SÌ O NO?

VEDI…

UNA FARMACIA?	SÌ	NO
UNA BANCA?	SÌ	NO
UN SUPERMERCATO?	SÌ	NO
UN PALAZZO?	SÌ	NO
UN CINEMA?	SÌ	NO
UN PARCHEGGIO?	SÌ	NO
UN UFFICIO POSTALE?	SÌ	NO
UN BAR?	SÌ	NO
UNA SCUOLA?	SÌ	NO
UN PARCO?	SÌ	NO

13 PARLA

A COPPIE: UNO STUDENTE RACCONTA AL COMPAGNO COSA VEDE DALLA FINESTRA DELLA SUA CASA.

MODULO 6 ▶ IN CITTÀ

LIVELLO preA1 / A1

14 GIOCA

AMINA PRENDE L'AUTOBUS PER ANDARE AL MERCATO, PEDRO VA AL LAVORO IN BICICLETTA. IN CITTÀ CI SONO TANTI MEZZI DI TRASPORTO. IN 5 MINUTI RIORDINA LE LETTERE E TROVA I NOMI, COME NELL'ESEMPIO. VINCE CHI SCRIVE TUTTE LE PAROLE.

A. A T I X   T _A_ _X_ _I_

B. R O T O M O N I   M _ _ _ _ _ _ _

C. R A M T O E O L N I P A T   M _ _ _ _ _ _ _ _ _ _ _ _

D. U B O T A S U   A _ _ _ _ _ _

E. E R A E O   A _ _ _ _ _

F. L O M I U T E B O A   A _ _ _ _ _ _ _ _ _

G. A V N E   N _ _ _ _

H. O R T E N   T _ _ _ _ _

I. T A C E T L I B I C   B _ _ _ _ _ _ _ _ _

L. M A R T   T _ _ _ _

15 LEGGI

È DOMENICA (1 MARZO) E SEI ALLA FERMATA DELL'AUTOBUS.
LEGGI QUESTO CARTELLO E RISPONDI: SÌ O NO?

INFOCLIENTI

DA LUNEDÌ 2 MARZO A MARTEDÌ 31 MARZO
LA LINEA 13 B
SARÀ TEMPORANEAMENTE SOSPESA

A. OGGI POSSO PRENDERE L'AUTOBUS DELLA LINEA 13B?   SÌ NO

B. TUTTI GLI AUTOBUS IN CITTÀ SONO FERMI NEL MESE DI MARZO?   SÌ NO

C. DOMANI DEVO ANDARE AD ASPETTARE L'AUTOBUS DELLA LINEA 13B A UN'ALTRA FERMATA?   SÌ NO

D. DOMANI POSSO PRENDERE UN AUTOBUS DI UN'ALTRA LINEA?   SÌ NO

ITALIANO di BASE

MODULO 6 ▸ IN CITTÀ

LIVELLO preA1 / A1

COME FUNZIONA?

LEGGI QUESTE FRASI.

> DOVE VA AMINA?

> FUORI DALLA STAZIONE ANDATE IN CORSO MILANO.

LE PAROLE SOTTOLINEATE SONO LE FORME DEL PRESENTE DEL VERBO **ANDARE**. QUESTO VERBO È IRREGOLARE.

COMPLETA LA TABELLA CON UN COMPAGNO.

ANDARE	
IO	VADO
TU	VAI
LUI/LEI	
NOI	ANDIAMO
VOI	
LORO	VANNO

16 LAVORA

COMPLETA CON LE FORME DEL VERBO **ANDARE**, COME NELL'ESEMPIO.

A. AMINA VA AL MERCATO.
B. IO E GIANNA _____ A SCUOLA A PIEDI.
C. A CHE ORA (TU) _____ AL LAVORO?
D. DOMANI TU E LUCILLE _____ IN BIBLIOTECA?
E. (IO) _____ AL SUPERMERCATO. HAI BISOGNO DI QUALCOSA?
F. GIULIA, MARCO E I BAMBINI _____ AL PARCO A FARE UN PIC-NIC.

CONTROLLA CON UN COMPAGNO.

17 LAVORA

METTI LE PAROLE NELL'ORDINE GIUSTO, COME NELL'ESEMPIO.

A. A CASA / A PIEDI / VA / DI NADIA / AMINA
   AMINA VA A CASA DI NADIA A PIEDI.
B. IN BICICLETTA / AL LAVORO / PEDRO / VA
   _____
C. VICINO / LA SCUOLA / ALLA STAZIONE / È
   _____
D. DAL CENTRO / LONTANO / È / L'UFFICIO POSTALE
   _____
E. È / AL SUPERMERCATO / IL CINEMA / DI FRONTE
   _____
F. A DESTRA / GIRATE / AL SEMAFORO
   _____

CONTROLLA CON UN COMPAGNO.

PAGINA 138 — ITALIANO di BASE

MODULO 6 ▸ IN CITTÀ

LIVELLO preA1 / A1

AUTOVALUTAZIONE

COSA SO E COSA CONOSCO ADESSO?
SEGNO CON UNA ✗ LE COSE CHE:

| SO / CONOSCO BENE 😊 | SO / CONOSCO ABBASTANZA BENE 😐 | NON SO / NON CONOSCO ☹ |

CONOSCO

	😊	😐	☹
I NOMI DEI LUOGHI DELLA CITTÀ			
I CARTELLI IN CITTÀ			
I NOMI DEI MEZZI DI TRASPORTO			
IL PRESENTE DEL VERBO **ANDARE**			

SO

	😊	😐	☹
USARE IL VERBO **ANDARE**			
DARE E CHIEDERE INFORMAZIONI STRADALI			

DOSSIER

CARLO DEVE ANDARE A CASA DI PEDRO, MA NON CONOSCE LA STRADA. GUARDA LA CARTINA E SCRIVI SUL QUADERNO LE INDICAZIONI.

ITALIANO di BASE — PAGINA 139

MODULO 6 ▸ FONETICA

LIVELLO preA1 / A1

SCARPA
SCIARPA

1 ASCOLTA
ASCOLTA E RIPETI.

53 🔊

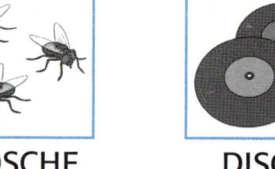

- SCARPA
- SCOPA 
- SCUOLA 
- SCIARPA 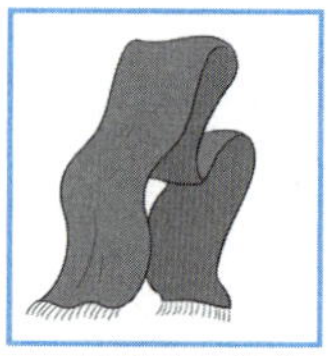
- CUSCINO 
- MOSCHE 
- DISCHI 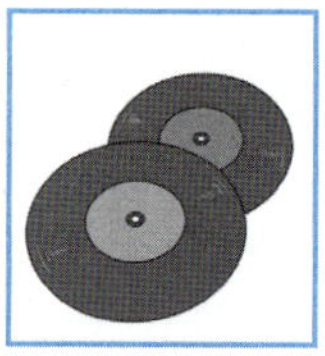
- PESCE 
- ASCENSORE 

IL GRUPPO DI LETTERE **SC** CORRISPONDE A DUE SUONI DIVERSI:

UN SUONO COME NELLA PAROLA **SCA**RPA NELLE PAROLE CON SC+**A**, SC+**O**, SC+**U**, SC+**H**+**I**, SC+**H**+**E**	UN SUONO COME NELLA PAROLA **SCI**ARPA NELLE PAROLE CON SC+**E**, SC+**I**

2 SCRIVI
A COPPIE, SCRIVETE QUESTE PAROLE AL POSTO GIUSTO NELLA TABELLA, COME NEGLI ESEMPI.

✓ SCALA   ✓ SCIARE   AMBASCIATA   SCUDO   MOSCA   MASCHILE   TEDESCO

SUONO COME IN **SCA**RPA	SUONO COME IN **SCI**ARPA
SCALA,	SCIARE,

3 SCRIVI
ASCOLTA E COMPLETA LE PAROLE CON **SCA**, **SCO**, **SCU**, **SCHI**, **SCHE**, **SCI** O **SCE**.

54 🔊

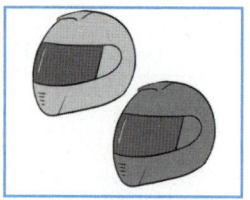

A. CA____ 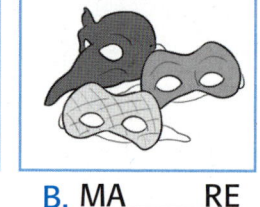   B. MA____RE 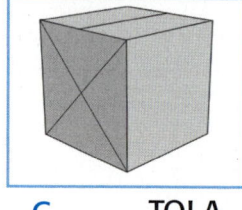   C. ____TOLA 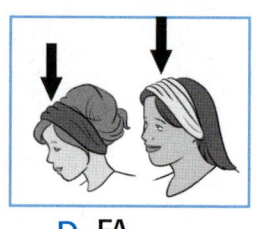   D. FA____    E. PI____NA

PAGINA 140   ITALIANO di BASE

MODULO 6 ▸ In città

LIVELLO A1 / A2

1 LAVORA
Guarda il disegno e scrivi il numero corretto, come nell'esempio.

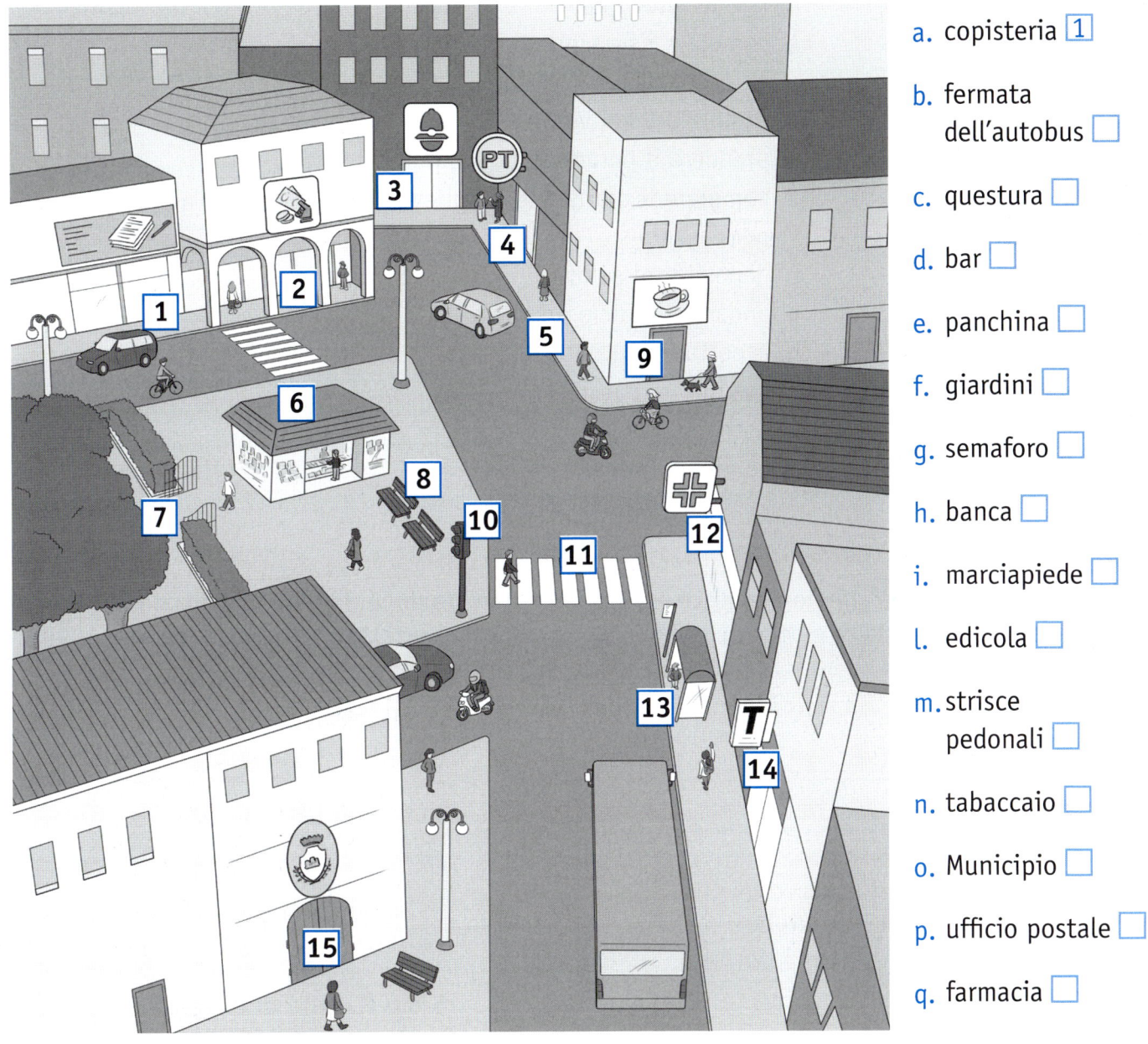

a. copisteria [1]

b. fermata dell'autobus ☐

c. questura ☐

d. bar ☐

e. panchina ☐

f. giardini ☐

g. semaforo ☐

h. banca ☐

i. marciapiede ☐

l. edicola ☐

m. strisce pedonali ☐

n. tabaccaio ☐

o. Municipio ☐

p. ufficio postale ☐

q. farmacia ☐

Controlla con un compagno.

2 GIOCA
Pensa a una piazza della tua città. Cosa c'è? A coppie: uno studente dice tre cose vere e una cosa falsa, come nell'esempio. Il compagno deve capire qual è la cosa falsa.

C'È UNA BANCA. 👍   C'È L'UFFICIO POSTALE. 👎   CI SONO LE STRISCE PEDONALI. 👍

ITALIANO di BASE   PAGINA 141

MODULO 6 ▶ In città

LIVELLO A1 / A2

3 LAVORA

Cosa possiamo fare in questi posti? Collega le azioni ai luoghi, a destra o a sinistra, come nell'esempio.

luoghi privati	azioni	luoghi pubblici
	a. fare le fotocopie	
banca	b. comprare i francobolli, le sigarette e i biglietti per l'autobus	fermata dell'autobus
bar/caffè	c. camminare nel verde	
	d. prendere il permesso di soggiorno	
copisteria	e. comprare il giornale e i biglietti per l'autobus	giardini
	f. depositare i soldi	
edicola	g. andare all'ufficio anagrafe	Municipio
	h. aspettare l'autobus	
tabaccaio	i. spedire un pacco	questura
	l. bere un cappuccino	
farmacia	m. comprare le medicine	ufficio postale

4 ASCOLTA

55

Luis è in una città che non conosce e deve andare in stazione. Chiede informazioni a una signora. Ascolta e segna con una ✗ la risposta corretta.

a. Luis è
- ☐ in macchina.
- ☐ a piedi.

b. La stazione è
- ☐ in via Garibaldi.
- ☐ vicina.

c. Luis deve prendere l'autobus
- ☐ in via Vittorio Veneto.
- ☐ in direzione "Vittorio Veneto".

d. La stazione è a
- ☐ 5 o 6 fermate di distanza.
- ☐ 5 o 6 minuti di tempo.

e. Luis alla fermata "Portello" deve
- ☐ continuare a piedi.
- ☐ prendere un altro autobus.

f. Luis deve comprare il biglietto dell'autobus
- ☐ al bar.
- ☐ all'edicola.

Controlla con un compagno.

MODULO 6 ▸ In città

LIVELLO A1 / A2

5 LEGGI
Ascolta ancora, leggi e controlla.

55 🔊

- ● Scusi, dov'è la stazione?
- ■ È in via Garibaldi.
- ● È lontana?
- ■ Sì, da qui a via Garibaldi ci vuole almeno mezz'ora. Deve prendere l'autobus, non può andare a piedi.
- ● Quale autobus devo prendere?
- ■ Il 20, in direzione "Vittorio Veneto". Deve scendere alla fermata "Portello". Da qui sono cinque o sei fermate.
- ● ...fermata "Portello". Bene, e poi?
- ■ Poi va a piedi in fondo a via del Portello e all'incrocio trova la stazione.
- ● Grazie mille. E dove posso comprare il biglietto?
- ■ All'edicola o dal tabaccaio.

ALMA.tv

Guarda il video *È lontano il museo?* nella rubrica *Italiano in pratica*.

COME SI DICE?

Leggi queste frasi.

- ■ Quanto tempo ci vuole a piedi da casa tua a scuola?
- ● Ci vogliono circa 15 minuti.

- ■ Quanto tempo ci vuole da Milano a Brescia in macchina?
- ● Ci vuole un'ora.

- ■ Quante ore ci vogliono da qui a Roma in treno?
- ● Circa due ore.

Per indicare il tempo: con il singolare usi **ci vuole**; per il plurale, usi **ci vogliono**.

Per indicare la distanza usi le preposizioni **da → a**.

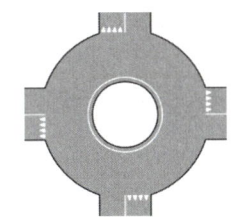

6 LAVORA
Scrivi queste parole sotto alle immagini, come nell'esempio.

✓ a destra | dritto | incrocio | rotonda | a sinistra

a. _a destra_   b. _____   c. _____   d. _____   e. _____

ITALIANO di BASE   PAGINA 143

MODULO 6 ▸ In città

LIVELLO A1 / A2

7 GIOCA

A coppie, il tuo compagno legge le indicazioni stradali e tu segui il percorso sulla cartina. Dove arrivi?

1. Parti da via Roma e prendi la seconda via a destra.
2. Devi andare sempre dritto e alla rotonda devi prendere la quarta strada a destra.
3. Vai dritto fino al semaforo poi devi girare a sinistra e seguire la strada.
4. Dopo la curva sei arrivato. Dove sei?

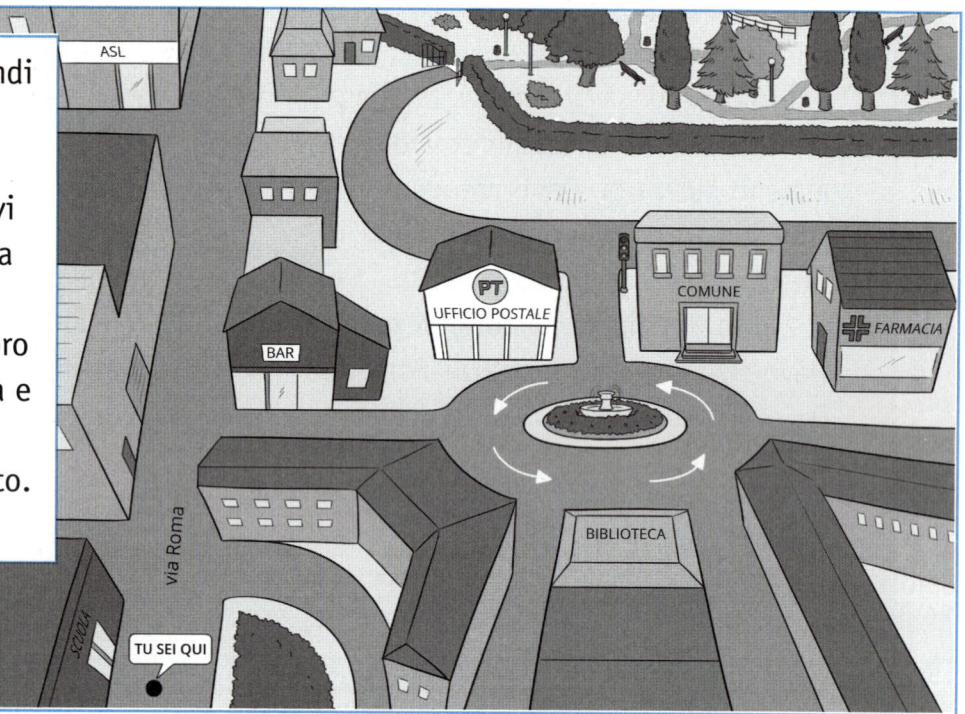

8 PARLA

A coppie guardate la cartina del punto 7. A turno, uno studente dà indicazioni e il compagno deve trovare la destinazione.

COME FUNZIONA?

Leggi queste frasi.

> Dove posso comprare il biglietto?
> Non può andare a piedi.

> Deve scendere alla fermata "Portello".
> Devi andare sempre dritto.

Le parole sottolineate sono le forme del presente del verbo **POTERE** (posso, può) e del verbo **DOVERE** (Deve, Devi).

Attenzione: dopo i verbi **POTERE** e **DOVERE** usi l'infinito.

Completa la tabella con il presente dei verbi **POTERE** e **DOVERE**.

	POTERE	DOVERE
IO		devo
TU	puoi	
LUI/LEI		
NOI	possiamo	dobbiamo
VOI	potete	dovete
LORO	possono	devono

PAGINA 144 — ITALIANO di BASE

MODULO 6 ▸ In città

LIVELLO A1 / A2

9 LAVORA

Cosa può, non può o deve fare l'uomo in macchina? Guarda questi segnali stradali e completa le frasi con **PUÒ**, **NON PUÒ** e **DEVE**, come nell'esempio.

I CARTELLI STRADALI DI DIVIETO E OBBLIGO

a. ___DEVE___ girare a sinistra.

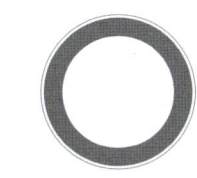

b. _____ andare in questa strada.

c. _____ dare la precedenza alle altre macchine.

d. _____ girare a destra.

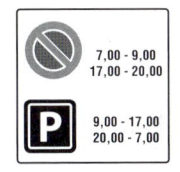

e. Alle 8 di mattina _____ parcheggiare la macchina. Di notte _____ parcheggiare la macchina.

f. _____ andare a più di 50 chilometri all'ora.

g. _____ fermarsi.

h. _____ entrare nell'area pedonale e ciclabile.

10 LAVORA

Leggi e <u>sottolinea</u> la parola corretta.

I CARTELLI STRADALI DI PERICOLO E INFORMAZIONE

a. Incrocio con una strada **grande/piccola**, devi stare attento.

b. Curva **pericolosa/sicura** a destra, devi rallentare.

c. La strada diventa **stretta/larga**, devi rallentare.

d. Questa strada è **chiusa/aperta**, non puoi uscire.

Controlla con un compagno.

ITALIANO di BASE   PAGINA 145

MODULO 6 ▸ In città

LIVELLO A1 / A2

11 GIOCA

Gioca con i compagni. Siete in una città, scegliete quale mezzo di trasporto usare: vi spostate in macchina, in bicicletta o a piedi? Guardate la mappa della città e dite cosa potete, non potete o dovete fare, come negli esempi. Vince chi dice più frasi. Attenzione ai cartelli stradali!

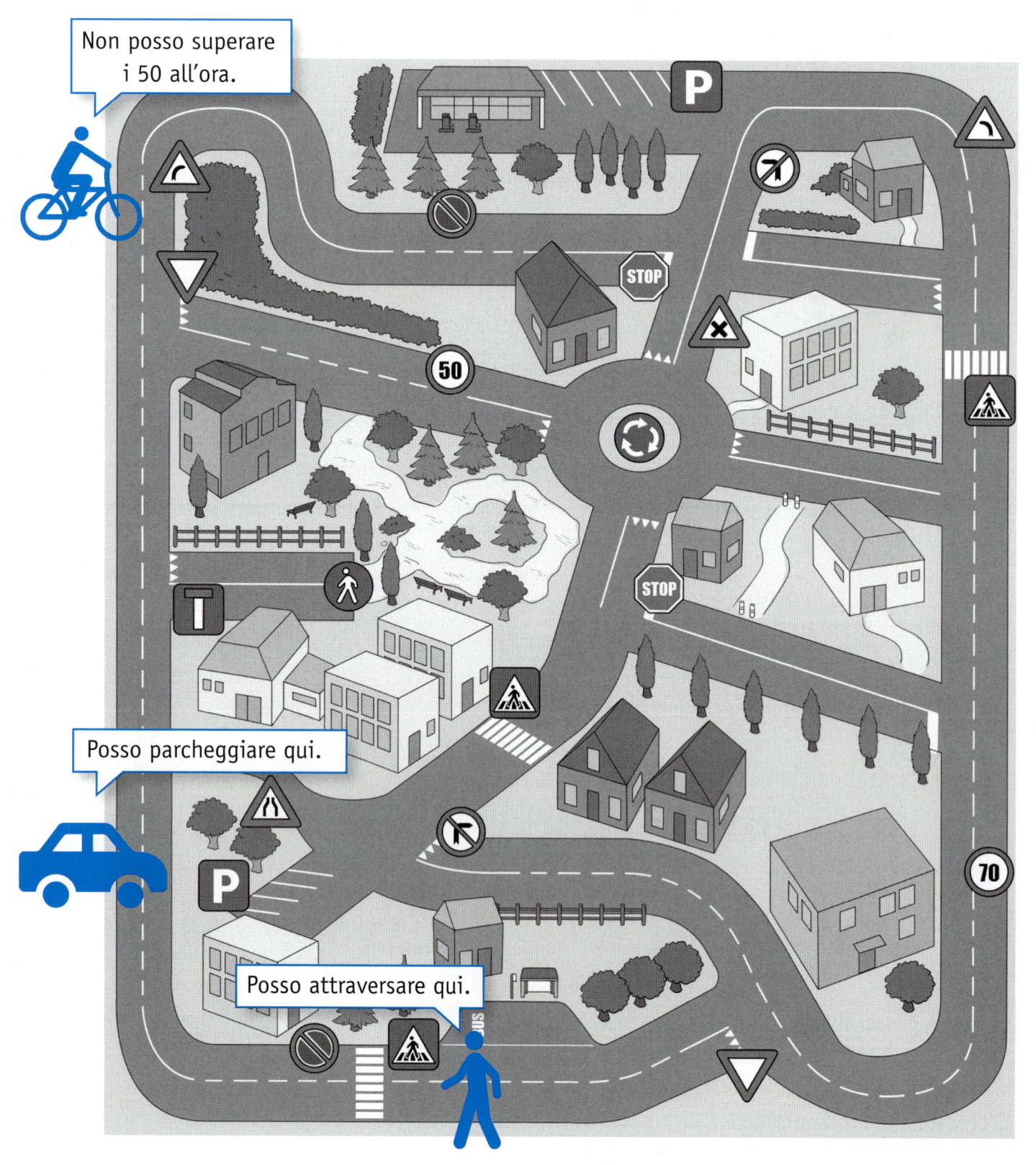

Non posso superare i 50 all'ora.

Posso parcheggiare qui.

Posso attraversare qui.

PAGINA 146

ITALIANO di BASE

MODULO 6 ▶ In città

LIVELLO A1 / A2

12 LEGGI

All'ufficio postale. <u>Sottolinea</u> nel testo l'operazione che deve fare il cliente, come nell'esempio.

a.
- ■ Mi dà un bollettino, per favore? Devo <u>pagare le tasse della scuola</u>.
- ● Ecco a Lei.
- ■ Grazie. Ha una penna?
- ● No, mi dispiace.

b.
- ■ Buongiorno, devo spedire questa raccomandata in Francia. Quanto costa?
- ● Pesa 15 grammi... Costa 4 euro e 30 centesimi.

c.
- ■ Vorrei fare la richiesta per il permesso di soggiorno.
- ● Deve compilare il kit giallo.
- ■ Quanto costa?
- ● È gratuito.

Controlla con un compagno.

13 SCRIVI

Leggi le indicazioni e controlla la parte sinistra del bollettino di conto corrente postale. Ci sono 3 errori. Quali? Parla con un compagno. Poi scrivi il bollettino corretto nella parte destra.

Pagare la mensa scolastica per i mesi di aprile e maggio.
Scrivere il nome dell'alunna.
Costo: 120 €
Nome dei genitori: Mario e Rosa Rossi
Nome dell'alunna: Francesca Rossi
Classe: 3C
Residenza: via Roma 43, 10100 Torino
Scuola: I.C. Turoldo, Torino
Numero di conto corrente: 6073358

CONTI CORRENTI POSTALI - Attestazione di versamento — Banco Posta
€ sul C/C n. 6 0 7 3 3 5 8
di Euro 120,00
IMPORTO IN LETTERE centodieci/00
INTESTATO A I.C. TUROLDO - TORINO
CAUSALE: mensa scolastica per maggio e giugno
ESEGUITO DA Rosa ROSSI
VIA - PIAZZA via Roma 43
CAP 10100 LOCALITA' TORINO

CONTI CORRENTI POSTALI - Ricevuta di Accredito — BancoPosta
€ sul C/C n. 6 0 7 3 3 5 8 di Euro
TD 123 IMPORTO IN LETTERE
INTESTATO A I.C. TUROLDO - TORINO

ITALIANO di BASE — PAGINA 147

MODULO 6 ▸ In città

LIVELLO A1 / A2

14 / LAVORA

Sei in un ufficio postale, parli con un impiegato. <u>Sottolinea</u> la forma giusta.

- a. ■ **Ciao/Buongiorno**, devo spedire un pacco in Grecia. Quanto costa?
- b. ■ **Ha/Hai** una penna, per favore?
- c. ■ Mi **può/puoi** dare un modulo per la raccomandata?
- d. ● **Devi/Deve** compilare il kit giallo.

ATTENZIONE!

<u>Hai</u> una penna, per favore?

Quando parli con persone che conosci (amici, parenti) usi il **tu**.

Questo modo è **informale**.

<u>Ha</u> una penna, per favore?

Quando parli con persone che non conosci usi il **Lei**.

Questo modo è **formale**.

15 / LAVORA

Trasforma queste frasi dal **tu** al **Lei**, come nell'esempio.

informale (tu)	formale (Lei)
a. Devi compilare questo modulo.	Deve compilare questo modulo.
b. Hai un documento di identità?	
c. Paghi con il bancomat?	
d. Dove abiti?	

Controlla con un compagno.

16 / LAVORA

A destra c'è il modulo per spedire una lettera raccomandata. Collega le parole al significato corretto, come nell'esempio.

a. DESTINATARIO	1. codice di avviamento postale
b. N°. CIV.	2. provincia
c. C.A.P.	3. persona che riceve la lettera
d. PROV.	4. avviso di ricevuta
e. MITTENTE	5. numero civico
f. A.R.	6. persona che spedisce la lettera

Controlla con un compagno.

PAGINA 148   ITALIANO di BASE

MODULO 6 ▶ In città

LIVELLO A1 / A2

AUTOVALUTAZIONE

COSA SO E COSA CONOSCO ADESSO?
Segno con una ✗ le cose che:

SO / CONOSCO BENE ☺	SO / CONOSCO ABBASTANZA BENE 😐	NON SO / NON CONOSCO ☹

CONOSCO

	☺	😐	☹
le parole della strada	☺	😐	☹
i cartelli stradali	☺	😐	☹
le preposizioni **da** e **a**	☺	😐	☹
il presente del verbo **potere**	☺	😐	☹
il presente del verbo **dovere**	☺	😐	☹

SO

	☺	😐	☹
usare i verbi **dovere** e **potere**	☺	😐	☹
chiedere, seguire e dare indicazioni stradali	☺	😐	☹
esprimere la distanza	☺	😐	☹
compilare un bollettino di conto corrente postale	☺	😐	☹
compilare il modulo di spedizione di lettera raccomandata	☺	😐	☹

DOSSIER

Scrivi le indicazioni stradali per andare da casa tua a scuola.

ITALIANO di BASE

MODULO 6 ▶ Fonetica

LIVELLO A1 / A2

SCARPA
SCIARPA

1 ASCOLTA
Ascolta e completa la tabella sotto, come nell'esempio.

56 🔊

a. Di chi è questa scarpa?

b. Fa freddo, metti la sciarpa.

c. Dov'è l'uscita della scuola?

d. Il tuo compagno preferisce fare la doccia o fare il bagno nella vasca?

Il gruppo di lettere **SC** corrisponde a due suoni diversi:

| un suono come nella parola **SCA**RPA nelle parole con SC+___, SC+_O_, SC+___, SC+_H_+_I_, SC+_H_+_E_ | un suono come nella parola **SCI**ARPA nelle parole con SC+___, SC+_I_ |

2 ASCOLTA
La parola ha un suono come in **SCA**RPA o come in **SCI**ARPA? Segna con una ✗ il suono che senti.

57 🔊

	suono come in **SCA**RPA	suono come in **SCI**ARPA
a.	☐	☐
b.	☐	☐
c.	☐	☐
d.	☐	☐
e.	☐	☐
f.	☐	☐
g.	☐	☐
h.	☐	☐
i.	☐	☐
l.	☐	☐

Leggi le parole a fondo pagina e controlla.

a. scatola, b. sciare, c. ambasciata, d. asciugamano, e. uscita, f. mosca, g. maschile, h. tedesco, i. schiaffo, l. fascia

PAGINA 150

ITALIANO di BASE

VIVERE IN ITALIA

IN GIRO PER LA CITTÀ | Usare i mezzi di trasporto pubblici

1. **AUTO, BICI O AUTOBUS?**
   COME VAI AL LAVORO, A SCUOLA, AL SUPERMERCATO? USI I MEZZI PUBBLICI: L'AUTOBUS, IL TRAM, LA METROPOLITANA, IL TRENO? PARLA CON UN COMPAGNO.

2. **LE REGOLE DEI MEZZI PUBBLICI**
   LEGGI E RISPONDI ALLE DOMANDE.

IL REGOLAMENTO DI VIAGGIO – AUTOBUS

1. VUOI PRENDERE UN MEZZO PUBBLICO? DEVI COMPRARE IL BIGLIETTO PRIMA DI SALIRE. SENZA BIGLIETTO NON PUOI VIAGGIARE.
2. DEVI RICORDARTI DI TIMBRARE : CON UN BIGLIETTO NON TIMBRATO PRENDI UNA MULTA.
3. USI I MEZZI PUBBLICI TUTTI I GIORNI? PUOI FARE UN ABBONAMENTO PER RISPARMIARE.
4. IL TRAM, L'AUTOBUS O LA METROPOLITANA SONO IN MOVIMENTO? NON PUOI SALIRE O SCENDERE, È PERICOLOSO.
5. DEVI CHIEDERE QUALCOSA ALL'AUTISTA? DEVI ASPETTARE QUANDO SI FERMA, LUI NON PUÒ PARLARE QUANDO GUIDA.
6. SUI MEZZI PUBBLICI NON PUOI FUMARE.
7. HAI UN CANE? PUOI PORTARLO SUI MEZZI PUBBLICI CON MUSERUOLA E GUINZAGLIO E DEVI PAGARE IL BIGLIETTO.
8. HAI UN PASSEGGINO? NON C'È PROBLEMA, PUOI SALIRE SUI MEZZI PUBBLICI.
9. VIAGGI CON UN BAMBINO? LUI NON PAGA IL BIGLIETTO QUANDO È INSIEME A UN ADULTO.

1. NON HO IL BIGLIETTO. COSA FACCIO?	A. COMPRO IL BIGLIETTO ALL'EDICOLA.
	B. COMPRO IL BIGLIETTO SULL'AUTOBUS.
2. SONO SULL'AUTOBUS E C'È TROPPA GENTE. IO NON POSSO TIMBRARE IL MIO BIGLIETTO. COSA FACCIO?	A. RESTO DOVE SONO E NON FACCIO NIENTE.
	B. CHIEDO ALLE PERSONE VICINE DI TIMBRARE IL MIO BIGLIETTO.
3. SONO ALLA STAZIONE DEL TRENO E FUMO. IL TRENO ARRIVA. COSA FACCIO?	A. SALGO SUL TRENO E OFFRO UNA SIGARETTA AL CONTROLLORE.
	B. SPENGO LA SIGARETTA E SALGO SUL TRENO.
4. VADO IN CENTRO CON I MEZZI PUBBLICI CON MIO FIGLIO: LUI HA 3 ANNI. COSA FACCIO?	A. COMPRO DUE BIGLIETTI: UNO PER ME E UNO PER LUI.
	B. COMPRO SOLO UN BIGLIETTO PER ME: LUI VIAGGIA GRATIS.

ITALIANO di BASE

VIVERE IN ITALIA

IN GIRO PER LA CITTÀ | Numeri utili

3. LE FORZE DELL'ORDINE
LEGGI E COMPLETA CON QUESTE PAROLE.

- AMBIENTE
- CRIMINALITÀ
- FRONTIERE
- INCENDIO
- TRAFFICO

LA POLIZIA DI STATO, I CARABINIERI, LA GUARDIA DI FINANZA E IL CORPO FORESTALE SONO LE FORZE DELL'ORDINE. LAVORANO PER LA SICUREZZA DELLE PERSONE IN ITALIA.

1. LA POLIZIA DI STATO E I CARABINIERI LOTTANO CONTRO LA _____; FANNO RISPETTARE LE LEGGI; AIUTANO IN CASO DI INCIDENTI. I CARABINIERI SONO IN OGNI PAESE E CITTÀ. LA POLIZIA È SOLO NELLE CITTÀ E IL SUO NUMERO DI TELEFONO È 113.
2. LA GUARDIA DI FINANZA LOTTA CONTRO LA CRIMINALITÀ DELL'ECONOMIA E DELLA FINANZA E CONTROLLA LE _____. IL SUO NUMERO DI TELEFONO È 117.
3. IL CORPO FORESTALE DELLO STATO DIFENDE L' _____, GLI ANIMALI E LA SICUREZZA ALIMENTARE E FA RISPETTARE LE LEGGI SULLA GESTIONE DEI RIFIUTI.
4. LA POLIZIA MUNICIPALE LAVORA PER LA SICUREZZA DEI CITTADINI, PER ESEMPIO CONTROLLA IL _____ E SI OCCUPA DEI PROBLEMI DELL'AMMINISTRAZIONE PUBBLICA.
5. I VIGILI DEL FUOCO AIUTANO I CITTADINI QUANDO C'È UN _____ O UN'EMERGENZA PUBBLICA, PER ESEMPIO ALLUVIONI, GRAVI INCIDENTI STRADALI, BLACKOUT.

4. CHE GUAIO!
CHI DEVO CHIAMARE QUANDO C'È UN PROBLEMA?
LEGGI E COLLEGA I TESTI AI NUMERI DI TELEFONO, COME NELL'ESEMPIO.

A. NON TROVO PIÙ LA MIA MOTO.
B. CI SONO TANTI PESCI MORTI NEL IL FIUME 
C. UN'AUTO INVESTE UNA PERSONA. 
D. C'È UN INCENDIO ALLA FERMATA DELL'AUTOBUS. 

1. CHIAMO IL 118 È IL NUMERO DELL'EMERGENZA SANITARIA.
2. CHIAMO IL 115 È IL NUMERO DEI VIGILI DEL FUOCO.
3. CHIAMO IL 112 È IL NUMERO DEI CARABINIERI.
4. CHIAMO IL 1515 È IL NUMERO DEL CORPO FORESTALE.

DAL 2015 IL 112 È DIVENTATO IL NUMERO UNICO DELLE EMERGENZE, SOSTITUENDO IL 118 E IL 115.

MODULO 7 ▸ FACCIAMO LA SPESA

LIVELLO preA1 / A1

1 PARLA

DOVE FAI LA SPESA? PREFERISCI ANDARE AL MERCATO O AL SUPERMERCATO?
CON CHI FAI LA SPESA? QUANDO? PARLA CON UN COMPAGNO.

1.  2.  3.

4.  5.  6.

2 LAVORA

LEGGI I NOMI DEI NEGOZI E SCRIVI IL NUMERO DELLA FOTOGRAFIA GIUSTA (PUNTO **1**), COME NELL'ESEMPIO.

A. NEGOZIO DI FRUTTA E VERDURA ☐
B. MACELLERIA ☐
C. PANETTERIA ☐
D. PESCHERIA ☐ 5
E. MERCATO ALL'APERTO ☐
F. SUPERMERCATO ☐

CONTROLLA CON UN COMPAGNO.

ATTENZIONE!

IL NEGOZIO DOVE COMPRI IL PANE HA NOMI DIVERSI NELLE VARIE ZONE D'ITALIA.

PANETTERIA = PANIFICIO = FORNO

ITALIANO di BASE

MODULO 7 ▸ FACCIAMO LA SPESA

LIVELLO preA1 / A1

3 SCRIVI

LEGGI I NOMI DELLA FRUTTA E DELLA VERDURA. POI SCRIVI I NOMI SOTTO, NELLO SPAZIO GIUSTO, COME NELL'ESEMPIO.

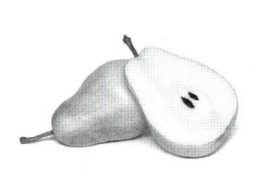

1. PERA
2. MELA 
3. UVA 
4. MELONE 
5. MELANZANA 
6. PEPERONE 
7. FRAGOLA 
8. ARANCIA 
9. MANDARINO 
10. ALBICOCCA 
11. ANGURIA 
12. ZUCCHINA 
13. PESCA 
14. FAGIOLI 
15. AGLIO 
16. INSALATA 

FRUTTA	VERDURA
PERA,	MELANZANA,

CONTROLLA CON UN COMPAGNO.

PAGINA 154

ITALIANO di BASE

MODULO 7 ▸ FACCIAMO LA SPESA

LIVELLO preA1 / A1

4 PARLA
CONOSCI ALTRI NOMI DI FRUTTA E DI VERDURA? QUAL È LA FRUTTA TIPICA DEL TUO PAESE? QUAL È LA VERDURA TIPICA DEL TUO PAESE? PARLA CON UN COMPAGNO E SCRIVI I NOMI NELLA TABELLA AL PUNTO **3**.

5 GIOCA
A COPPIE, METTETE LE SILLABE NELL'ORDINE GIUSTO E POI SCRIVETE LE PAROLE SOTTO ALLE IMMAGINI, COME NELL'ESEMPIO.

1. MO – LI – NE __LIMONE__
2. TA – PA – TA _____
3. NA – NA – BA _____
4. GIA – CI – LIE _____
5. POL – CI – LA _____
6. RO – PO – DO – MO _____

A. _____ B. __LIMONE__ C. _____ D. _____ E. _____ F. _____

6 ASCOLTA
AMINA È IN UN NEGOZIO DI FRUTTA E VERDURA. ASCOLTA IL DIALOGO E COMPLETA LA TABELLA, COME NELL'ESEMPIO.

AMINA COMPRA:

CHE COSA?	QUANTO?
PATATE	UN CHILO

QUANTO SPENDE IN TOTALE? _____
CONTROLLA CON UN COMPAGNO.

ITALIANO di BASE — PAGINA 155

MODULO 7 ▶ FACCIAMO LA SPESA

LIVELLO preA1 / A1

7 LEGGI

ASCOLTA ANCORA, LEGGI E CONTROLLA.

58 🔊

- BUONGIORNO SIGNORA, DESIDERA?
- BUONGIORNO, VORREI UN CHILO DI PATATE, QUATTRO PEPERONI ROSSI E TRE CIPOLLE.
- PATATE… PEPERONI… CIPOLLE. ALTRO?
- SÌ, MEZZO CHILO DI ARANCE E DUE LIMONI.
- BASTA COSÌ? OGGI LE MELE SONO IN OFFERTA: 1 EURO AL CHILO.
- ALLORA PRENDO ANCHE DUE CHILI DI MELE GIALLE.
- VA BENE COSÌ?
- SÌ, GRAZIE. QUANTO PAGO?
- 8 EURO E TRENTA CENTESIMI.
- HO 10 EURO.
- ECCO IL RESTO E LO SCONTRINO. ARRIVEDERCI.
- ARRIVEDERCI.

ATTENZIONE!

QUANDO SEI NEI NEGOZI O CHIEDI QUALCOSA A UNA PERSONA IN MODO EDUCATO E GENTILE, USI **VORREI**.

VORREI È IL CONDIZIONALE SEMPLICE DEL VERBO **VOLERE**.

8 LAVORA

SCRIVI QUESTE PAROLE SOTTO ALLE IMMAGINI, COME NELL'ESEMPIO.

| BISCOTTI | CARNE | FARINA | FORMAGGIO | LATTE | PASTA ✓ |
| PESCE | PROSCIUTTO | RISO | SUCCO DI FRUTTA | TORTA | VINO |

1. __PASTA__  2.  _____ 3.  _____ 4. _____ 5. 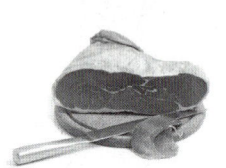 _____ 6. _____

7.  _____ 8.  _____ 9.  _____ 10.  _____ 11.  _____ 12. _____

CONTROLLA CON UN COMPAGNO.

PAGINA 156

ITALIANO di BASE

MODULO 7 ▸ FACCIAMO LA SPESA

LIVELLO preA1 / A1

9 PARLA

CONOSCI ALTRI NOMI DI CIBO E BEVANDE? PARLA CON I COMPAGNI E SCRIVI LE PAROLE NUOVE.

_____
_____

10 SCRIVI

MAYSA SCRIVE LA LISTA DELLA SPESA PER SUO MARITO. COMPLETA CON QUESTE QUANTITÀ, COME NELL'ESEMPIO.

UN LITRO E MEZZO	DUE ETTI
UNA FETTA	UN VASETTO
UNA SCATOLETTA	✓ UN CHILO
UN PACCO	UN BARATTOLO

UN CHILO DI CARNE

_____ DI ACQUA

_____ DI PROSCIUTTO

_____ DI FORMAGGIO

_____ DI PASTA

_____ DI TONNO

_____ DI YOGURT

_____ DI MARMELLATA

ORA SCRIVI LA TUA LISTA DELLA SPESA PER OGGI.

UN LITRO DI _____
MEZZO LITRO DI _____
UN PACCO DI _____
UN CHILO DI _____
UN ETTO DI _____
UN BARATTOLO DI _____

11 GIOCA

A SQUADRE: GUARDATE QUESTO CARRELLO: COSA VEDETE? SCRIVETE TUTTE LE PAROLE. VINCE LA SQUADRA CHE SCRIVE PIÙ PAROLE IN TRE MINUTI.

_____
_____
_____

ITALIANO di BASE — PAGINA 157

MODULO 7 ▶ FACCIAMO LA SPESA

LIVELLO preA1 / A1

12 LAVORA

CONOSCI I NOMI DEI NEGOZIANTI? COLLEGA IL NEGOZIANTE AL NEGOZIO, COME NELL'ESEMPIO.

NEGOZIANTE	NEGOZIO
A. PANETTIERE	1. MACELLERIA
B. PESCIVENDOLO	2. PASTICCERIA
C. FRUTTIVENDOLO	3. PANETTERIA
D. MACELLAIO	4. SALUMERIA
E. PASTICCIERE	5. NEGOZIO DI FRUTTA E VERDURA
F. SALUMIERE	6. PESCHERIA

CONTROLLA CON UN COMPAGNO.

13 SCRIVI

COMPLETA CON IL NOME DEL NEGOZIO O DEL NEGOZIANTE, COME NELL'ESEMPIO.

A. IL PESCIVENDOLO LAVORA IN _____PESCHERIA_____.
B. IL _____ LAVORA IN MACELLERIA.
C. IL PANETTIERE LAVORA IN _____.
D. IL _____ LAVORA NEL NEGOZIO DI FRUTTA E VERDURA.
E. IL _____ VENDE DOLCI E PASTICCINI.

CONTROLLA CON UN COMPAGNO.

14 GIOCA

LEGGI QUESTE PAROLE E CANCELLA LA PAROLA ESTRANEA, COME NELL'ESEMPIO.

A. MELA – PERA – BANANA – ~~PATATA~~ – PESCA
B. INSALATA – PATATA – FINOCCHIO – PEPERONE – CILIEGIA
C. MACELLERIA – PANETTERIA – NEGOZIO DI FRUTTA E VERDURA – PANETTIERE – PESCHERIA
D. PIZZA – PANE – BISCOTTI – AGLIO – PANINI
E. CARNE – PESCE – PANE – QUADERNO – VERDURA
F. MACELLAIO – PANETTIERE – SCONTRINO – FRUTTIVENDOLO – PASTICCIERE
G. DUE ETTI – UN NEGOZIO – UN PACCO – UN LITRO E MEZZO – UN CHILO

MODULO 7 ▶ FACCIAMO LA SPESA

LIVELLO preA1 / A1

15 LAVORA

COSA DICE IL NEGOZIANTE? E COSA DICE IL CLIENTE? A COPPIE, SCRIVETE QUESTE FRASI NELLA COLONNA GIUSTA, COME NELL'ESEMPIO.

QUANTO PAGO?   ✓ DESIDERA?   ALTRO?   QUANTO COSTA?
ECCO IL RESTO.   POSSO AIUTARLA?   BASTA COSÌ?   ✓ VORREI…
LO SCONTRINO, PER FAVORE.   QUANTI NE VUOLE?   ECCO LO SCONTRINO.
POSSO PAGARE CON IL BANCOMAT?   BASTA COSÌ, GRAZIE.   QUANT'È?

NEGOZIANTE

DESIDERA?
_____
_____
_____
_____

CLIENTE

VORREI…
_____
_____
_____
_____

16 PARLA

A COPPIE, SIETE IN UN NEGOZIO: UNO STUDENTE È IL NEGOZIANTE, L'ALTRO È IL CLIENTE.

> BUONGIORNO, DESIDERA?

> SALVE, VORREI…

GUARDA IL VIDEO *QUANTO NE VUOLE?* NELLA RUBRICA ITALIANO IN PRATICA.

17 ASCOLTA

STASERA AMINA VA A CENA DA PEDRO.
ASCOLTA LA TELEFONATA E SEGNA COSA PIACE ☺ E COSA NON PIACE ☹ AD AMINA.

	☺	☹		☺	☹
RISO			PEPERONI		
SPAGHETTI			FRAGOLE		
ZUCCHINE			CIOCCOLATO		
CIPOLLA					

CONTROLLA CON UN COMPAGNO.

ITALIANO di BASE   PAGINA 159

MODULO 7 ▸ FACCIAMO LA SPESA

LIVELLO preA1 / A1

18 LEGGI

ASCOLTA ANCORA, LEGGI E CONTROLLA.

59 🔊

- ■ CIAO AMINA, ALLORA STASERA TI ASPETTO A CENA! A CHE ORA VIENI?
- ● VERSO LE 8, VA BENE?
- ■ CERTO. SENTI… COSA TI PREPARO? TRA POCO VADO AL SUPERMERCATO, COSA TI PIACE?
- ● CHE GENTILE! DUNQUE… MI PIACE TANTO IL RISO, NON MI PIACCIONO GLI SPAGHETTI…
- ■ POSSO FARE UN RISOTTO.
- ● BUONA IDEA!
- ■ TI PIACCIONO LE ZUCCHINE?
- ● SÌ, PERÒ NON MI PIACE LA CIPOLLA. E NON MI PIACCIONO NEANCHE I PEPERONI.
- ■ VA BENE. E PER IL DOLCE… QUAL È LA TUA FRUTTA PREFERITA?
- ● MI PIACCIONO TANTO LE FRAGOLE. MA SIAMO FUORI STAGIONE…
- ■ E IL CIOCCOLATO?
- ● CHE DOMANDA È? ADORO IL CIOCCOLATO!
- ■ D'ACCORDO, SE NON TROVO LE FRAGOLE FACCIO UNA TORTA AL CIOCCOLATO! ALLORA A STASERA.
- ● GRAZIE, A DOPO!

COME FUNZIONA?

LEGGI LE FRASI E COMPLETA CON LE PAROLE SOTTOLINEATE.

| MI PIACE TANTO IL RISO. | NON MI PIACCIONO GLI SPAGHETTI. |
| NON MI PIACE LA CIPOLLA. | MI PIACCIONO LE FRAGOLE. |

USI _____ CON LE PAROLE SINGOLARI.
USI _____ CON LE PAROLE PLURALI.

19 SCRIVI

E A TE, COSA PIACE? E COSA NON TI PIACE? COMPLETA LA TABELLA.

MI PIACE…	MI PIACCIONO…	NON MI PIACE…	NON MI PIACCIONO…

CONTROLLA CON UN COMPAGNO.

PAGINA 160 ITALIANO di BASE

MODULO 7 ▸ FACCIAMO LA SPESA

LIVELLO preA1 / A1

AUTOVALUTAZIONE

COSA SO E COSA CONOSCO ADESSO?
SEGNO CON UNA ✗ LE COSE CHE:

SO / CONOSCO BENE ☺	SO / CONOSCO ABBASTANZA BENE 😐	NON SO / NON CONOSCO ☹

CONOSCO

	☺	😐	☹
I NOMI DELLA FRUTTA E DELLA VERDURA	☺	😐	☹
I NOMI DEI NEGOZI E DEI NEGOZIANTI	☺	😐	☹
I NOMI DEL CIBO E DELLE BEVANDE	☺	😐	☹
LE QUANTITÀ	☺	😐	☹

SO

	☺	😐	☹
PARLARE CON I NEGOZIANTI	☺	😐	☹
DIRE COSA MI PIACE O NON MI PIACE	☺	😐	☹

DOSSIER

OGGI COMPRI:
- UN LITRO DI LATTE
- DUE ETTI DI PROSCIUTTO
- QUATTRO VASETTI DI YOGURT
- 5 ETTI DI FORMAGGIO

SCRIVI IL DIALOGO CON IL NEGOZIANTE.

_____
_____
_____
_____

ITALIANO di BASE

MODULO 7 ▸ FONETICA

LIVELLO preA1 / A1

PASTA
BASTA

1 ASCOLTA
ASCOLTA E RIPETI.

A. PASTA / BASTA C. PELLE / BELLE E. PERE / BERE
B. POLLO / BOLLO D. PANCA / BANCA F. POMPA / BOMBA

60 🔊

2 SCRIVI
COMPLETA LE PAROLE CON **B** O **P**. POI ASCOLTA E VERIFICA.

61 🔊

A. OM___RELLO    B. LI___RO    C. ___AM___INO    D. ___ORTA

E. ___AGINA 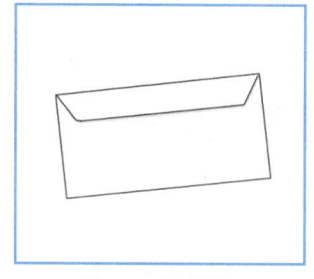   F. ___USTA    G. ___OTTIGLIA 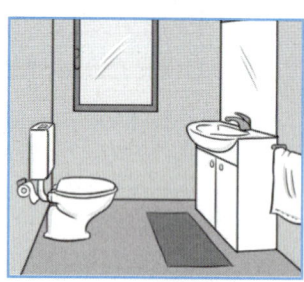   H. ___AGNO

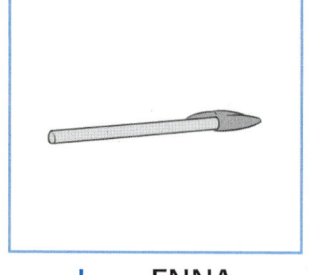

I. ___ENNA    L. ___ICICLETTA 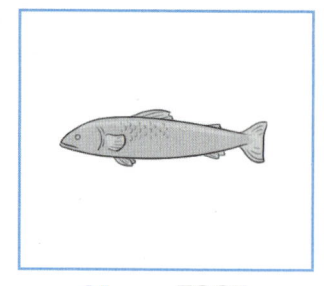   M. ___ESCE 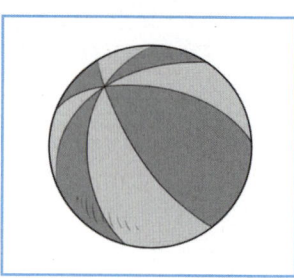   N. ___ALLA

3 ASCOLTA
ASCOLTA E COMPLETA LE PAROLE CON **B** O **P**.

62 🔊

A. ___IZZA   E. AS___ETTARE   I. AL___ERO
B. ___ACIO   F. SU___ITO   L. SA___ATO
C. ___AOLA   G. ___ERMESSO   M. NA___OLI
D. LI___ERO   H. OS___EDALE   N. A___RIRE

PAGINA 162   ITALIANO di BASE

MODULO 7 ▸ Facciamo acquisti

LIVELLO A1 / A2

1 PARLA

Guarda la fotografia e parla con un compagno: chi sono queste persone? Cosa fanno? Dove sono?

_____ _____ PAOLA _____ _____

2 ASCOLTA

Ascolta e scrivi sotto l'immagine del punto **1** quale rapporto di parentela hanno le persone con Paola.

Confronta con un compagno.

63

3 SCRIVI

Quali vestiti indossano le persone nella fotografia?
A coppie scrivete i nomi dei vestiti sotto ai nomi delle persone.

Annamaria	Antonio	Rebecca	Paola	Rocco

ITALIANO di BASE · PAGINA 163

MODULO 7 ▸ Facciamo acquisti

LIVELLO A1 / A2

4 SCRIVI
Ascolta ancora, leggi e completa il dialogo.

63 🔊

- Ecco la foto del matrimonio di Rocco e Paola.
- Rocco in giacca e _____? Di solito veste sportivo...
- Almeno per oggi! Invece Antonio, il padre di Paola, è sempre elegante. Ma la più bella è la sposa...
- Mah! Il suo _____ è troppo stretto e scollato! La ragazza a sinistra chi è?
- È Rebecca, la sorella di Paola.
- Il suo vestito è molto corto, ma è più bello dell'abito della sposa! E la signora accanto a Rocco, con la _____ e la borsetta, è un'altra sorella di Paola?
- No! È Annamaria, sua madre!
- Sembra molto giovane...

5 LAVORA
Scrivi il numero nella casella accanto alle immagini, come negli esempi.

1. stivali
2. calzini
✓ 3. camicetta
4. camicia
5. canottiera
✓ 6. cappello
7. cintura
8. cravatta
9. giubbotto
✓ 10. cappotto
11. maglietta
12. maglione
13. mutande
14. pantaloni
✓ 15. reggiseno
16. scarpe
17. gonna
18. borsa
✓ 19. calze
✓ 20. giacca
✓ 21. pigiama
22. sciarpa

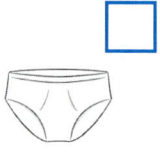

Controlla con un compagno.

PAGINA 164 — ITALIANO di BASE

MODULO 7 ▶ Facciamo acquisti

LIVELLO A1 / A2

6 PARLA
Come ti vesti in queste occasioni? Parla con un compagno.

- per cercare lavoro
- per uscire con gli amici
- per andare a un matrimonio

7 GIOCA
Scrivi su un foglietto la descrizione di un compagno, come nell'esempio. L'insegnante raccoglie i foglietti. Ogni studente riceve un foglietto a caso, legge la descrizione e dice chi è il compagno descritto.

> HA I PANTALONI BLU, IL MAGLIONE ROSSO E LE SCARPE NERE.

8 LEGGI
Leggi cosa dicono Lisa, Junko e Camille. Poi guarda l'immagine e indovina cosa scelgono le tre ragazze.

LISA

Le gonne non mi piacciono, perché sono meno comode dei pantaloni.

Quei pantaloni a righe sono più eleganti di quei pantaloni a fiori.

Anche i cappelli a righe sono molto belli.

JUNKO

Indosso vestiti molto caldi, perché ho sempre freddo.

Quel maglione ha un buon prezzo.

Gli stivali non mi piacciono: sono più comode le scarpe basse e senza tacco.

CAMILLE

Al lavoro devo essere molto elegante: indosso sempre una giacca, una camicia e una gonna a tinta unita.

Quella camicia bianca è più cara della camicia a quadri.

Controlla con un compagno.

MODULO 7 ▸ Facciamo acquisti

LIVELLO A1 / A2

COME SI DICE?

QUESTO e QUELLO si chiamano **DIMOSTRATIVI**: indicano se una persona o un oggetto è vicino o lontano.
Guarda l'immagine, poi segna con una ✗ la forma corretta.

questo studente — *quello studente*

Questo ☐ / **Quello** ☐ indica le persone o gli oggetti vicini.
Questo ☐ / **Quello** ☐ indica le persone o gli oggetti lontani.

QUESTO segue le regole dei nomi.

SINGOLARE MASCHILE	PLURALE MASCHILE	SINGOLARE FEMMINILE	PLURALE FEMMINILE
quest**o** ragazzo	quest**i** ragazzi	quest**a** ragazza	quest**e** ragazze

Quando è aggettivo, **QUELLO** segue le regole degli articoli determinativi (vedi p. 60).

SINGOLARE MASCHILE	PLURALE MASCHILE	SINGOLARE FEMMINILE	PLURALE FEMMINILE
quel ragazzo	quei ragazzi	quella ragazza	quelle ragazze
quell'amico	quegli amici	quell'amica	quelle amiche
quello studente	quegli studenti		

9 GIOCA

Decora le magliette qui sotto, come nell'esempio. Poi la classe sceglie la maglietta più bella.

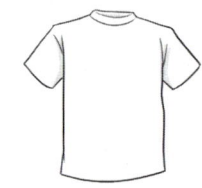

a. a tinta unita   b. a righe   c. a quadri   d. a fiori   e. fantasia

10 LAVORA

Leggi queste frasi e scrivi la lettera sotto all'immagine corretta, come nell'esempio.

a. La ragazza è <u>più</u> alta del ragazzo.
b. La ragazza è <u>meno</u> alta del ragazzo.
c. La ragazza è alta <u>come</u> il ragazzo.
d. La ragazza è <u>molto</u> alta.

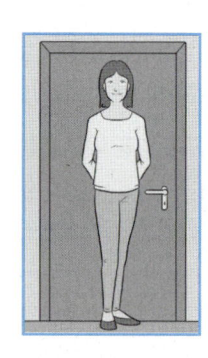

1. _b_   2. ____   3. ____   4. ____

MODULO 7 ▸ Facciamo acquisti

LIVELLO A1 / A2

11 SCRIVI
Completa con **più**, **meno** e **come**, come nell'esempio.

a. La cravatta è un accessorio elegante ___come___ il farfallino.

b. Le scarpe senza tacco sono _____ alte delle scarpe con il tacco.

c. La giacca è _____ leggera del cappotto.

d. La gonna nera è molto _____ corta della gonna bianca!

e. I pantaloni sono _____ femminili della gonna.

f. La tua borsa è troppo grande per andare in moto: è grande _____ una valigia!

12 ASCOLTA
Ascolta il dialogo e segna con una ✗ la risposta esatta.

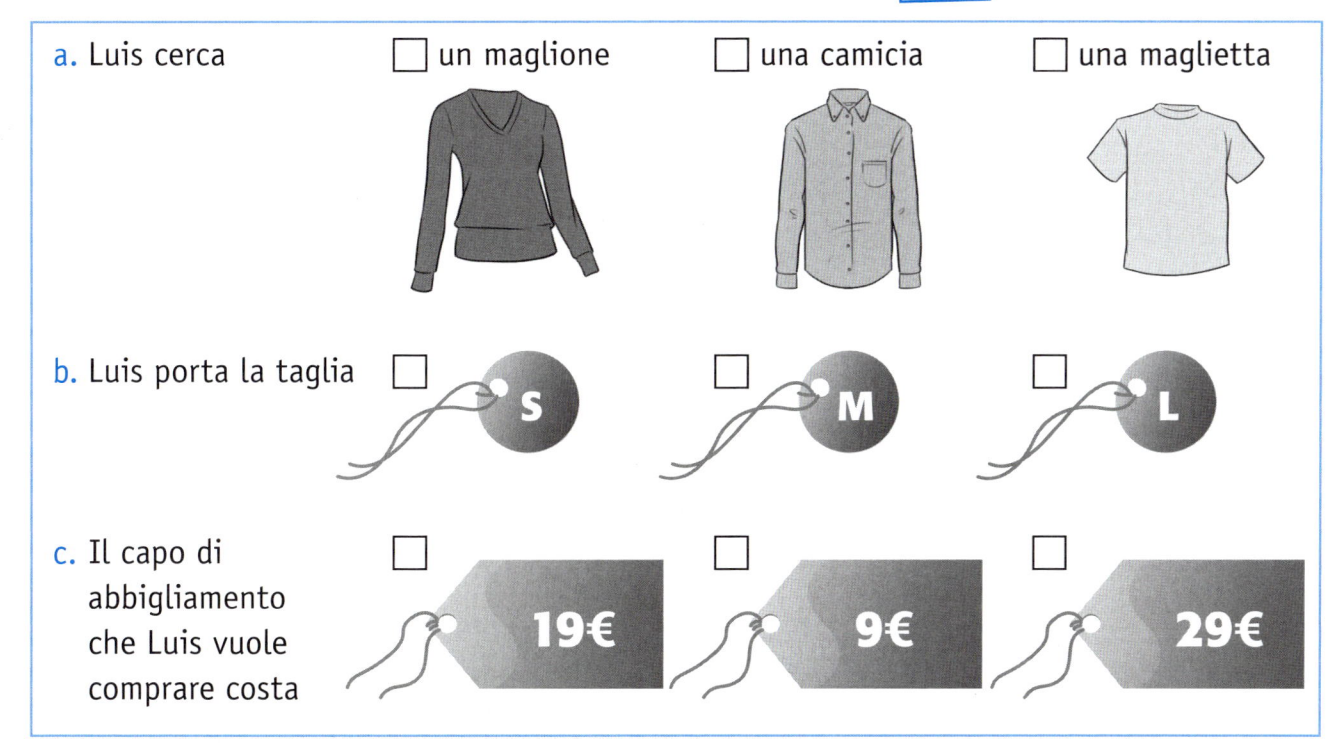

64 🔊

a. Luis cerca ☐ un maglione ☐ una camicia ☐ una maglietta

b. Luis porta la taglia ☐ S ☐ M ☐ L

c. Il capo di abbigliamento che Luis vuole comprare costa ☐ 19€ ☐ 9€ ☐ 29€

Controlla con un compagno.

ITALIANO di BASE — PAGINA 167

MODULO 7 ▶ Facciamo acquisti

LIVELLO A1 / A2

13 LEGGI
Ascolta ancora, leggi e controlla.

- Scusi, posso provare questa maglietta a righe?
- Sì, signore. Qual è la sua taglia?
- La M.
- Vediamo… ecco qui una media.
- Grazie. Dov'è il camerino?
- Da questa parte, prego.
[…]
- Come va? Le piace?
- Non so… quanto costa?
- Diciannove euro.
- È possibile avere uno sconto?
- No, mi dispiace, ma domani cominciano i saldi: vendiamo tutto a metà prezzo.
- Allora vengo domani, grazie mille!

14 SCRIVI
Dove fai queste cose? Completa con i nomi dei negozi a destra, come nell'esempio.

a. In un _negozio di abbigliamento_ compro una maglietta.
b. In _____ porto i vestiti sporchi.
c. In _____ compro una collana.
d. Al negozio di _____ porto le scarpe rotte.
e. In _____ compro il giornale.
f. In _____ prenoto un viaggio in aereo.
g. In _____ compro un profumo.

✓ negozio di abbigliamento
profumeria
edicola
riparazioni calzature
gioielleria
lavanderia
agenzia viaggi

Controlla con un compagno.

15 GIOCA
A squadre, chiudete il libro e scrivete su un foglio tutti i nomi di negozi che ricordate. Vince la squadra che scrive più nomi.

16 ASCOLTA
Sei al centro commerciale e senti questo annuncio. Ascolta e rispondi: VERO o FALSO?

a. Domenica 13 maggio il centro commerciale è aperto tutta la notte. | VERO | FALSO
b. Il profumo è in regalo per chi spende più di 50 euro al ristorante "Italia". | VERO | FALSO
c. Gli uomini hanno uno sconto sulla spesa al supermercato. | VERO | FALSO
d. Tutte le domeniche al centro commerciale ci sono regali per i clienti. | VERO | FALSO

MODULO 7 ▸ Facciamo acquisti

LIVELLO A1 / A2

17 LEGGI
Ascolta ancora, leggi e controlla.

65 🔊

🌸 CONAD

Si avvisa la gentile clientela che **domenica 13 maggio** il centro commerciale è **aperto dalle 9:00 alle 21:00**.
Solo per questa domenica, ai nostri clienti offriamo una promozione speciale: con una spesa di almeno 50 euro presso il supermercato Conad, per tutte le donne un profumo in regalo; per gli uomini uno sconto del 50% per una cena nel ristorante "Italia".
Vi aspettiamo domenica 13 maggio!

18 LAVORA
Nel reparto FRUTTA E VERDURA del supermercato i cartellini dei prezzi sono volati via.
Scrivi il numero del cartellino al posto giusto, come nell'esempio.

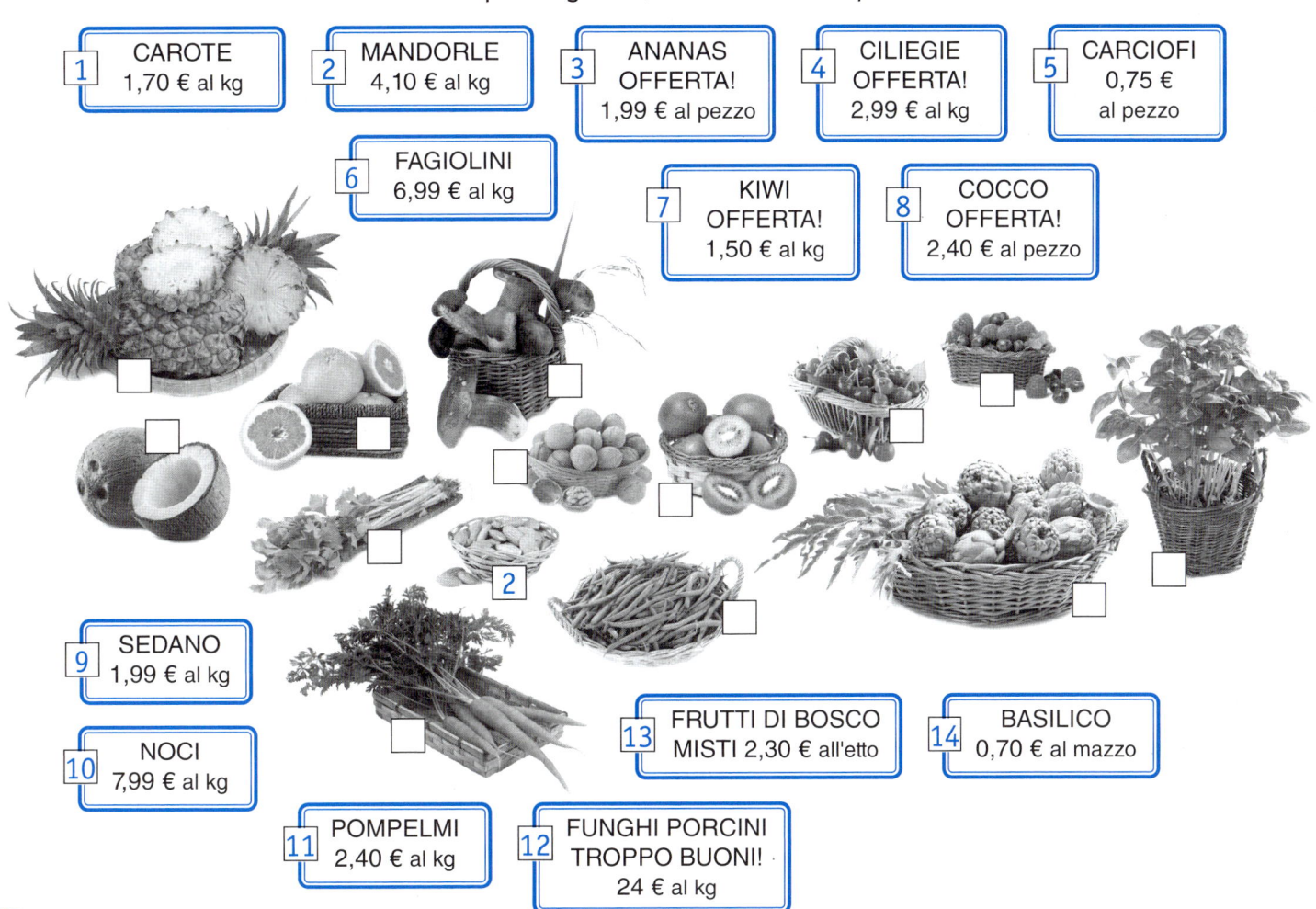

| 1 CAROTE 1,70 € al kg | 2 MANDORLE 4,10 € al kg | 3 ANANAS OFFERTA! 1,99 € al pezzo | 4 CILIEGIE OFFERTA! 2,99 € al kg | 5 CARCIOFI 0,75 € al pezzo |

6 FAGIOLINI 6,99 € al kg

7 KIWI OFFERTA! 1,50 € al kg

8 COCCO OFFERTA! 2,40 € al pezzo

9 SEDANO 1,99 € al kg

10 NOCI 7,99 € al kg

11 POMPELMI 2,40 € al kg

12 FUNGHI PORCINI TROPPO BUONI! 24 € al kg

13 FRUTTI DI BOSCO MISTI 2,30 € all'etto

14 BASILICO 0,70 € al mazzo

19 PARLA
Lavora con un compagno. Siete al mercato: a turno, uno studente è il fruttivendolo, l'altro è il cliente.

— Buongiorno, desidera?
— Vorrei un chilo di ciliegie.

ITALIANO di BASE

MODULO 7 ▶ Facciamo acquisti

LIVELLO A1 / A2

20 SCRIVI
Completa con queste parole, come nell'esempio.

| barattolo | bottiglia | lattina | ✓ pacco | scatoletta | spicchio | tubetto |

> Oggi voglio cucinare la pasta al tonno: ho la ricetta e la lista degli ingredienti.
> Devo comprare un ____pacco____ di farfalle, un _____ di pomodori pelati e una _____ di tonno. Ho già tutti gli altri ingredienti a casa: il sale, il peperoncino e uno _____ di aglio. Mio figlio vuole le patatine fritte. Compro un _____ di maionese. Compro anche qualcosa da bere: una _____ di aranciata o una _____ di birra analcolica.

Controlla con un compagno.

21 PARLA
Come si chiama il piatto più buono del tuo Paese?
Quali sono gli ingredienti? Parla con un compagno.

ALMA.tv
Guarda il video
1 | *Insalata caprese*
nella rubrica
L'italiano per la cucina.

COME FUNZIONA?

Leggi queste frasi.

> Voglio cucinare la pasta.
>
> Vuoi un panino?
>
> Anna vuole comprare una gonna.

Le parole sottolineate sono le forme del presente del verbo **volere**.

Completa la tabella.

VOLERE	
IO	
TU	
LUI/LEI	
NOI	vogliamo
VOI	volete
LORO	vogliono

22 LAVORA
Scrivi su un foglietto cosa vuoi fare domani.
Poi l'insegnante raccoglie i foglietti e legge alcune frasi a caso: prova a indovinare e scrivi chi vuole fare cosa.

> VOGLIO ANDARE AL PARCO.

> PAUL E MIRIANA VOGLIONO ANDARE AL PARCO.

PAGINA 170 — ITALIANO di BASE

MODULO 7 ▸ Facciamo acquisti

LIVELLO A1 / A2

AUTOVALUTAZIONE

COSA SO E COSA CONOSCO ADESSO?
Segno con una ✗ le cose che:

SO / CONOSCO BENE ☺	SO / CONOSCO ABBASTANZA BENE 😐	NON SO / NON CONOSCO ☹

CONOSCO

i nomi dei vestiti	☺	😐	☹
i dimostrativi (**questo**/**quello**)	☺	😐	☹
i nomi dei negozi	☺	😐	☹
i nomi dei cibi	☺	😐	☹

SO

descrivere un vestito	☺	😐	☹
descrivere le differenze usando **più**, **meno**, **come**	☺	😐	☹
esprimere gusti e preferenze	☺	😐	☹

DOSSIER

Descrivi come sono vestite queste persone: scrivi anche se ti piace come sono vestite.

ITALIANO di BASE — PAGINA 171

MODULO 7 ▸ Fonetica

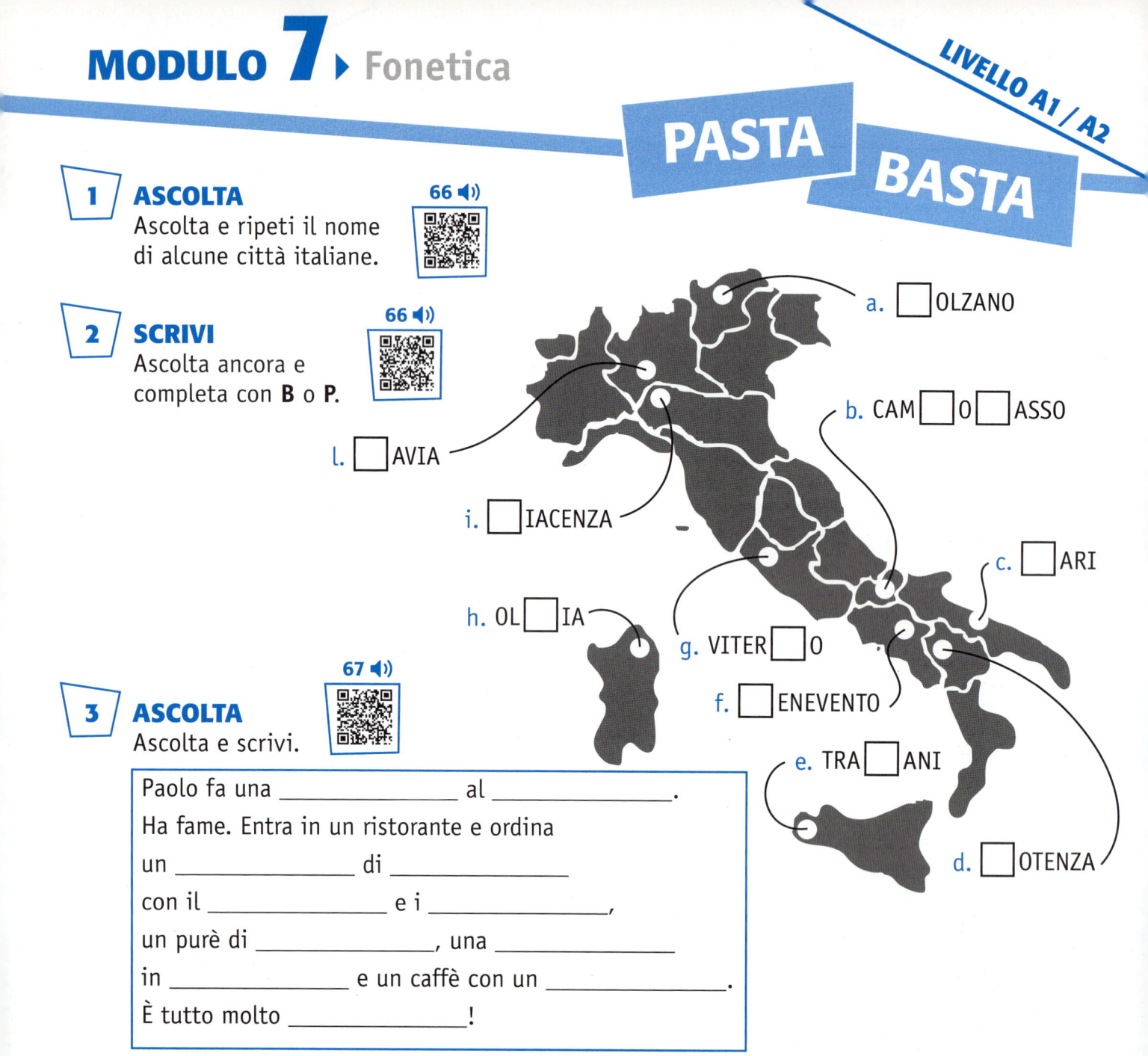

LIVELLO A1 / A2

PASTA BASTA

1 ASCOLTA
Ascolta e ripeti il nome di alcune città italiane.
66 🔊

2 SCRIVI
66 🔊
Ascolta ancora e completa con **B** o **P**.

a. ☐OLZANO
b. CAM☐O☐ASSO
l. ☐AVIA
i. ☐IACENZA
c. ☐ARI
h. OL☐IA
g. VITER☐O
f. ☐ENEVENTO
e. TRA☐ANI
d. ☐OTENZA

3 ASCOLTA
67 🔊
Ascolta e scrivi.

Paolo fa una _____ al _____.
Ha fame. Entra in un ristorante e ordina
un _____ di _____
con il _____ e i _____,
un purè di _____, una _____
in _____ e un caffè con un _____.
È tutto molto _____!

Controlla con un compagno.

4 GIOCA
A squadre giocate a *Il telefono senza fili*: mettetevi in due file, l'insegnante dice a bassa voce una parola* con **B** o **P** nell'orecchio della prima persona delle due file. Il primo studente della fila ripete la parola a bassa voce nell'orecchio del secondo e così via. L'ultima persona della fila scrive la parola sulla lavagna: se è giusta, la squadra prende un punto. Vince chi ha più punti.

* banca / panca; bollo / pollo; belle / pelle; bomba / pompa; basta / pasta; bere / pere

PAGINA 172   ITALIANO di BASE

VIVERE IN ITALIA

BUON APPETITO | Le abitudini alimentari

1. MANGIARE SANO
QUESTI SONO SUGGERIMENTI PER UNA DIETA SANA. LEGGI E COMPLETA LA TABELLA E LE FRASI SOTTO.

BUON APPETITO!

MANGIARE SANO È MOLTO IMPORTANTE PER LA SALUTE.
LA DIETA MEDITERRANEA (CIOÈ IL MODO DI MANGIARE NEI PAESI DEL MARE MEDITERRANEO) È RICONOSCIUTA IN TUTTO IL MONDO COME CORRETTA PER LA SALUTE. ECCO ALCUNE SEMPLICI REGOLE:

- È IMPORTANTE MANGIARE LA FRUTTA E LA VERDURA TUTTI I GIORNI, A COLAZIONE, A PRANZO E A CENA.
- DOVETE MANGIARE REGOLARMENTE ANCHE IL PANE, LA PASTA E IL RISO, MA IN PORZIONI NON TROPPO GRANDI.
- LA CARNE, IL PESCE E IL FORMAGGIO FANNO BENE, MA NON DOVETE ESAGERARE: MANGIATE QUESTI CIBI TRE O QUATTRO VOLTE ALLA SETTIMANA.
- DOVETE STARE ATTENTI SOPRATTUTTO AL SALE, ALLO ZUCCHERO E AI GRASSI: USATELI CON MODERAZIONE, NON CUCINATE SPESSO CIBI FRITTI, BEVETE TANTA ACQUA.
- POTETE MANGIARE DOLCI E BERE BIBITE GASSATE SOLO POCHE VOLTE AL MESE.
- FATE SPORT, GINNASTICA O MOVIMENTO IL PIÙ POSSIBILE: PER ESEMPIO NON USATE SEMPRE LA MACCHINA, MA ANDATE A PIEDI O IN BICICLETTA. A CASA NON PRENDETE L'ASCENSORE: FATE LE SCALE.

PER UNA VITA SANA DEVO MANGIARE:

TUTTI I GIORNI	REGOLARMENTE	TRE O QUATTRO VOLTE A SETTIMANA	POCO

E POI, DEVO _____

E NON DEVO _____

ITALIANO di BASE   PAGINA 173

VIVERE IN ITALIA

BUON APPETITO | Le abitudini alimentari

2. CIBI E RELIGIONI
NEI VARI PAESI CI SONO ABITUDINI ALIMENTARI DIVERSE LEGATE ALLA RELIGIONE. LEGGI COSA DICONO QUESTE PERSONE E COMPLETA CON QUESTE PAROLE, COME NELL'ESEMPIO.

- ALCOLICHE
- CARNE
- COZZE
- ✓ CRISTIANA
- DIGIUNO
- MAIALE
- ALCOL
- VEGETARIANI

SONO _____CRISTIANA_____ CATTOLICA. DURANTE ALCUNI VENERDÌ PRIMA DI PASQUA NON MANGIO LA _____ E I SALUMI.
MIRIANA

NIENTE CARNE SUINA (CIOÈ DI MAIALE), COZZE E _____ PER NOI MUSULMANI. NEL MESE DEL RAMADAN, DI GIORNO FACCIAMO IL _____, CIOÈ NON MANGIAMO E NON BEVIAMO NIENTE DALL'ALBA AL TRAMONTO.
KARIM

NOI INDUISTI SIAMO _____. NON MANGIAMO LA CARNE DI NESSUN ANIMALE. BEVIAMO IL VINO E LE ALTRE BEVANDE _____ CON MODERAZIONE.
RAJYA

IO SONO EBREO: PER LA MIA RELIGIONE È PROIBITO MANGIARE LE _____ E LA CARNE DI MOLTI ANIMALI, COME IL _____, IL CONIGLIO E IL CAVALLO.
ELIO

3. IN MENSA
MIRIANA, KARIM, RAJYA E ELIO SONO COLLEGHI, LAVORANO E MANGIANO INSIEME IN MENSA. GUARDA IL MENÙ DELLA MENSA: IN QUALI GIORNI TUTTI POSSONO MANGIARE TUTTO? CHI INDOVINA PER PRIMO VINCE.

MENÙ INVERNALE DAL 17 NOVEMBRE AL 5 DICEMBRE

LUNEDÌ
PASTA OLIO E PARMIGIANO
COSCIA DI POLLO ARROSTO
PATATE PREZZEMOLATE

MARTEDÌ
PASTA ALLA PIZZAIOLA
(POMODORO E ORIGANO)
TACCHINO OLIO E LIMONE
ROSTICCIATA DI VERDURE

MERCOLEDÌ
PASTA PROSCIUTTO COTTO, PISELLI E BESCIAMELLA
TONNO
INSALATA VERDE

GIOVEDÌ
PIZZA MARGHERITA
PROSCIUTTO CRUDO
CAROTE JULIENNE

VENERDÌ
PASTA AL POMODORO
CROCCHETTE DI VERDURA
VERDURA COTTA

4. TUTTI A TAVOLA
E NELLA TUA CLASSE? QUALI SONO LE VOSTRE ABITUDINI ALIMENTARI? COSA MANGIATE E COSA NON MANGIATE? PARLA CON I TUOI COMPAGNI.

MODULO 8 ▸ LA MIA GIORNATA

LIVELLO preA1 / A1

1 PARLA

GUARDA LE IMMAGINI: COSA FANNO QUESTE PERSONE? DOVE SONO? PERCHÉ SONO VESTITE COSÌ? IMMAGINA UN MOTIVO E PARLA CON UN COMPAGNO.

2 SCRIVI

GUARDA I SIMBOLI DEL METEO E COMPLETA CON QUESTE PAROLE, COME NELL'ESEMPIO.

✓ È BELLO   FA CALDO   FA FREDDO   NEVICA   È NUVOLOSO
PIOVE   C'È UN TEMPORALE   È VARIABILE   C'È VENTO

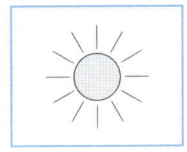

A. È BELLO    B.  _____   C.  _____   D.  _____   E. _____

F. 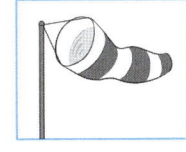 _____   G. 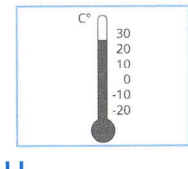 _____   H. 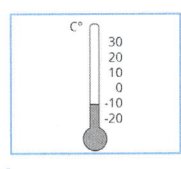 _____   I. _____

CONTROLLA CON UN COMPAGNO.

3 ASCOLTA

PEDRO È IN VACANZA A PALERMO E CHIAMA AMINA A MILANO. CHE TEMPO FA A MILANO E CHE TEMPO FA A PALERMO? ASCOLTA E SEGNA CON UNA ✗ LE RISPOSTE ESATTE.

A. È BELLO.	A MILANO	A PALERMO
B. C'È IL SOLE.	A MILANO	A PALERMO
C. FA CALDO.	A MILANO	A PALERMO
D. PIOVE.	A MILANO	A PALERMO
E. C'È VENTO.	A MILANO	A PALERMO

ITALIANO di BASE   PAGINA 175

MODULO 8 ▸ LA MIA GIORNATA

LIVELLO preA1 / A1

4 LEGGI

ASCOLTA DI NUOVO, LEGGI E CONTROLLA.

68 🔊

- PRONTO?
- CIAO AMINA, SONO PEDRO! COME STAI?
- CIAO PEDRO! STO BENE, GRAZIE… E TU?
- MOLTO BENE, GRAZIE. QUI A PALERMO IL TEMPO È BELLO, C'È IL SOLE, FA CALDO. ANDIAMO AL MARE TUTTI I GIORNI.
- BEATI VOI! QUI PIOVE GIORNO E NOTTE.
- FA FREDDO?
- NO, MA C'È MOLTO VENTO…

5 LAVORA

A COPPIE, SCRIVETE QUESTE PAROLE NELLA COLONNA GIUSTA, COME NELL'ESEMPIO.

✓ BELLO   IL SOLE
  CALDO   BRUTTO
  FREDDO VENTO

È…	C'È…	FA…
BELLO		

6 SCRIVI

LEGGI IL NOME DELLE STAGIONI. POI SCRIVI IL NOME DEI MESI NEGLI SPAZI GIUSTI.

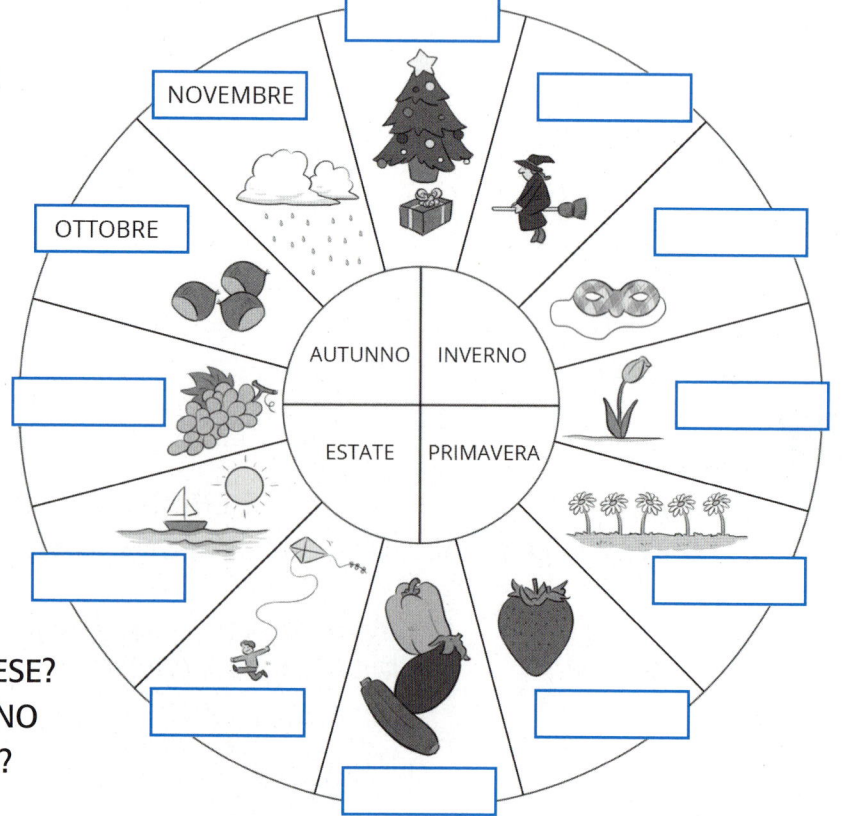

'ALMA.tv

GUARDA IL VIDEO *CHE TEMPO FA?* NELLA RUBRICA **ITALIANO IN PRATICA**.

NOVEMBRE
OTTOBRE

AUTUNNO | INVERNO
ESTATE | PRIMAVERA

7 PARLA

OGGI CHE GIORNO È? IN QUALE STAGIONE SIAMO IN ITALIA? QUALE STAGIONE È NEL TUO PAESE? LE STAGIONI NEL TUO PAESE SONO UGUALI ALLE STAGIONI ITALIANE? PARLA CON UN COMPAGNO.

ITALIANO di BASE

MODULO 8 ▸ LA MIA GIORNATA

LIVELLO preA1 / A1

8 LEGGI

LEGGI IL TESTO, POI SCRIVI IL NOME DELLA FESTA, LA DATA E LA STAGIONE SOTTO LE IMMAGINI, COME NELL'ESEMPIO.

> LA FESTA NAZIONALE ITALIANA È IL 2 GIUGNO, **ANNIVERSARIO DELLA REPUBBLICA**. PER LA REPUBBLICA ITALIANA SONO MOLTO IMPORTANTI ANCHE LA **FESTA DELLA LIBERAZIONE** (25 APRILE) E IL PRIMO MAGGIO, **FESTA DEL LAVORO**.
> IN ITALIA GLI UFFICI E LE SCUOLE CHIUDONO ANCHE PER ALCUNE FESTE RELIGIOSE CATTOLICHE. LE PIÙ IMPORTANTI SONO IL **NATALE**, CHE È SEMPRE IL 25 DICEMBRE, E LA **PASQUA**, CHE È A MARZO O A APRILE. I BAMBINI AMANO MOLTO ANCHE L'**EPIFANIA**: IL 6 GENNAIO UNA STREGA BUONA, LA BEFANA, PORTA I REGALI.

A. _EPIFANIA_
DATA: _6 GENNAIO_
STAGIONE: _INVERNO_

B. _____
DATA: _____
STAGIONE: _____

C. _____
DATA: _____
STAGIONE: _____

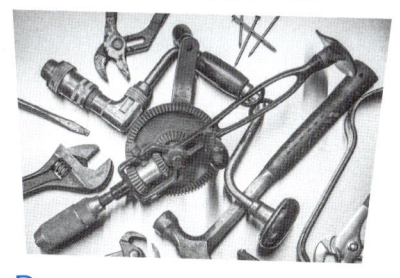

D. _____
DATA: _____
STAGIONE: _____

E. _____
DATA: _____
STAGIONE: _____

F. _____
DATA: _____
STAGIONE: _____

9 PARLA

QUALI SONO LE FESTE PIÙ IMPORTANTI DEL TUO PAESE? COSA FATE DURANTE QUESTE FESTE? PARLA CON UN COMPAGNO.

ITALIANO di BASE

MODULO 8 ▸ LA MIA GIORNATA

LIVELLO preA1 / A1

10 GIOCA
SCRIVI LA TUA DATA DI NASCITA SU UN FOGLIETTO, COME NELL'ESEMPIO.
L'INSEGNANTE RACCOGLIE I FOGLIETTI. OGNI STUDENTE RICEVE
UN FOGLIETTO A CASO, LEGGE LA DATA DI NASCITA E DICE DI CHI È.

> 4 APRILE 1980

11 SCRIVI
COMPLETA CON QUESTE PAROLE.

| BELLO | CALDO | DICEMBRE | ESTATE | GIUGNO | INVERNO |
| NEVICA | NUVOLE | PIOVE | PRIMAVERA | SETTEMBRE | VENTO |

A. È IL 21 _____, IL PRIMO GIORNO D'_____. _____ E FA MOLTO FREDDO. I BAMBINI SONO FELICI PERCHÉ GIOCANO CON LA NEVE.

C. EVVIVA! OGGI INIZIA L'_____: È IL 21 _____. SIAMO AL MARE, IN SPIAGGIA FA MOLTO _____, E C'È IL SOLE!

B. DAL 2016 LA _____ INIZIA IL 20 MARZO. CI SONO POCHE _____, IL TEMPO È _____. NEL PARCO CI SONO TANTI FIORI.

D. È IL 21 _____ E L'AUTUNNO INIZIA MALE: _____! HO L'OMBRELLO, MA C'È MOLTO _____: PER FORTUNA VADO A CASA!

CONTROLLA CON UN COMPAGNO.

12 LAVORA
DI SOLITO CHE TEMPO FA IN ITALIA NELLE DIVERSE STAGIONI? COMPLETA LA PRIMA RIGA DELLA TABELLA CON I SIMBOLI DEL METEO.

	INVERNO	PRIMAVERA	ESTATE	AUTUNNO
ITALIA	❄️		☀️	

E CHE TEMPO FA NEL TUO PAESE? PARLA CON I COMPAGNI, POI COMPLETATE INSIEME LE ALTRE RIGHE DELLA TABELLA CON I VOSTRI PAESI E I SIMBOLI METEO.

PAGINA 178   ITALIANO di BASE

MODULO 8 ▶ LA MIA GIORNATA

LIVELLO preA1 / A1

13 SCRIVI
LEGGI E COMPLETA CON QUESTE PAROLE, COME NELL'ESEMPIO.

CENA ✓ COLAZIONE   MATTINA   MERENDA   POMERIGGIO   PRANZO   SERA

FACCIO UNA __COLAZIONE__ LEGGERA ALLE 8: BEVO IL TÈ
E MANGIO DUE BISCOTTI. ANCHE IL _____ È LEGGERO:
MANGIO UN PIATTO DI VERDURE, UNO YOGURT E DUE FRUTTI.
IL _____ FACCIO _____ CON PANE
E CIOCCOLATO. POI LA _____ MANGIO TANTO:
LA _____ È SEMPRE ABBONDANTE, CON PASTA,
CARNE E DOLCE.

14 SCRIVI
SCRIVI CHE COSA MANGI A COLAZIONE, PRANZO, MERENDA E CENA.

A COLAZIONE MANGIO / BEVO…

A PRANZO…

A MERENDA…

A CENA…

NON MANGIO / NON BEVO…

CONFRONTA CON UN COMPAGNO. AVETE ABITUDINI SIMILI O DIVERSE?

69 🔊

15 ASCOLTA
ASCOLTA IL DIALOGO E SEGNA CON UNA ✗ CHI FA QUESTE COSE: AMINA O NADIA?

A. STA A CASA TUTTO IL POMERIGGIO.	AMINA	NADIA
B. FA LE PULIZIE.	AMINA	NADIA
C. GIOCA CON I BAMBINI.	AMINA	NADIA
D. ESCE A VA A CENA DA AMICI.	AMINA	NADIA
E. GUARDA LA TELEVISIONE.	AMINA	NADIA
F. VA A LETTO PRESTO.	AMINA	NADIA
G. STA IN UFFICIO TUTTO IL GIORNO.	AMINA	NADIA
H. PRANZA CON I COLLEGHI.	AMINA	NADIA

CONTROLLA CON UN COMPAGNO.

ITALIANO di BASE

MODULO 8 ▸ LA MIA GIORNATA

LIVELLO preA1 / A1

16 SCRIVI

ASCOLTA DI NUOVO, LEGGI E COMPLETA IL DIALOGO.

69 🔊

- DOMANI _____ COSA FAI? ESCI O STAI A CASA?
- STO A CASA: FACCIO LE PULIZIE E GIOCO CON I BAMBINI.
- NON FAI LA SPESA?
- NO, DI SOLITO IL SABATO FA LA SPESA MIO MARITO.
- E LA _____ ESCI?
- SÌ, ANDIAMO A CASA DI AMICI.
- IO INVECE LA SERA SONO SEMPRE STANCA: CUCINO, _____, GUARDO UN PO' LA TELEVISIONE E VADO A LETTO PRESTO.
- IL POMERIGGIO VAI AL LAVORO?
- SÌ. VADO AL LAVORO LA _____ MOLTO MOLTO PRESTO: NON HO TEMPO PER FARE LA _____ ! POI STO IN UFFICIO TUTTO IL GIORNO. PER FORTUNA FACCIO UNA PAUSA DI UN'ORA. QUANDO C'È IL SOLE, _____ AL PARCO CON I COLLEGHI. QUANDO PIOVE, PRANZIAMO AL BAR O MANGIAMO UN KEBAB LÌ VICINO.

COME FUNZIONA?

LEGGI QUESTE FRASI.

AMINA <u>STA</u> A CASA CON I BAMBINI.

DOMANI <u>ESCI</u> O <u>STAI</u> A CASA?

AMINA <u>ESCE</u> PER ANDARE A CASA DI AMICI.

<u>STO</u> IN UFFICIO TUTTO IL GIORNO.

LE PAROLE <u>SOTTOLINEATE</u> SONO LE FORME DEL PRESENTE DEI VERBI **STARE** E **USCIRE**. SONO VERBI IRREGOLARI.

LAVORA CON UN COMPAGNO. COMPLETATE LE TABELLE CON IL PRESENTE DEI VERBI **STARE** E **USCIRE**.

STARE	
IO	
TU	
LUI/LEI	
NOI	STIAMO
VOI	STATE
LORO	STANNO

USCIRE	
IO	ESCO
TU	
LUI/LEI	
NOI	USCIAMO
VOI	USCITE
LORO	ESCONO

PAGINA 180

ITALIANO di BASE

MODULO 8 ▶ LA MIA GIORNATA

LIVELLO preA1 / A1

17 LAVORA

QUESTI SONO I LAVORI DOMESTICI: SCRIVI LA LETTERA DELL'IMMAGINE NELLA CASELLA, COME NELL'ESEMPIO.

1. APPARECCHIO — E
2. FACCIO LA LAVATRICE
3. STENDO IL BUCATO
4. LAVO IL PAVIMENTO
5. RIFACCIO IL LETTO
6. STIRO
7. CUCINO
8. ANNAFFIO LE PIANTE
9. LAVO I PIATTI

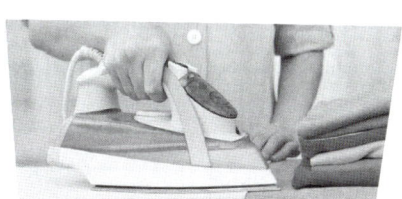

A.
B. 
C. 
D. 
E. 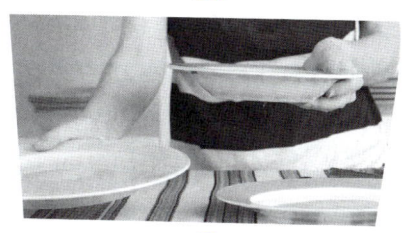
F. 
G. 
H. 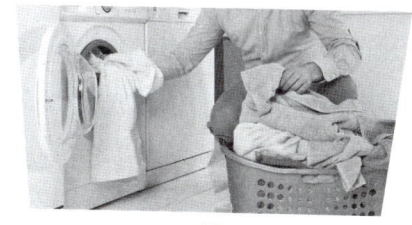
I. 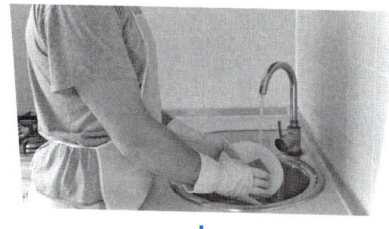

18 PARLA

FAI I LAVORI DOMESTICI? COSA TI PIACE FARE E COSA NON TI PIACE FARE?
PARLA CON UN COMPAGNO.

19 SCRIVI

COMPLETA LE FRASI CON IL PRESENTE DEI VERBI, COME NELL'ESEMPIO.

A. (VOI - FARE) _____FATE_____ COLAZIONE TUTTE LE MATTINE.
B. NON (TU - LAVARE) _____ MAI I PIATTI!
C. CIAO MALIK, OGGI (PRANZARE) _____ CON NOI?
D. (IO - FARE) _____ LA SPESA AL SUPERMERCATO.
E. (NOI - INCONTRARE) _____ LE AMICHE AL BAR.
F. (VOI - CUCINARE) _____ TUTTE LE SERE?
G. PABLO (USCIRE) _____ O STA A CASA IL POMERIGGIO?
H. MARTINA E JOHN NON (CENARE) _____ MAI A CASA.
I. HAKIMA (STENDERE) _____ IL BUCATO.

ITALIANO di BASE
PAGINA 181

MODULO 8 ▸ LA MIA GIORNATA

LIVELLO preA1 / A1

20 GIOCA

A COPPIE: UNO STUDENTE LEGGE IL TESTO **A**, IL COMPAGNO LEGGE IL TESTO **B**.
POI CHIUDETE IL LIBRO E RIPETETE TUTTO QUELLO CHE RICORDATE.

> CIAO, MI CHIAMO ELISA E ABITO A LECCE. SONO BIDELLA. LA MATTINA LAVORO A SCUOLA. POI TORNO A CASA E PREPARO QUALCOSA DA MANGIARE. IL POMERIGGIO INCONTRO GLI AMICI: DI SOLITO BEVIAMO UN CAFFÈ IN UN BAR E FACCIAMO UNA PASSEGGIATA IN CENTRO. LA SERA CENO A CASA, LAVO I PIATTI E POI GUARDO LA TELEVISIONE CON MIO MARITO.

A.

> CIAO, SONO MARCO, ABITO A CAGLIARI. LAVORO IN UN ALBERGO VICINO AL MARE, SONO PORTIERE DI NOTTE. LA MATTINA DORMO, DI SOLITO IL POMERIGGIO GIOCO CON I MIEI FIGLI. MI PIACE CUCINARE E FARE FOTOGRAFIE. LA SERA CENO CON TUTTA LA FAMIGLIA, POI VADO AL LAVORO: LAVORO TUTTA LA NOTTE, È MOLTO FATICOSO.

B.

RILEGGETE IL TESTO **A** E IL TESTO **B** E TROVATE UN'ABITUDINE UGUALE DI ELISA E MARCO.

21 SCRIVI

COMPLETA IL TESTO CON IL PRESENTE DEI VERBI, COME NELL'ESEMPIO.

> CIAO, IO (ESSERE) ___SONO___ NADIR. (VIVERE) _____
> A BOLOGNA CON IL MIO AMICO ANDREA. LA MATTINA IO
> (FARE) _____ LE PULIZIE: (LAVARE) _____ I PIATTI,
> (STENDERE) _____ IL BUCATO, (STIRARE) _____,
> (FARE) _____ LA SPESA. A MEZZOGIORNO
> (PRANZARE) _____ SEMPRE A CASA. IL POMERIGGIO
> (LAVORARE) _____: (FARE) _____ L'INSEGNANTE DI ARABO.
> LA SERA (TORNARE) _____ A CASA, (CENARE) _____
> CON ANDREA E POI (NOI - USCIRE) _____ CON I NOSTRI AMICI.

22 PARLA

CHIEDI A UN COMPAGNO COSA FA DOMANI POMERIGGIO. POI RACCONTA ALLA CLASSE, COME NELL'ESEMPIO.

> DOMANI POMERIGGIO GIULIA ESCE. VA AL PARCO CON LE AMICHE. POI VA IN PALESTRA.

PAGINA 182 — ITALIANO di BASE

MODULO 8 ▸ LA MIA GIORNATA

LIVELLO preA1 / A1

AUTOVALUTAZIONE

COSA SO E COSA CONOSCO ADESSO?
SEGNO CON UNA ✗ LE COSE CHE:

| SO / CONOSCO BENE ☺ | SO / CONOSCO ABBASTANZA BENE 😐 | NON SO / NON CONOSCO ☹ |

CONOSCO

	☺	😐	☹
LE PAROLE DEL METEO	☺	😐	☹
LE STAGIONI	☺	😐	☹
I LAVORI DOMESTICI	☺	😐	☹
IL PRESENTE DEL VERBO **STARE**	☺	😐	☹
IL PRESENTE DEL VERBO **USCIRE**	☺	😐	☹

SO

	☺	😐	☹
DIRE CHE TEMPO FA	☺	😐	☹
DESCRIVERE LA MIA GIORNATA	☺	😐	☹

DOSSIER

COSA FAI DOMANI POMERIGGIO E DOMANI SERA? SCRIVI ALMENO 50 PAROLE.

ITALIANO di BASE

PAGINA 183

MODULO 8 ▶ FONETICA

LIVELLO preA1 / A1

RANA **LANA**

1 ASCOLTA

ASCOLTA E RIPETI.

| RANA | 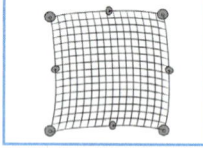 RETE |  RISO |  ROSA |  RUOTA |
|  LANA |  LENTE |  LIBRO | 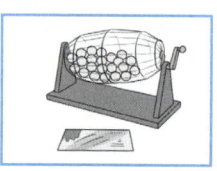 LOTTERIA |  LUNA |

2 SCRIVI

ASCOLTA E COMPLETA LE PAROLE CON **L** O **R**.

| A. CAP___A | C. SEG___RETERIA | E. DI___E | G. GI___O |
| B. T___ENTA | D. INFE___MIE___A | F. VE___O | H. ___UCE |

3 GIOCA

NELLO ZOO DI ROMA IL NOME DI TUTTI GLI ANIMALI INIZIA CON LA LETTERA **R**, NELLO ZOO DI LECCE IL NOME DI TUTTI GLI ANIMALI INIZIA CON LA LETTERA **L**. AGGIUNGI LA LETTERA **R** O LA LETTERA **L**, POI SCRIVI I NOMI DEGLI ANIMALI NELLO SPAZIO GIUSTO. PUOI CHIEDERE ALL'INSEGNANTE DI PRONUNCIARE IL NOME DI OGNI ANIMALE.

1. ___ANA
2. ___AMA 
3. ___AGNO 
4. ___EPRE
5. ___EONE
6. ___ENNA 
7. ___UMACA 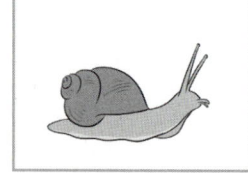
8. ___UPO 
9. ___ONDINE 

ZOO DI ROMA

ZOO DI LECCE

PAGINA 184

ITALIANO di BASE

MODULO 8 ▶ La mia giornata

LIVELLO A1 / A2

1 GIOCA

A squadre, scrivete queste attività del tempo libero sotto le fotografie, come nell'esempio.

✓ passeggiare nel parco │ leggere │ ascoltare la musica │ guardare la tv │ andare al centro commerciale │ correre │ andare al cinema │ giocare a calcio │ andare in bici │ navigare in Internet

a. passeggiare nel parco
b. _____
c. _____
d. _____
e. _____
f. _____
g. _____
h. _____
i. _____
l. _____

Provate a indovinare le tre attività preferite dell'insegnante.
Vince la squadra che indovina per prima.

2 PARLARE

E tu cosa fai nel tempo libero? Parla con un compagno.

3 ASCOLTA

Ascolta e segna con una ✗ chi di solito fa queste attività. Luis o Giulia?

a. Passeggia. ☐ Luis ☐ Giulia
b. Fa un giro in bici. ☐ Luis ☐ Giulia
c. Legge una rivista o un libro. ☐ Luis ☐ Giulia
d. Va ai concerti. ☐ Luis ☐ Giulia
e. Va al cinema. ☐ Luis ☐ Giulia
f. Va in palestra. ☐ Luis ☐ Giulia
g. Va a fare spese in un centro commerciale. ☐ Luis ☐ Giulia
h. Gioca a pallacanestro. ☐ Luis ☐ Giulia

Controlla con un compagno.

ITALIANO di BASE

MODULO 8 ▸ La mia giornata

4 LEGGERE
Ascolta ancora, leggi e controlla.

> ● No! Guarda le previsioni del tempo: questo fine settimana piove! Mi sento già triste.
> ■ Come al solito… quando lavoro c'è il sole, ma il sabato e la domenica è brutto.
> ● Io non so cosa fare quando piove! Non posso andare a passeggiare o a fare un giro in bicicletta.
> ■ E cosa fai allora?
> ● Leggo un libro o vado in un centro commerciale; qualche volta vado al cinema. Però sono tutti posti al chiuso, a me piace l'aria aperta. Tu cosa fai nel tempo libero?
> ■ Due sere alla settimana vado in palestra e il sabato gioco sempre a pallacanestro. Nel fine settimana vado spesso ai concerti. Mi piace la musica dal vivo.
> ● Anche a me! Stasera vado a un concerto di musica marocchina, vuoi venire?
> ■ Grazie, molto volentieri! A che ora inizia?
> ● Alle nove. Ti passo a prendere alle otto e mezza?
> ■ Perfetto, grazie. Ci vediamo stasera.

5 LAVORA
Dove passi il tempo libero? Collega le parole alle immagini dei luoghi di incontro, come nell'esempio.

1. 
2. 
3.

a. piscina b. palestra
c. biblioteca d. discoteca
e. sala per prove musicali
f. campo da calcio
g. parco h. cinema

4.
5.
6. 
7. 
8. 

Controlla con un compagno.

PAGINA 186 ITALIANO di BASE

MODULO 8 ▸ La mia giornata

LIVELLO A1 / A2

6 SCRIVI
Dove fai queste cose? Sottolinea il luogo giusto, come nell'esempio.

a. Per nuotare vado **in piscina/al parco/al bar**.
b. Per giocare a pallavolo vado **in discoteca/in palestra/al cinema**.
c. Per correre vado **al cinema/al parco/in piscina**.
d. Per leggere i giornali vado **in palestra/in biblioteca/al campo da calcio**.
e. Per suonare con il mio gruppo vado **alla sala prove/al bar/al campo da calcio**.

7 LAVORA
Scrivi queste parole sotto le immagini, come nell'esempio.

yoga / calcio / pallacanestro / corsa / nuoto / ✓ cricket / karate / danza / pattinaggio / rugby

a.  _____ b.  _____ c.  _____ d.  _____ e. _____

f.  _____ g.  _____ h. cricket  i.  _____ l. _____

8 PARLA
Parla con un compagno.

Fai sport? Quale?

Ti piace guardare lo sport in tv?

9 SCRIVI
Per fare sport dobbiamo chiedere al dottore un documento: si chiama certificato medico per l'attività sportiva non agonistica. Completa il certificato con i tuoi dati.

Cognome _____ Nome _____
nato/a a _____ il _____
residente a _____
via _____
Numero di tessera sanitaria _____

Sulla base della visita medica da me effettuata, risulta in stato di buona salute e può praticare attività sportiva non agonistica

Firma e timbro del Medico

Data _____

ITALIANO di BASE — PAGINA 187

MODULO 8 ▸ La mia giornata

LIVELLO A1 / A2

COME SI DICE?

Leggi queste frasi.

> Malik guarda sempre la tv.
> Va spesso in bicicletta.
> Qualche volta va al bar.

> Raramente mangia il gelato.
> Non va mai in discoteca.

Le parole sottolineate si chiamano **AVVERBI DI FREQUENZA**.
Servono per dire ogni quanto tempo fai qualcosa.

Attenzione! Quando usi **mai**, devi sempre mettere **non** davanti al verbo.

Guarda la tabella e completa con **sempre**, **spesso**, **qualche volta**, **raramente**, **mai**, come nell'esempio.

	lunedì	martedì	mercoledì	giovedì	venerdì	sabato	domenica
_____						🍦	
_____		☕		☕			
_____	📺	📺	📺	📺	📺	📺	📺
mai							
_____	🚲		🚲		🚲	🚲	

10 SCRIVI

Scrivi cosa fai nel tempo libero e con quale frequenza.

sempre	
spesso	
qualche volta	
raramente	
non... mai	

11 PARLA

Cosa puoi fare quando piove? Parla con un compagno.
Poi scrivete sul quaderno 5 cose che potete fare.

MODULO 8 ▸ La mia giornata

LIVELLO A1 / A2

12 LEGGI

Edafe fa il meccanico: questa è la sua giornata abituale. Leggi le frasi e scrivi le lettere sotto alle immagini, come nell'esempio.

1/ _a_    2/  ___   3/  ___   4/ ___

5/  ___   6/ ___

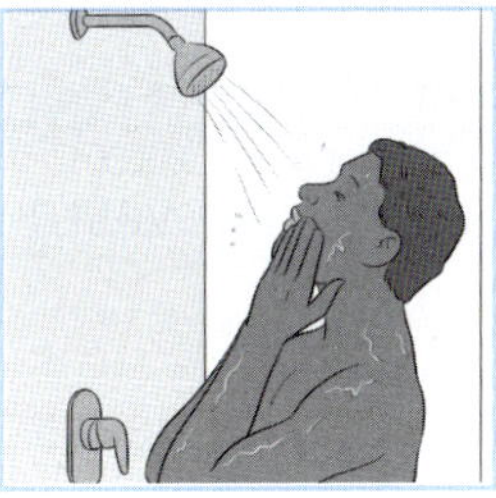

a. La mattina mi alzo sempre alle sei.
b. Vado in bagno e mi lavo.
c. Mi vesto.
d. Mia moglie si sveglia verso le sei e mezza.
e. Poco dopo si svegliano i nostri figli.
f. Facciamo colazione.
g. Verso le sette esco per andare a lavorare.
h. Arrivo alla fermata dell'autobus dopo 10 minuti.
i. Alle sette e un quarto prendo l'autobus.
l. Scendo dall'autobus dopo mezz'ora.
m. L'officina è a 5 minuti dalla fermata e di solito arrivo al lavoro prima delle otto.
n. Lavoro dalle otto alle sei e mezza e mangio con i colleghi verso mezzogiorno e mezza.
o. La sera finisco di lavorare verso le sette e mezza.
p. Poi ceno, guardo un po' la TV e verso le undici vado a letto.

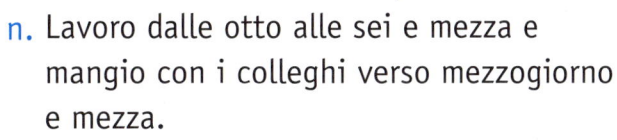

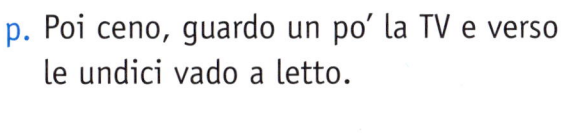

7/ ___   8/ ___

9/ ___   10/ ___

11/  ___   12/  ___   13/  ___   14/ ___

ITALIANO di BASE   PAGINA 189

MODULO 8 ▸ La mia giornata

LIVELLO A1 / A2

COME FUNZIONA?

Leggi le frasi.

LAVARE	METTERE	VESTIRE

A | Lavo i denti a mia figlia. | Mara mette le scarpe a sua figlia. | Tu vesti la bambina.

LAVARSI	METTERSI	VESTIRSI

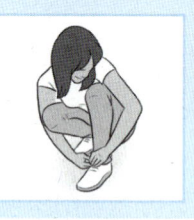

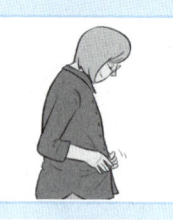

B | Mi lavo i denti. | Mara si mette le scarpe. | Tu ti vesti.

Qual è la differenza tra le frasi del gruppo **A** e le frasi del gruppo **B**?
Parla con i tuoi compagni.

I verbi come **LAVARSI**, **METTERSI**, **VESTIRSI** si chiamano VERBI RIFLESSIVI. Hanno le stesse forme dei verbi in -ARE, -ERE, -IRE.

Completa la tabella del presente dei verbi riflessivi.

Conosci altri verbi riflessivi? Parla con i compagni.

	LAVARSI	METTERSI	VESTIRSI
io		mi metto	mi vesto
tu	ti lavi		
lui/lei		si mette	si veste
noi	ci laviamo		
voi	vi lavate		
loro		si mettono	si vestono

ATTENZIONE!

Guarda la tabella: nei verbi riflessivi usiamo una parola prima del verbo. Questa parola si chiama **PRONOME RIFLESSIVO**: cambia per ogni persona.

Quali sono questi pronomi? Completa la tabella.

	PRONOME RIFLESSIVO
io	mi
tu	
lui/lei	
noi	
voi	
loro	si

ITALIANO di BASE

MODULO 8 ▸ La mia giornata

LIVELLO A1 / A2

13 LAVORA
Completa queste frasi con la forma corretta del verbo, come nell'esempio.

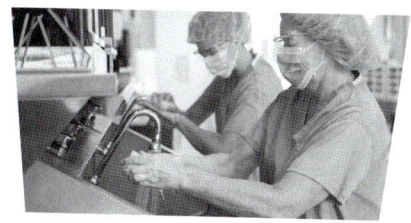

a. (Voi – lavarsi)
   Vi lavate
   le mani.

b. (Noi – pettinarsi)
   _____
   i capelli.

c. (Lei – mettersi)
   _____
   le scarpe.

d. (Io – svegliarsi)
   _____
   presto.

e. (Tu – addormentarsi)
   _____
   sul divano.

f. (Loro – vestirsi)
   _____.

14 GIOCA
A coppie, uno studente sceglie un'immagine e tira il dado. Il numero sul dado indica il soggetto. L'altro studente deve fare una frase, come nell'esempio.

1 = io   2 = tu   3 = lei/lui
4 = noi 5 = voi 6 = loro

> immagine c

> Giocano insieme e si divertono.

a. ARRABBIARSI
   e LITIGARE

b. MANGIARE TROPPO
   e SENTIRSI MALE

c. GIOCARE insieme
   e DIVERTIRSI

d. GUARDARE i film horror
   e SPAVENTARSI

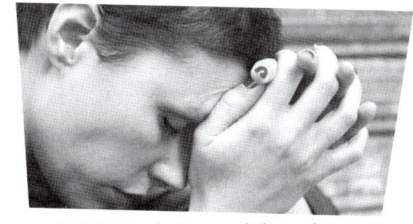

e. AVERE dei problemi
   e PREOCCUPARSI

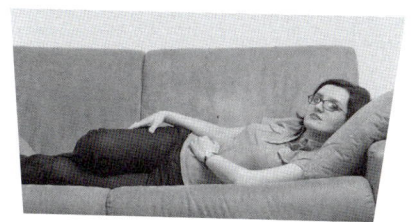

f. ESSERE stanchi
   e RIPOSARSI

ITALIANO di BASE — PAGINA 191

MODULO 8 ▸ La mia giornata

LIVELLO A1 / A2

15 SCRIVI
Guarda le immagini e scrivi la descrizione della giornata di Oliver, come nell'esempio.

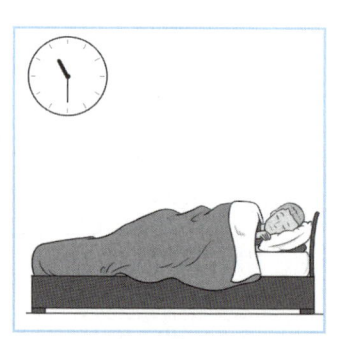

Oliver si veglia alle sette.
_____
_____
_____
_____
_____
_____
_____

'ALMA.tv
Guarda il Linguaquiz
Espressioni di tempo.

16 PARLA
A che ora ti svegli? Com'è organizzata la tua giornata? Parla con un compagno.

PAGINA 192   ITALIANO di BASE

MODULO 8 ▶ La mia giornata

LIVELLO A1 / A2

AUTOVALUTAZIONE

COSA SO E COSA CONOSCO ADESSO?
Segno con una ✗ le cose che:

SO / CONOSCO BENE	SO / CONOSCO ABBASTANZA BENE	NON SO / NON CONOSCO
☺	😐	☹

CONOSCO

	☺	😐	☹
le attività del tempo libero	☺	😐	☹
i luoghi di incontro	☺	😐	☹
gli sport	☺	😐	☹
gli avverbi di frequenza (**sempre**, **spesso**, ecc.)	☺	😐	☹
il presente dei verbi riflessivi	☺	😐	☹

SO

	☺	😐	☹
parlare delle azioni quotidiane	☺	😐	☹
parlare delle attività del tempo libero	☺	😐	☹
usare il presente dei verbi riflessivi	☺	😐	☹

DOSSIER

Scrivi cosa fai di solito durante la settimana.

ITALIANO di BASE

MODULO 8 ▶ Fonetica

LIVELLO A1 / A2

RANA LANA

1 GIOCA

A coppie, ascoltate e segnate con una ✗ la parola che sentite.
Vince la coppia che segna più parole giuste.

73 🔊

a. parco ☐   palco ☐   d. parla ☐   palla ☐
b. Sara ☐   sala ☐   e. corre ☐   colle ☐
c. mare ☐   male ☐   f. vero ☐   velo ☐

2 LAVORA

Ascolta e completa le parole con **R** o **L**.

74 🔊

a. bicic___etta

b. te___eviso___e

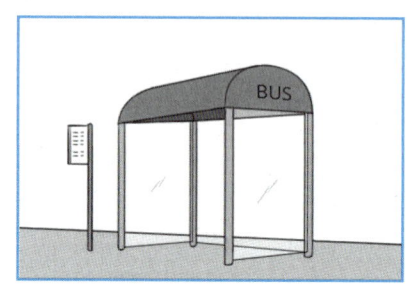

c. fe___mata

d. ___ib___o

e. omb___e_____o

f. o___o___ogio

Controlla con un compagno.

3 ASCOLTA

Ascolta e completa le parole con **R** o **L**.

75 🔊

a. tempo___a___e
b. cent___o comme___cia___e
c. pa___est___a
d. ci___co___o cu___tu___a___e
e. pa___o___a

f. o___a___io
g. bib___ioteca
h. ce___tificato
i. co___azione
l. st___ada

Controlla con un compagno.

PAGINA 194   ITALIANO di BASE

VIVERE IN ITALIA

UN PO' DI TEMPO LIBERO | Attività culturali e sportive

1. COSA FAI NEL TEMPO LIBERO?
GUARDA QUESTE IMMAGINI: COME PASSANO IL TEMPO LIBERO QUESTE PERSONE?
PARLA CON I COMPAGNI.

1.
2.
3.
4.
5.
6.
7.
8.
9.
10.

2. LE ATTIVITÀ CULTURALI E SPORTIVE
LEGGI E SCRIVI IL NUMERO DELLA FOTOGRAFIA (PUNTO **1**) SOTTO IL TESTO GIUSTO, COME NELL'ESEMPIO.

NELLA MIA CITTÀ CI SONO DUE CINEMA E UN TEATRO. IL COMUNE ORGANIZZA TANTE ATTIVITÀ CULTURALI; PER ESEMPIO, MOSTRE D'ARTE, CONCERTI, SPETTACOLI IN PIAZZA.
A. ☐

LA MIA ASSOCIAZIONE CULTURALE ORGANIZZA CORSI DI TUTTI I TIPI: FOTOGRAFIA, LINGUE, ARTE, COMPUTER…
B. 3

MOLTI ITALIANI SONO INTERESSATI ALLE CULTURE, ALLE CUCINE, ALLE LINGUE E ALLE RELIGIONI DI TUTTO IL MONDO. PER QUESTO LA NOSTRA ASSOCIAZIONE ORGANIZZA SPETTACOLI E INCONTRI SULLA MIGRAZIONE.
C. ☐

IO SONO MOLTO SPORTIVA: SEGUO CORSI DI PUGILATO, FACCIO GARE DI CORSA E PARTECIPO A TUTTE LE MANIFESTAZIONI SPORTIVE DELLA MIA CITTÀ… E CONOSCO SEMPRE NUOVI AMICI!
D. ☐

LA DOMENICA STUDIO CINESE. È UNA LINGUA DIFFICILE MA MI PIACE MOLTO!
E. ☐

ITALIANO di BASE

VIVERE IN ITALIA

UN PO' DI TEMPO LIBERO | La biblioteca

3. LA BIBLIOTECA
LEGGI E COMPLETA CON QUESTE PAROLE, COME NELL'ESEMPIO.

CORSO   **FARE**   **INTERNET**   **MUSICA**   ✓ **RIVISTE**   **RUMORE**   **USARE**

IN BIBLIOTECA CI SONO TANTI LIBRI E _____RIVISTE_____, IN ITALIANO E IN ALTRE LINGUE, CHE PUOI PRENDERE IN PRESTITO GRATUITAMENTE.
PUOI PRENDERE IN PRESTITO ANCHE CD DI _____ E FILM IN DVD.
CI SONO TANTE COSE INTERESSANTI ANCHE PER I BAMBINI.
PUOI ANCHE _____ UN COMPUTER E NAVIGARE SU _____ GRATUITAMENTE.
ALCUNI SERVIZI SONO A PAGAMENTO: PER ESEMPIO _____ LE FOTOCOPIE O SEGUIRE UN _____ DI LINGUA, DI FOTOGRAFIA, DI DISEGNO…
IN BIBLIOTECA È IMPORTANTE NON FARE _____.
FAI ATTENZIONE A RESTITUIRE LIBRI, CD E DVD IN TEMPO.

4. GLI ORARI DELLA BIBLIOTECA
GUARDA IL CARTELLO E SEGNA CON UNA ✗ QUANDO PUOI FARE QUESTE COSE.

A. STUDIARE
   ☐ MARTEDÌ MATTINA
   ☐ MARTEDÌ POMERIGGIO

B. PRENDERE IN PRESTITO UN LIBRO
   ☐ GIOVEDÌ POMERIGGIO
   ☐ VENERDÌ POMERIGGIO

C. USARE UN COMPUTER
   ☐ SABATO MATTINA
   ☐ SABATO POMERIGGIO

BIBLIOTECA D'INARZO

	AULA STUDIO	CONSULTAZIONE E PRESTITO	SPAZIO INTERNET
LUN	14-17	14-17	14-17
MAR	14-17	14-17	14-17
MER	14-18	------	14-18
GIO	14-17	14-17	14-17
VEN	14-18	------	14-18
SAB	10-12	10-12	10-12

COMUNE D'INARZO   VIA DEI PATRIOTI, 29

MODULO 9 ▸ COME STAI?

LIVELLO preA1 / A1

1 PARLA

GUARDA L'IMMAGINE: COME STA PEDRO? QUALE DISTURBO HA? PARLA CON UN COMPAGNO: COLLEGATE LE IMMAGINI A QUESTI DISTURBI, COME NELL'ESEMPIO.

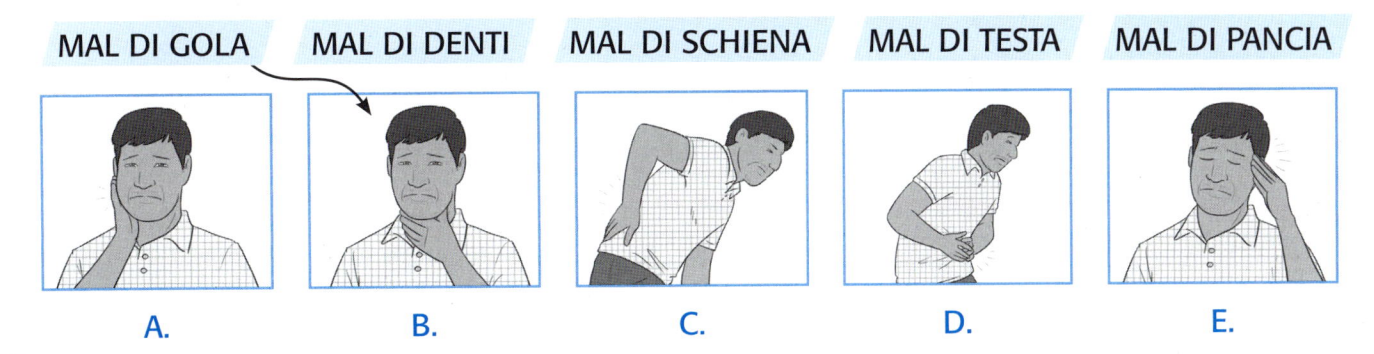

MAL DI GOLA	MAL DI DENTI	MAL DI SCHIENA	MAL DI TESTA	MAL DI PANCIA
A.	B.	C.	D.	E.

2 GIOCA

L'INSEGNANTE RIPETE, VELOCEMENTE E SENZA ORDINE, I NOMI DEI DISTURBI DEL PUNTO **1**. PER OGNI DISTURBO DEVI TOCCARE LA PARTE DEL CORPO GIUSTA. LO STUDENTE CHE SBAGLIA VIENE ELIMINATO. IL GIOCO FINISCE QUANDO RESTANO SOLO TRE GIOCATORI.

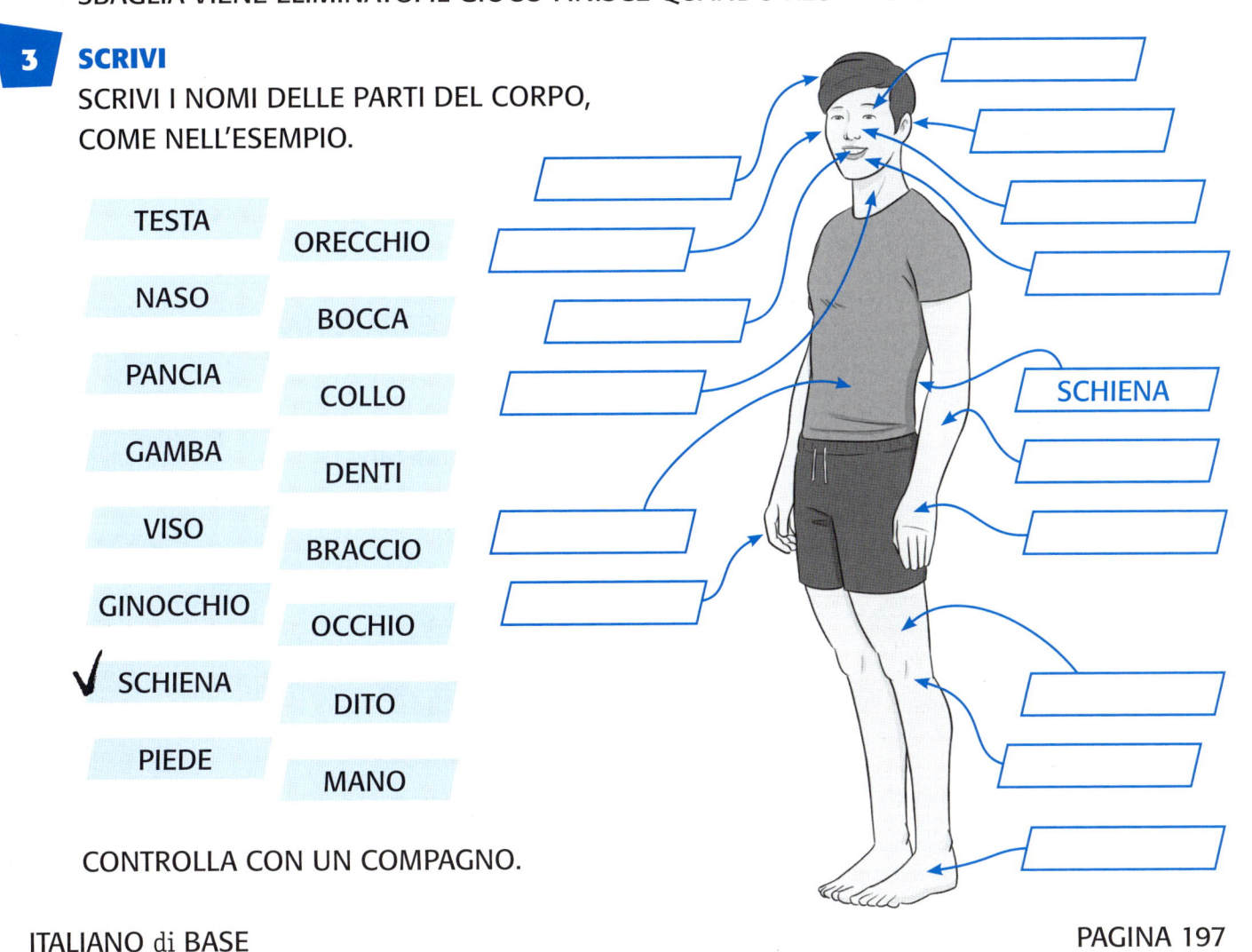

3 SCRIVI

SCRIVI I NOMI DELLE PARTI DEL CORPO, COME NELL'ESEMPIO.

- TESTA
- NASO
- PANCIA
- GAMBA
- VISO
- GINOCCHIO
- ✓ SCHIENA
- PIEDE
- ORECCHIO
- BOCCA
- COLLO
- DENTI
- BRACCIO
- OCCHIO
- DITO
- MANO

SCHIENA

CONTROLLA CON UN COMPAGNO.

ITALIANO di BASE
PAGINA 197

MODULO 9 ▸ COME STAI?

LIVELLO preA1 / A1

4 GIOCA

UN PO' DI GINNASTICA! ASCOLTA E SEGUI LE INDICAZIONI, COME NELL'ESEMPIO.

TOCCA IL NASO CON LA MANO SINISTRA.

76 🔊

5 LAVORA

77 🔊

ASCOLTA: COMPLETA IL NOME DELLA PARTE DEL CORPO E FAI IL DISEGNO.

A. OC __ __ IO

B. B __ C __ A

C. __ AS __

D. G __ M __ A

E. __ AN __

F. B __ AC __ IO

G. __ I __ D __

H. C __ L __ O

CONTROLLA CON UN COMPAGNO.

6 SCRIVI

GUARDA LE IMMAGINI E COMPLETA LE FRASI.

A. ZHOU HA MAL DI _____.

B. NINA HA MAL DI _____.

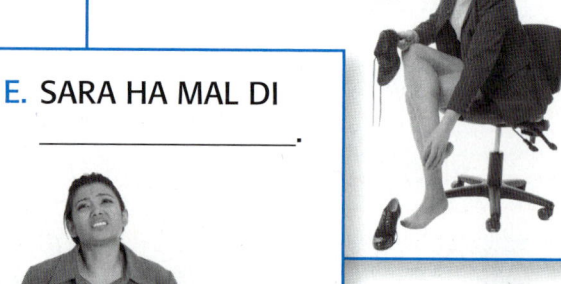

C. JULIO HA MAL DI _____.

D. SABA HA MAL DI _____.

E. SARA HA MAL DI _____.

F. MILO HA MAL DI _____.

PAGINA 198

ITALIANO di BASE

MODULO 9 ▸ COME STAI?

LIVELLO preA1 / A1

ATTENZIONE!

HO IL RAFFREDDORE.

HO LA FEBBRE.

SE HO IL RAFFREDDORE, LA FEBBRE E I DOLORI ALLE OSSA **HO L'INFLUENZA**.

7 LAVORA

COMPLETA CON QUESTE PAROLE, COME NELL'ESEMPIO.

BENDA | CEROTTI | ✓ COLLIRIO | COMPRESSE | DISINFETTANTE
POMATA | SCIROPPO | SIRINGA | TERMOMETRO

A. COLLIRIO
B. _____ 
C. _____ 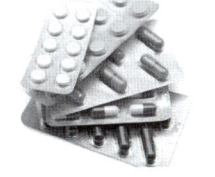
D. _____ 
E. _____ 
F. _____ 
G. _____ 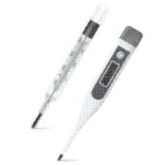
H. _____
I. _____ 

8 ASCOLTA

ASCOLTA E COLLEGA IL DISTURBO CON LA SUA CURA, COME NELL'ESEMPIO.

1. PER IL MAL DI TESTA
2. PER L'INFLUENZA
3. PER IL BRUCIORE AGLI OCCHI
4. PER IL MAL DI SCHIENA
5. PER I TAGLI

A. PRENDERE DELLE COMPRESSE PER LA FEBBRE E UN CUCCHIAIO DI SCIROPPO PRIMA DI ANDARE A DORMIRE.
B. METTERE TRE GOCCE DI COLLIRIO DUE VOLTE AL GIORNO.
C. DISINFETTARE E METTERE UN CEROTTO.
D. PRENDERE DUE COMPRESSE DOPO I PASTI.
E. METTERE UNA POMATA.

ITALIANO di BASE

MODULO 9 ▸ COME STAI?

LIVELLO preA1 / A1

9 LEGGI
ASCOLTA ANCORA, LEGGI E CONTROLLA.

78 🔊

1.
- BUONGIORNO DOTTORE. IN QUESTI GIORNI DORMO POCO E HO SEMPRE MOLTO MAL DI TESTA.
- PRENDA DUE COMPRESSE AL GIORNO: UNA DOPO PRANZO E UNA DOPO CENA.

2.
- DOTTORE, LAVORO MOLTO AL COMPUTER E MI BRUCIANO GLI OCCHI.
- METTA TRE GOCCE DI COLLIRIO LA MATTINA E LA SERA.

3.
- SONO UN MURATORE. ALLA FINE DELLA GIORNATA HO MAL DI SCHIENA. COSA POSSO PRENDERE, DOTTORE?
- METTA UNA POMATA SULLA SCHIENA TUTTE LE SERE.

4.
- MI SONO TAGLIATO IN CUCINA: COSA FACCIO?
- NON SI PREOCCUPI: LA FERITA È POCO PROFONDA. METTA DEL DISINFETTANTE E UN CEROTTO.

5.
- MI FA MALE LA GOLA, HO IL RAFFREDDORE E LA FEBBRE. DOTTORE, COSA PRENDO?
- LEI HA L'INFLUENZA. PRENDA UNA COMPRESSA ALLA MATTINA E UNA ALLA SERA PER LA FEBBRE E UN CUCCHIAIO DI SCIROPPO CONTRO IL MAL DI GOLA PRIMA DI ANDARE A DORMIRE.

ATTENZIONE!
IN ITALIANO POSSIAMO DESCRIVERE I DISTURBI DI SALUTE IN VARI MODI.

HO MAL DI SCHIENA = MI FA MALE LA SCHIENA

MI FA MALE LA GOLA = HO MAL DI GOLA

10 SCRIVI
GUARDA IL PUNTO 9 E SCRIVI SOTTO AI VERBI LE PAROLE GIUSTE, COME NELL'ESEMPIO.

PRENDERE	METTERE
COMPRESSE	

11 SCRIVI
COMPLETA LE FRASI COME NELL'ESEMPIO.

A. QUANDO HO MAL DI GOLA, <u>PRENDO LO SCIROPPO</u>.

B. QUANDO HO MAL DI SCHIENA, _____.

C. QUANDO MI FA MALE LA TESTA, _____.

D. QUANDO MI TAGLIO, _____.

E. QUANDO HO LA FEBBRE, _____.

CONFRONTA CON UN COMPAGNO.

PAGINA 200 — ITALIANO di BASE

MODULO 9 ▶ COME STAI?

LIVELLO preA1 / A1

12 LAVORA

MEDICINE O PATATE? PUOI CURARE IL MAL DI TESTA SENZA MEDICINE E CON LE PATATE! COME? PER SCOPRIRLO METTI IN ORDINE LE FRASI, COME NELL'ESEMPIO.

A. DOPO MEZZ'ORA TOGLIETE LE FETTE DI PATATE E… NIENTE PIÙ DOLORE!

B. LEGATE UN FOULARD INTORNO ALLA TESTA PER TENERE FERME LE FETTE.

✓ C. TAGLIATE LE PATATE A FETTE SOTTILI.

D. METTETE LE FETTE SULLE TEMPIE, SULLA FRONTE E SUGLI OCCHI.

E. STATE SDRAIATI SUL LETTO O SEDUTI SU UNA SEDIA PER MEZZ'ORA CON LE FETTE DI PATATE SUL VISO.

1. _C_ 2. ____ 3. ____
4. ____ 5. ____

13 GIOCA

A SQUADRE. LEGGETE QUESTE CURE NATURALI: SONO UTILI PER ALCUNI DISTURBI. QUALI? VINCE LA SQUADRA CHE INDOVINA PIÙ DISTURBI*.

A. FATE BOLLIRE MEZZA CIPOLLA IN UN PO' D'ACQUA. FILTRATE L'ACQUA, METTETE LO ZUCCHERO E BEVETE.
DISTURBO: _____

B. FATE BOLLIRE UN LITRO DI ACQUA IN UNA PENTOLA. METTETE DEL SALE GROSSO E VERSATE L'ACQUA IN UNA BACINELLA. METTETEVI CON LA TESTA SOPRA LA BACINELLA E COPRITEVI CON UN ASCIUGAMANO. RESPIRATE IL VAPORE PER 10 MINUTI.
DISTURBO: _____

C. TRITATE UNO SPICCHIO D'AGLIO E METTETELO SULLA PARTE CHE FA MALE.
DISTURBO: _____

D. FATE BOLLIRE ALCUNE FOGLIE DI ALLORO CON LA BUCCIA DI MEZZO LIMONE. FILTRATE, AGGIUNGETE LO ZUCCHERO E BEVETE.
DISTURBO: _____

* A. MAL DI GOLA; B. RAFFREDDORE; C. MAL DI DENTI; D. MAL DI STOMACO PER NON AVERE DIGERITO

ITALIANO di BASE

PAGINA 201

MODULO 9 ▸ COME STAI?

LIVELLO preA1 / A1

COME SI DICE?

PER INDICARE LA QUANTITÀ IN ITALIANO DICI:

PER NIENTE   POCO   ABBASTANZA   MOLTO

QUESTE PAROLE SI CHIAMANO **AVVERBI DI QUANTITÀ**.

14 LAVORA

PENSA ALLE TUE ABITUDINI E SEGNA CON UNA ✗ QUELLO CHE FAI.

	PER NIENTE	POCO	ABBASTANZA	MOLTO
A. MANGIO CIBI GRASSI.	☐	☐	☐	☐
B. FACCIO ESERCIZIO FISICO.	☐	☐	☐	☐
C. FUMO.	☐	☐	☐	☐
D. MANGIO FRUTTA E VERDURA.	☐	☐	☐	☐
E. BEVO VINO, BIRRA.	☐	☐	☐	☐
F. BEVO BEVANDE DOLCI/GASSATE.	☐	☐	☐	☐
G. FACCIO ESAMI DI CONTROLLO.	☐	☐	☐	☐
H. HO DEL TEMPO LIBERO PER ME.	☐	☐	☐	☐

15 PARLA

INTERVISTA UN COMPAGNO: GUARDA LA TABELLA DEL PUNTO **14** E FAI DOMANDE, COME NELL'ESEMPIO. POI IL COMPAGNO FA LE DOMANDE E TU RISPONDI.

> MANGI CIBI GRASSI?

16 LAVORA

COLLEGA LE IMMAGINI ALLE FRASI, COME NELL'ESEMPIO.

A.   B.   C.   D.   E.

1. HA SETE.   2. HA FAME.   3. HA CALDO.   4. HA SONNO.   5. HA FREDDO.

CONTROLLA CON UN COMPAGNO.

PAGINA 202   ITALIANO di BASE

MODULO 9 ▸ COME STAI?

LIVELLO preA1 / A1

17 LAVORA
COLLEGA LE PARTI DEL CORPO AL MEDICO SPECIALISTA, COME NELL'ESEMPIO.

1. DERMATOLOGO   2. OCULISTA   3. DENTISTA

A. DENTI   B. NASO, BOCCA E ORECCHIE   C. CUORE   D. OSSA   E. OCCHI   F. PELLE

4. ORTOPEDICO   5. OTORINO   6. CARDIOLOGO

CONTROLLA CON UN COMPAGNO.

18 SCRIVI
COMPLETA LE FRASI CON I NOMI DEI MEDICI SPECIALISTI, COME NELL'ESEMPIO.

✓ GINECOLOGO   OCULISTA   DENTISTA   ORTOPEDICO   PEDIATRA   OTORINO   CARDIOLOGO

A. AMINA È INCINTA. OGGI HA UN APPUNTAMENTO DAL __GINECOLOGO__.
B. IL BAMBINO DI PEDRO HA MAL DI DENTI: HA BISOGNO DI UN _____.
C. SARA NON VEDE TANTO BENE: OGGI HA UNA VISITA DALL'_____.
D. PEDRO HA SEMPRE MAL DI GOLA E IL RAFFREDDORE. HA DECISO DI ANDARE DALL'_____.
E. CARLO OGGI PORTA SUO FIGLIO A FARE UNA VISITA DAL _____.
F. IL MARITO DI AMINA HA UN BRACCIO ROTTO: DEVE ANDARE DALL'_____.
G. IL PADRE DI PEDRO È ANZIANO E HA PROBLEMI DI CUORE. DUE VOLTE ALL'ANNO FA UNA VISITA DAL _____.

CONTROLLA CON UN COMPAGNO.

GUARDA IL VIDEO *SIAMO TUTTI DOTTORI* NELLA RUBRICA **VAI A QUEL PAESE**.

19 ASCOLTA
AMINA DEVE PRENOTARE UNA VISITA SPECIALISTICA. ASCOLTA E RISPONDI: SÌ O NO?

A.	AMINA DEVE PRENOTARE UNA VISITA DAL DENTISTA?	SÌ	NO
B.	AMINA HA L'IMPEGNATIVA?	SÌ	NO
C.	L'IMPIEGATA PRENOTA LA VISITA PER IL 17 APRILE?	SÌ	NO
D.	LA VISITA È DI POMERIGGIO?	SÌ	NO
E.	AMINA PAGA 7,50 € PER IL TICKET?	SÌ	NO

CONTROLLA CON UN COMPAGNO.

ITALIANO di BASE

MODULO 9 ▸ COME STAI?

LIVELLO preA1 / A1

20 LEGGI
ASCOLTA ANCORA, LEGGI E CONTROLLA.

- BUONGIORNO. VORREI PRENOTARE UNA VISITA DALL'OCULISTA.
- PUÒ DARMI L'IMPEGNATIVA?
- SÌ, CERTO.
- PER LE VISITE DALL'OCULISTA C'È UNA LISTA D'ATTESA MOLTO LUNGA. LEI HA URGENZA?
- ABBASTANZA: NON VEDO TANTO BENE. FORSE DEVO METTERE GLI OCCHIALI.
- VEDIAMO… C'È UN POSTO LIBERO PER GIOVEDÌ 27 APRILE.
- MA OGGI È IL 7 SETTEMBRE!
- MI DISPIACE, MA PRIMA NON C'È POSTO. PRENOTO LA VISITA?
- A CHE ORA È LA VISITA?
- ALLE 15:30.
- VA BENE.
- SONO 17 EURO E CINQUANTA PER IL TICKET.
- ECCO I SOLDI.
- GRAZIE. ARRIVEDERCI.
- GRAZIE A LEI. ARRIVEDERCI.

21 LAVORA
LEGGI IL CARTELLO E RISPONDI: SÌ O NO?

VISITE SPECIALISTICHE

LUNEDÌ GINECOLOGIA, OCULISTICA
MARTEDÌ GINECOLOGIA, UROLOGIA
MERCOLEDÌ DERMATOLOGIA, ORTOPEDIA
GIOVEDÌ GINECOLOGIA, OTORINOLARINGOIATRIA

LE PRENOTAZIONI DELLE VISITE SPECIALISTICHE SI POSSONO EFFETTUARE:
DAL **LUNEDÌ** AL **VENERDÌ**
DALLE ORE 8:00 ALLE ORE 12:30 E DALLE ORE 13:30 ALLE ORE 16:00

PER ESAMI DEL SANGUE, CONSEGNA TAMPONI, URINE E FECI:
DAL **LUNEDÌ** AL **GIOVEDÌ**
DALLE ORE 7:45 ALLE ORE 9:45

A. IL GINECOLOGO RICEVE SOLO IL LUNEDÌ? SÌ NO
B. L'ORTOPEDICO RICEVE IL GIOVEDÌ? SÌ NO
C. CI SONO VISITE SPECIALISTICHE IL VENERDÌ? SÌ NO
D. POSSO ANDARE A PRENOTARE UNA VISITA ALLE 15:30? SÌ NO
E. POSSO FARE GLI ESAMI DEL SANGUE IL MERCOLEDÌ ALLE 9:00? SÌ NO

MODULO 9 ▸ COME STAI?

LIVELLO preA1 / A1

22 PARLA

LAVORA CON UN COMPAGNO: TU DEVI PRENOTARE UNA VISITA SPECIALISTICA E IL TUO COMPAGNO È L'IMPIEGATO DI UNO STUDIO MEDICO. COSA DITE? GUARDATE IL PUNTO **20** E IL CARTELLO DEL PUNTO **21**.

> BUONGIORNO, VORREI PRENOTARE UNA VISITA DALL'OCULISTA.

> BUONGIORNO, L'OCULISTA RICEVE IL LUNEDÌ MATTINA.

AUTOVALUTAZIONE

COSA SO E COSA CONOSCO ADESSO?
SEGNO CON UNA ✗ LE COSE CHE:

SO / CONOSCO BENE ☺	SO / CONOSCO ABBASTANZA BENE 😐	NON SO / NON CONOSCO ☹

CONOSCO

	☺	😐	☹
I NOMI DELLE PARTI DEL CORPO	☺	😐	☹
I NOMI DEI DISTURBI PIÙ COMUNI	☺	😐	☹
I NOMI DEI MEDICI SPECIALISTICI	☺	😐	☹
I NOMI DELLE MEDICINE E DELLE CURE	☺	😐	☹
GLI AVVERBI DI QUANTITÀ (**PER NIENTE**, **POCO**, ECC.)	☺	😐	☹

SO

	☺	😐	☹
DIRE COME STO	☺	😐	☹
CHIEDERE AGLI ALTRI COME STANNO	☺	😐	☹
PRENOTARE UNA VISITA MEDICA	☺	😐	☹

DOSSIER

NON TI SENTI BENE. SCRIVI IL DIALOGO CON IL DOTTORE.

ITALIANO di BASE

MODULO 9 ▸ FONETICA

LIVELLO preA1 / A1

NOTE NOTTE

1 ASCOLTA

ASCOLTA E RIPETI.

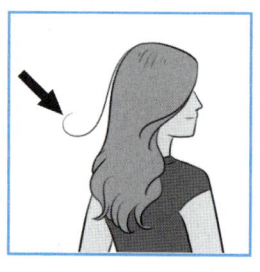

| NOTE | NOTTE | CAPELLO | CAPPELLO |

LE PAROLE QUI SOPRA SONO QUASI UGUALI.
HAI CAPITO LA DIFFERENZA DI PRONUNCIA?

CON QUESTE CONSONANTI: **FF**, **LL**, **MM**, **NN**, **RR**, **SS**, **VV** DEVI ALLUNGARE IL SUONO.

CON LE ALTRE CONSONANTI DOPPIE DEVI FARE UNA BREVE PAUSA DOPO LA VOCALE.

AD ESEMPIO, **GATTO** SI PRONUNCIA: GAT (BREVE PAUSA) TO

SENZA LA BREVE PAUSA, IL SUONO DIVENTA: GATO

2 ASCOLTA

ASCOLTA E SOTTOLINEA LA PAROLA CHE SENTI.

A. NOTE / NOTTE   D. PALA / PALLA   G. CAPELLI / CAPPELLI
B. ROSA / ROSSA   E. CASA / CASSA   H. CANE / CANNE
C. TORI / TORRI   F. POLO / POLLO   I. PENA / PENNA

3 SCRIVI

ASCOLTA E SCRIVI LE PAROLE.

A. _____   D. _____   G. _____
B. _____   E. _____   H. _____
C. _____   F. _____   I. _____

LEGGI LE PAROLE A FONDO PAGINA E CONTROLLA.

A. AVVISO, B. VILLAGGIO, C. CAFFÈ, D. COLLA, E. FABBRICA, F. PALAZZO, G. PREZZO, H. RISOTTO, I. CAPPOTTO

PAGINA 206 ITALIANO di BASE

MODULO 9 ▶ Come stai?

LIVELLO A1 / A2

1 GIOCA

A squadre collegate i nomi alle parti del corpo giuste, come nell'esempio.
Vince la squadra che finisce per prima.

- gola
- denti
- occhio
- schiena
- caviglia
- petto
- collo
- gamba

- fronte
- naso
- testa
- orecchio
- seno
- spalla
- pancia
- piede

2 ASCOLTA

Ascolta il dialogo e segna con una ✗ le parole che senti.

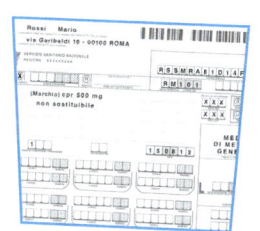

83 🔊

1. prescrizione ☐
2. iniezione ☐ 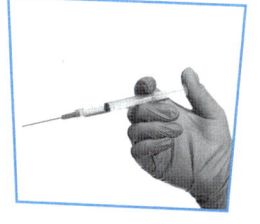
3. ambulatorio ☐ 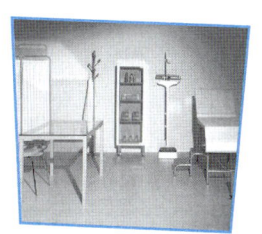
4. goccia ☐ 
5. compressa ☐ 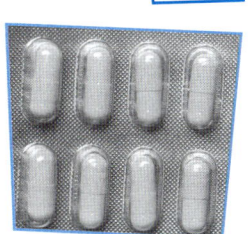

6. dottore ☐
7. infermiera ☐ 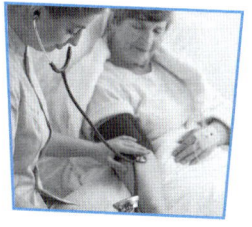
8. paziente ☐ 
9. ospedale ☐ 
10. supposta ☐ 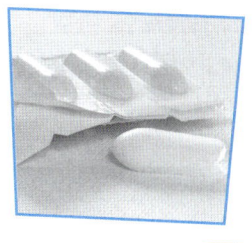

Confronta con un compagno.

ITALIANO di BASE — PAGINA 207

MODULO 9 ▸ Come stai?

LIVELLO A1 / A2

3 LEGGI
Ascolta ancora, leggi e controlla.

- ■ Buonasera, dottore. Mio figlio non sta bene.
- ● Cosa si sente?
- ■ Dorme poco perché di notte ha mal di pancia.
- ● Ha la febbre?
- ■ No, ma si sveglia tutto sudato.
- ● Ha l'influenza, come tanti bambini.
- ■ Cosa deve prendere? Deve fare delle punture?
- ● Niente iniezioni, ma deve assumere queste compresse, una alla sera e una alla mattina.
- ■ Ho capito. E può andare a scuola?
- ● No, per tre giorni deve stare a casa. Se poi sta bene, può tornare a scuola.
- ■ Va bene. Allora... due pastiglie al giorno...
- ● Non si preoccupi, scrivo tutto nella prescrizione per la farmacia.

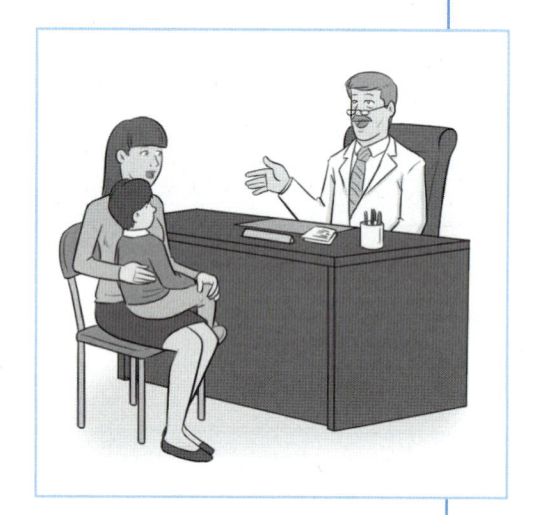

4 LAVORA
Collega le parole che hanno lo stesso significato, come nell'esempio.

1. malato	a. prescrizione
2. dottore	b. iniezione
3. ricetta	c. medico
4. cura	d. paziente
5. guarire	e. terapia
6. medicina	f. assumere
7. quantità	g. tornare a stare bene
8. prendere	h. dose
9. medico specializzato	i. medicinale
10. puntura	l. specialista

Controlla con un compagno.

PAGINA 208 ITALIANO di BASE

MODULO 9 ▶ Come stai?

LIVELLO A1 / A2

5 **PARLA**
A coppie, siete in un ambulatorio medico. Costruite un dialogo: uno studente è il medico e il compagno è il paziente.

COME FUNZIONA?

Leggi queste frasi.

Mi fa male la testa.
Mi fa male la schiena.

Mi fanno male i denti.
Mi fanno male i piedi.

Segna con una ✗ la parola giusta.
Uso **mi fa male** con le parole singolari ☐ plurali ☐.
Uso **mi fanno male** con le parole singolari ☐ plurali ☐.

Oppure posso dire:

Ho mal di testa.   Ho mal di schiena.   Ho mal di denti.   Ho mal di piedi.

6 **LEGGI**
Questi sono consigli per stare bene. Collega le due colonne, come nell'esempio.

8 REGOLE PER UNA VITA SANA

1. Non	a. ma non più di uno.
2. Seguire una dieta	b. come il burro e i fritti.
3. Poco sale e tante vitamine: circa 5 porzioni al giorno di	c. fumare.
4. Mangiare poca carne rossa e formaggi, e pochi cibi grassi,	d. equilibrata.
5. Mangiare e bere il meno possibile cibi e bibite con molto zucchero,	e. perché aiuta la digestione.
6. Un bicchiere di vino al giorno va bene,	f. frutta e verdura.
7. Bere almeno un litro e mezzo di acqua al giorno,	g. come la coca cola, gli snack e le merendine.
8. È molto importante fare un'attività fisica regolare (almeno 3/5 volte alla settimana):	h. ad esempio fare una camminata veloce, andare in bicicletta, nuotare, per almeno 30-60 minuti per volta.

Controlla con un compagno.

7 **PARLA**
Intervista il tuo compagno: guarda le frasi del punto **6**.

> Fumi? Quante sigarette fumi al giorno?

> Mangi frutta e verdura?

> Quanta acqua bevi al giorno?

ITALIANO di BASE   PAGINA 209

MODULO 9 ▶ Come stai?

LIVELLO A1 / A2

8 LAVORA

Quale specialista? Scrivi la lettera della fotografia accanto al nome del medico giusto, come nell'esempio.

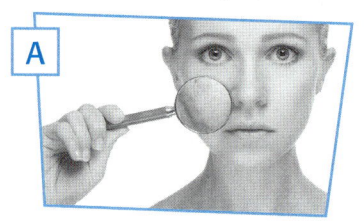

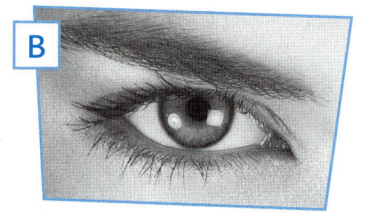

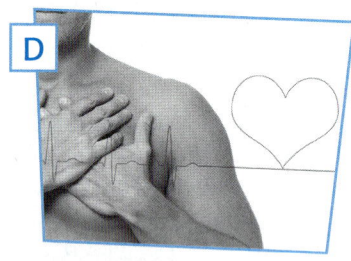

A	B
C	D
E	F	G

1. ginecologo ☐
2. dentista ☐
3. dermatologo ☐
4. oculista ☐
5. pediatra ☐
6. cardiologo ☐
7. gastroenterologo F

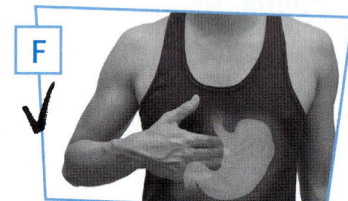

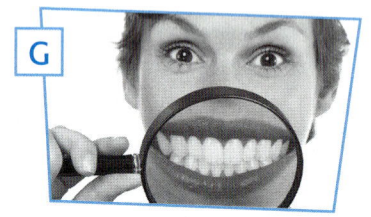

Controlla con un compagno.

9 PARLA

Lavora con un compagno. Lui è il paziente, tu sei il medico.
Lui guarda la lista dei disturbi e dice che problema ha, tu guardi la lista dei consigli e dici cosa deve fare e cosa non deve fare, come nell'esempio. Poi fate il contrario: lui è il paziente e tu il medico.

> Ho la tosse.

> Non puoi fumare. Devi bere succo di limone, tè con miele e molta acqua.

DISTURBI		CONSIGLI	
il mal di pancia	la nausea	fumare	succo di limone
il mal di schiena	la tosse	alcolici	tè
il mal di testa	il raffreddore	frutta	verdure
il mal di gola	la diarrea	latte	zucchero
il mal di denti	la febbre	miele	mangiare in bianco
il vomito	altro: _____	sport	altro: _____

PAGINA 210 ITALIANO di BASE

MODULO 9 ▶ Come stai?

LIVELLO A1 / A2

COME SI DICE?

Guarda il Linguaquiz *Singolari e plurali*.

Alcuni nomi di parti del corpo hanno il plurale irregolare.

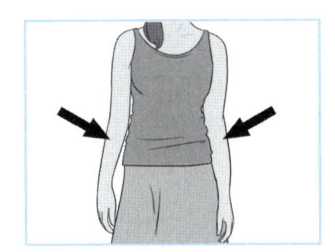

il braccio > **le braccia**

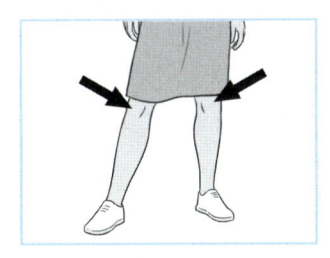

il ginocchio > **le ginocchia**

il labbro > **le labbra**

l'orecchio > **le orecchie**

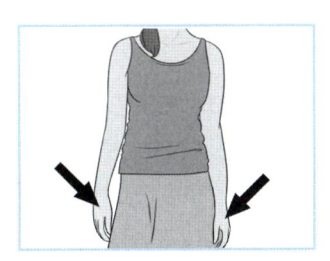

la mano > **le mani**

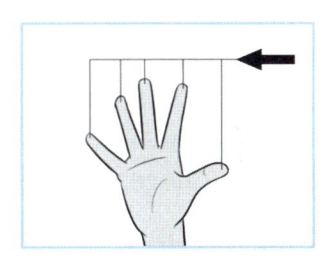

il dito > **le dita**

10 SCRIVI

Scrivi questi nomi al posto giusto, come nell'esempio.

| compresse | compressa effervescente | scatola | foglietto illustrativo |
| sciroppo | ✓ granulato | supposta | pomata | liquido per iniezioni |

a.  _____   b.  _____   c. 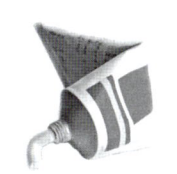 _____   d.  _____   e. _granulato_

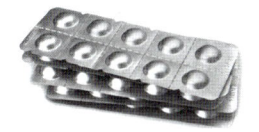

f.  _____   g.  _____   h.  _____   i. _____

Controlla con un compagno.

ITALIANO di BASE   PAGINA 211

MODULO 9 ▸ Come stai?

LIVELLO A1 / A2

11 LEGGI

Ogni medicina ha un foglietto illustrativo, cioè una spiegazione per l'uso con le informazioni importanti della medicina. Ogni paragrafo spiega una cosa diversa. Leggi e poi collega i titoli dei paragrafi con il significato, nella tabella sotto, come nell'esempio.

INDICAZIONI TERAPEUTICHE
Trattamento sintomatico delle affezioni dolorose di ogni genere (ad esempio, mal di testa, mal di denti, torcicollo, dolori articolari, dolori mestruali, piccoli interventi chirurgici).

CONTROINDICAZIONI
Ipersensibilità al paracetamolo o ad uno qualsiasi degli eccipienti. Soggetti di età inferiore ai 15 anni.

AVVERTENZE SPECIALI
Non somministrare per più di 3 giorni consecutivi senza consultare il medico. Durante la gravidanza e l'allattamento si consiglia di somministrare il prodotto solo in casi di effettiva necessità e sotto il diretto controllo del medico.

DOSE, MODO E TEMPO DI SOMMINISTRAZIONE
L'uso di Tachipirina 1000 mg è riservato agli adulti e ai ragazzi oltre i 15 anni di età. Una compressa effervescente per soluzione orale, fino a 3 volte al giorno con un intervallo tra le diverse somministrazioni non inferiore alle 4 ore, per un dosaggio massimo di 3 compresse o 3 bustine al giorno. Sciogliere la compressa effervescente in un bicchiere d'acqua.

SOVRADOSAGGIO
In caso di assunzione accidentale di dosi elevate di paracetamolo, l'intossicazione acuta si manifesta con anoressia, nausea e vomito; tali sintomi compaiono in genere entro 24 ore.

---

1. AVVERTENZE SPECIALI	a. spiega quando non devi prendere la medicina (per esempio se hai meno di 15 anni)
2. DOSE, MODO E TEMPO DI SOMMINISTRAZIONE	b. descrive possibili disturbi provocati da una dose eccessiva della medicina
3. CONTROINDICAZIONI	c. spiega cosa fare in situazioni particolari (per esempio durante la gravidanza)
4. SOVRADOSAGGIO	d. spiega come e quando prendere la medicina
5. INDICAZIONI TERAPEUTICHE	e. descrive i disturbi che la medicina può curare

(1 → c)

ITALIANO di BASE

MODULO 9 ▸ Come stai?

LIVELLO A1 / A2

12 LEGGI
Per capire come usare questa medicina collega domande e informazioni, come nell'esempio.

DOMANDE	INFORMAZIONI SULLA MEDICINA
a. Come posso prendere queste compresse effervescenti?	1. È possibile prendere da una a tre compresse al giorno.
b. Una donna incinta può prendere questa medicina?	2. Devi mettere le compresse in un bicchiere di acqua.
c. Quando posso prendere la seconda compressa?	3. No, l'uso della medicina è riservato agli adulti e ai ragazzi oltre i 15 anni.
d. Quante compresse posso prendere?	4. Solo dopo 4 ore dalla prima.
e. Un bambino può prendere queste compresse?	5. Le donne in gravidanza possono prendere la medicina solo sotto il controllo del medico.

13 PARLA
Quando non stai bene usi le medicine o preferisci rimedi naturali?
Parla con un compagno.

14 LAVORA
Leggi il dialogo e scrivi nella casella la lettera giusta, come nell'esempio.

Farmacista: [g]
Luis: Buongiorno, ho un forte mal di testa da tre giorni e il mal di gola.
Farmacista: [ ]
Luis: Sì, da oggi ho anche la febbre.
Farmacista: [ ]
Luis: Quante volte al giorno devo prendere le medicine?
Farmacista: [ ]
Luis: Per quanti giorni?
Farmacista: [ ]
Luis: Va bene, grazie. Quant'è?
Farmacista: [ ]
Luis: Ecco a Lei, arrivederci.
Farmacista: [ ]

Controlla con un compagno.

a. Deve prendere 12 gocce la sera prima di andare a letto e le compresse due volte al giorno, dopo i pasti.

b. Allora può prendere queste compresse per il mal di testa e il mal di gola e queste gocce per la febbre.

c. Per tre giorni. Se dopo ancora non sta bene, deve andare dal medico.

d. Ha anche la febbre?

e. 10 euro e 50.

f. Arrivederci!

g. ✓ Buongiorno. Dica.

ITALIANO di BASE — PAGINA 213

MODULO 9 ▸ Come stai?

LIVELLO A1 / A2

15 ASCOLTA
Ascolta e controlla.

84 🔊

16 PARLA
A coppie, immaginate di essere in farmacia e costruite un dialogo. A turno uno studente è il farmacista e l'altro è il cliente.

17 LAVORA
Completa i testi con le parole, come nell'esempio.

| febbre | settimane | ✓ malattie | caldo | rosse |

a. Le malattie più comuni dei bambini
Morbillo e varicella, scarlattina e rosolia, sono ____malattie____ che colpiscono molti bambini. Sulla pelle si vedono macchie _____ e foruncoli, che di solito durano due _____.
Queste malattie portano anche la _____, la temperatura può arrivare a 40 gradi.
È molto importante riposare al _____ e bere molto: acqua, spremute di arancia o limone, tisane calde.

macchia

| malattia | naso | tosse | inverno | giorni | fame |

b. Le malattie più comuni degli adulti
L'influenza è una malattia infettiva molto comune in autunno e in _____.
Di solito sentiamo male in tutto il corpo e abbiamo poca _____. Abbiamo mal di testa, dolori alle ossa e ai muscoli, _____ chiuso, mal di gola.
La febbre dura 3 o 4 _____.

Altre malattie comuni sono la bronchite e la polmonite, con _____ forte e febbre.

Attenzione: la gastrite, non è una _____ ma un'infiammazione dello stomaco e dell'intestino.

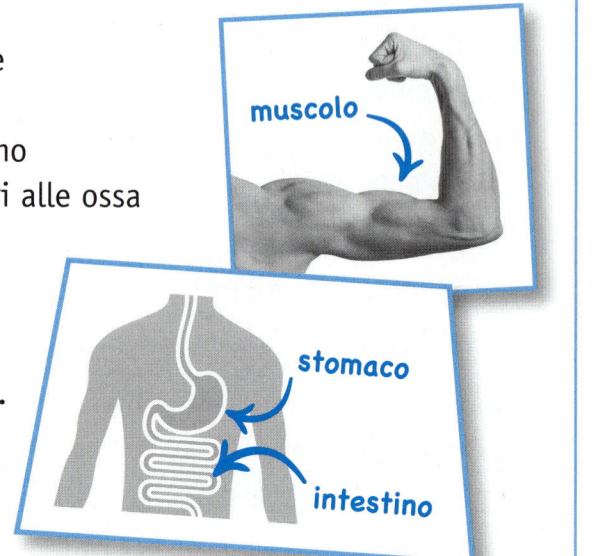

muscolo

stomaco

intestino

Controlla con un compagno.

PAGINA 214

ITALIANO di BASE

MODULO 9 ▸ Come stai?

LIVELLO A1 / A2

AUTOVALUTAZIONE

COSA SO E COSA CONOSCO ADESSO?
Segno con una ✗ le cose che:

SO / CONOSCO BENE ☺	SO / CONOSCO ABBASTANZA BENE 😐	NON SO / NON CONOSCO ☹

CONOSCO
- le parti del corpo ☺ 😐 ☹
- i disturbi e le malattie più comuni ☺ 😐 ☹
- il nome dei medici specialisti ☺ 😐 ☹
- il plurale irregolare di alcuni nomi ☺ 😐 ☹

SO
- spiegare come mi sento ☺ 😐 ☹
- informarmi sullo stato di salute di qualcuno ☺ 😐 ☹
- comprendere i foglietti illustrativi delle medicine ☺ 😐 ☹

DOSSIER

Cosa fai per sentirti bene?
Descrivi cosa mangi, cosa non mangi, che sport fai o quanto cammini, cosa cerchi di non fare (per esempio non fumare, ecc.).

ITALIANO di BASE

MODULO 9 ▸ Fonetica

LIVELLO A1 / A2

NOTE / NOTTE

1 ASCOLTA
Ascolta e sottolinea la parola che senti.

85 🔊

- a. tono / tonno
- b. ala / alla
- c. pena / penna
- d. bruto / brutto
- e. caro / carro
- f. faro / farro
- g. camino / cammino
- h. capello / cappello
- i. note / notte

2 ASCOLTA
Ascolta e scrivi le parole.

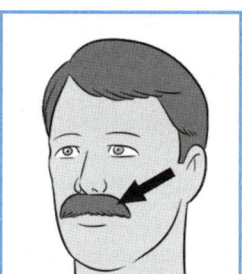

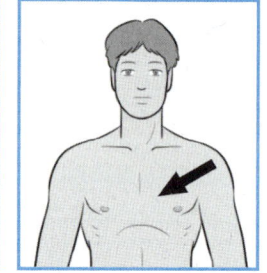

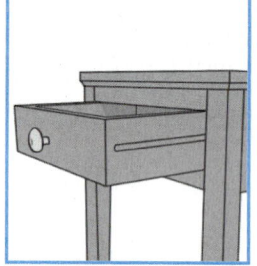

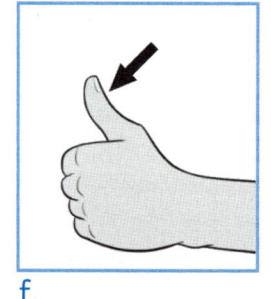

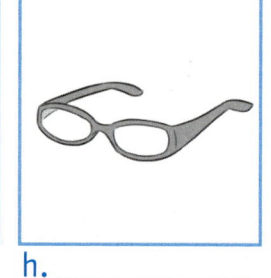

86 🔊

a. _____
b. _____
c. _____
d. _____
e. _____

f. _____
g. _____
h. _____
i. _____
l. _____

Leggi le parole a fondo pagina e controlla.

3 ASCOLTA
Ascolta e completa queste frasi.

87 🔊

- a. Conosci la storia di "Biancaneve e i se_____e na_____i"?
- b. Mia sore_____a ha la tu_____a ro_____a.
- c. Mio no_____o ha se_____e.
- d. La ciliegia è tu_____a ro_____a.

4 SCRIVI
A coppie: detta quattro parole di questa pagina al compagno. Il compagno scrive sul quaderno. Dopo il compagno detta altre quattro parole e tu scrivi. Poi controllate insieme.

a. baffi; b. petto; c. cellulare; d. cassetto; e. dottoressa; f. pollice; g. cancello; h. occhiali; i. coltello; l. cappello.

PAGINA 216 — ITALIANO di BASE

VIVERE IN ITALIA

LA SALUTE | La Carta regionale dei servizi

1. LA TESSERA SANITARIA O CARTA REGIONALE DEI SERVIZI
LEGGI E RISPONDI: SÌ O NO?

PROGETTO TESSERA SANITARIA   HOME | LINK UTILI | CONTATTI | ACCESSIBILITÀ

COS'È LA TESSERA SANITARIA?
È UN DOCUMENTO ELETTRONICO MOLTO IMPORTANTE. PER AVERE QUESTA TESSERA DEVI ANDARE ALLA ASL (AZIENDA SANITARIA LOCALE) DELLA TUA CITTÀ E DEVI ISCRIVERTI AL SISTEMA SANITARIO NAZIONALE (SSN). DOPO L'ISCRIZIONE, LA ASL TI DÀ LA TESSERA SANITARIA. SI CHIAMA ANCHE CARTA REGIONALE DEI SERVIZI.

QUALI DOCUMENTI SERVONO PER AVERE LA TESSERA SANITARIA?
IL PERMESSO DI SOGGIORNO, IL CODICE FISCALE E IL CERTIFICATO DI RESIDENZA.

A COSA SERVE LA TESSERA SANITARIA?
PUOI AVERE LE CURE MEDICHE GRATUITE, PUOI FARE ESAMI E VISITE MEDICHE, PUOI AVERE LE RICETTE PER COMPRARE LE MEDICINE. DEVI MOSTRARE QUESTA TESSERA QUANDO VAI DAL MEDICO DI BASE, IN OSPEDALE O IN FARMACIA (IN ITALIA MOLTE MEDICINE COSTANO POCO PERCHÉ IL SISTEMA SANITARIO NAZIONALE PAGA UNA PARTE DELLE MEDICINE). SE NON HAI LA TESSERA SANITARIA PAGHI TUTTE LE VISITE E IL PREZZO PIENO DELLE MEDICINE.

L'ASSISTENZA SANITARIA È VALIDA SOLO IN ITALIA?
CON QUESTA TESSERA HAI DIRITTO ALL'ASSISTENZA SANITARIA IN TUTTI I PAESI DELL'UNIONE EUROPEA. PER ESEMPIO: SEI IN FRANCIA E FAI UN INCIDENTE, CON LA TESSERA SANITARIA PUOI AVERE LE CURE MEDICHE GRATUITE ANCHE NEGLI OSPEDALI FRANCESI.

IN QUESTA TESSERA C'È IL CODICE FISCALE?
SÌ, INFATTI QUANDO TI CHIEDONO IL CODICE FISCALE, PER ESEMPIO IN BANCA O IN COMUNE, PUOI MOSTRARE LA CARTA REGIONALE DEI SERVIZI. CON QUESTA CARTA PUOI ANCHE RICHIEDERE DOCUMENTI E CERTIFICATI IN TUTTA ITALIA.

E SE NON HO IL PERMESSO DI SOGGIORNO?
ANCHE I CITTADINI SENZA IL PERMESSO DI SOGGIORNO POSSONO AVERE LE CURE MEDICHE GRATUITE. DEVONO CHIEDERE LA TESSERA STP (STRANIERO TEMPORANEAMENTE PRESENTE) ALLA ASL. LA TESSERA STP È VALIDA PER SEI MESI E RINNOVABILE PER ALTRI SEI MESI.

	SÌ	NO
A. POSSO CHIEDERE LA TESSERA SANITARIA AL MIO MEDICO?		
B. LA CARTA REGIONALE DEI SERVIZI SERVE SOLO QUANDO VADO IN OSPEDALE?		
C. CON LA CARTA REGIONALE DEI SERVIZI MI CURANO GRATIS ANCHE A NEW YORK?		
D. POSSO USARE LA CARTA REGIONALE DEI SERVIZI PER CHIEDERE UN DOCUMENTO IN COMUNE?		
E. LA CARTA REGIONALE DEI SERVIZI PUÒ ESSERE USATA COME CODICE FISCALE?		
F. CON LA TESSERA STP POSSO AVERE LE CURE MEDICHE GRATUITE PER 6 MESI RINNOVABILI?		

ITALIANO di BASE

VIVERE IN ITALIA

LA SALUTE | Il medico di base

2. IL MEDICO DI BASE
QUESTO È UN VOLANTINO DELLA ASL CON INFORMAZIONI SUL MEDICO DI BASE.
LEGGI E COMPLETA CON QUESTE PAROLE, COME NELL'ESEMPIO.

✓ AMBULATORIO | CERTIFICATI | FARMACIA | MEDICINA | PEDIATRA | RICETTA

SCEGLIERE IL MEDICO DI BASE

CON L'ISCRIZIONE AL SISTEMA SANITARIO NAZIONALE PUOI SCEGLIERE IL TUO MEDICO DI BASE ALLA ASL.

ALLA ASL C'È LA LISTA DI TUTTI I MEDICI DI BASE DELLA TUA CITTÀ. IL MEDICO DI BASE SI CHIAMA ANCHE MEDICO DI FAMIGLIA.

COSA FA IL MEDICO DI BASE?

FA LE VISITE GRATUITAMENTE NEL SUO __AMBULATORIO__ E ANCHE A CASA TUA, MA SOLAMENTE SE NON PUOI MUOVERTI.

IL MEDICO DI BASE TI VISITA E TI DICE CHE PROBLEMA HAI E QUALI CURE DEVI FARE, PER ESEMPIO, QUALE _____ DEVI PRENDERE.

QUANDO DEVI PRENDERE UNA MEDICINA IL MEDICO DI FAMIGLIA SCRIVE GRATUITAMENTE UNA PRESCRIZIONE (O _____): CON LA PRESCRIZIONE PUOI COMPRARE LE MEDICINE IN _____.
CI SONO MEDICINE CHE POSSIAMO COMPRARE SOLO CON LA PRESCRIZIONE DEL DOTTORE.

IL MEDICO PUÒ FARE LA RICHIESTA PER UNA VISITA DA UNO SPECIALISTA PER ESEMPIO, L'OCULISTA. OPPURE PUÒ FARE UNA RICHIESTA PER UN ESAME SPECIALISTICO, PER ESEMPIO UNA RADIOGRAFIA.

IL MEDICO DI FAMIGLIA FA ANCHE I _____ MEDICI, PER ESEMPIO QUANDO STAI MALE E NON VAI AL LAVORO.

I BAMBINI DA 0 A 16 ANNI HANNO UN MEDICO SPECIALE: SI CHIAMA _____.

3. FARMACIA, MEDICO O PRONTO SOCCORSO?
LEGGI E RISPONDI ALLA DOMANDA.

- **QUANDO STAI MALE DOVE VAI?**
PER I PICCOLI PROBLEMI DI SALUTE PUOI CHIEDERE UN CONSIGLIO IN FARMACIA.
IL FARMACISTA PUÒ VENDERE DELLE MEDICINE SENZA LA PRESCRIZIONE DEL MEDICO.
QUANDO NON C'È URGENZA, PER ESEMPIO PER L'INFLUENZA, DEVI ANDARE DAL MEDICO DI FAMIGLIA (LAVORA DI GIORNO DAL LUNEDÌ AL VENERDÌ).

- **SE STAI MALE DURANTE LA NOTTE, I GIORNI FESTIVI, IL SABATO E LA DOMENICA, COSA FAI?**
IN QUESTI CASI PUOI CHIAMARE LA GUARDIA MEDICA DELLA TUA ZONA. CHIEDI IL NUMERO ALLA ASL.

- **E IN CASO DI EMERGENZA?**
QUANDO C'È URGENZA, PER ESEMPIO PER UN INCIDENTE O UN MALORE GRAVE, DEVI ANDARE SUBITO AL PRONTO SOCCORSO O CHIAMARE UN'AMBULANZA: IL NUMERO DI TELEFONO È 112. PUOI CHIAMARE QUESTO NUMERO ANCHE QUANDO NON C'È CREDITO SUL TUO CELLULARE. AL PRONTO SOCCORSO C'È LA REGOLA DEL SEMAFORO: QUANDO ARRIVI, TI DANNO UN COLORE: ROSSO, GIALLO, VERDE OPPURE BIANCO.

COSA SIGNIFICANO I DIVERSI COLORI CHE DANNO AL PRONTO SOCCORSO?
PARLA CON I COMPAGNI E L'INSEGNANTE.

UNITÀ 10 ▸ Quanta esperienza!

LIVELLO A1 / A2

1 PARLA
Collega le immagini alle persone.

a.

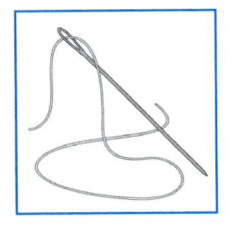

b.

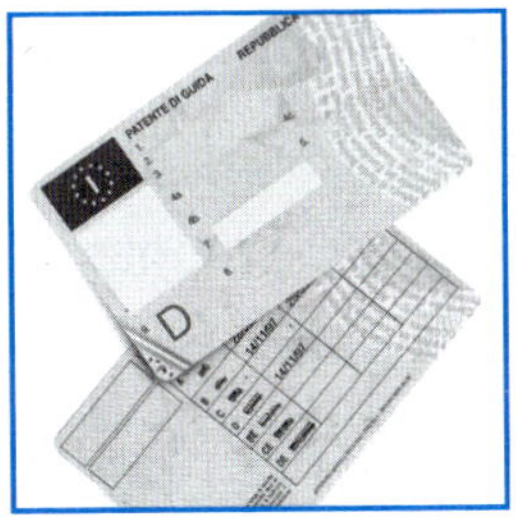

c.

d.

1. Lavoro come guida turistica. Accompagno i turisti in giro per Roma.

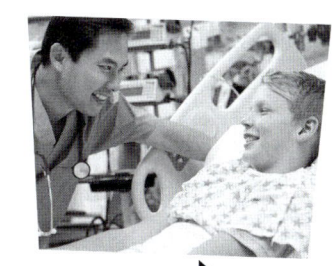

2. Sono un autista di autobus. Mi è sempre piaciuto guidare.

3. Lavoro in un ospedale e mi prendo cura delle persone malate.

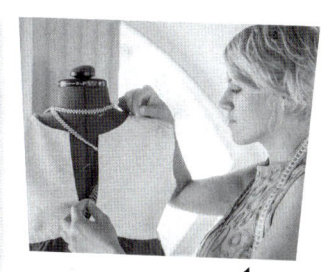

4. Mia nonna era una sarta, mia mamma era una sarta e anch'io sono una sarta.

E tu cosa sai fare? Quali scuole o corsi hai frequentato? Parla con i tuoi compagni.

2 ASCOLTA
Ascolta il dialogo e rispondi: VERO O FALSO?

a. Luis e Nabil si incontrano al supermercato.	VERO	FALSO
b. Nabil ha cambiato lavoro da molto tempo.	VERO	FALSO
c. Nabil ha cambiato lavoro perché la sua azienda ha chiuso.	VERO	FALSO
d. A Nabil piace molto il suo nuovo lavoro.	VERO	FALSO
e. Nabil in Egitto ha preso un diploma.	VERO	FALSO

Confronta con un compagno.

ITALIANO di BASE — PAGINA 219

UNITÀ 10 ▸ Quanta esperienza!

LIVELLO A1 / A2

3 LEGGI
Ascolta ancora, leggi e controlla.

88 🔊

- Ciao Luis!
- Ciao Nabil. Che sorpresa! Da quando lavori qui?
- Ho iniziato da due settimane. La mia azienda ha chiuso sei mesi fa e sono rimasto disoccupato.
- Mi dispiace. Per fortuna, però, hai trovato un altro posto di lavoro...
- Sì, sono stato fortunato: questa macelleria è di mio cognato.
- Ti piace il tuo nuovo lavoro?
- Non tanto. Il macellaio non è mai stato il lavoro dei miei sogni. In Egitto ho preso il diploma di perito informatico e ho sempre lavorato con i computer.
- Capisco. Allora... buona fortuna!
- Grazie, Luis, e a presto!

4 LAVORA
Collega le offerte di lavoro alle persone.

a. Impresa di pulizie cerca personale automunito per turni serali.

b. Ciao, siamo un gruppo di giovani musicisti e cerchiamo un cantante con esperienza. Sei vuoi unirti a noi, chiamaci!

c. Scuola Pasticcieri 70 ore di corso 30 di lezione e 40 di tirocinio presso pasticcerie. Iscriviti subito!

d. Cerco una persona con cui fare conversazione in arabo. In cambio offro lezioni di francese.

1. Parviz: 19 anni. Ha appena terminato un corso da cuoco, ma il suo sogno è diventare un esperto pasticciere.

2. Anila: 24 anni. Ha la macchina. È disponibile a lavorare di sera.

3. Hassan: 30 anni. In Egitto era un insegnante di arabo. Abita a Torino ma vuole andare a vivere a Parigi. Non conosce il francese.

4. Marco: 26 anni. È diplomato al conservatorio in pianoforte e sa cantare molto bene.

Controlla con un compagno.

UNITÀ 10 ▸ Quanta esperienza!

LIVELLO A1 / A2

5 LAVORA

Quali di queste attività sai fare bene, abbastanza bene o non sai fare per niente?
Segna con una ✗ la colonna giusta, poi aggiungi un'altra cosa che sai fare.

	bene ☺	abbastanza bene 😐	per niente ☹
a. So parlare una lingua straniera.	☐	☐	☐
b. So guidare l'automobile.	☐	☐	☐
c. So cucinare.	☐	☐	☐
d. So usare il computer.	☐	☐	☐
e. So fare impianti elettrici.	☐	☐	☐
f. So fare le iniezioni.	☐	☐	☐
g. So imbiancare.	☐	☐	☐
h. So prendermi cura degli anziani.	☐	☐	☐
i. So prendermi cura dei bambini.	☐	☐	☐
l. So _____.	☐	☐	☐

6 PARLA

Guarda il punto 5 e fai le domande a un compagno, come nell'esempio.
Poi il compagno fa le domande e tu rispondi.

> Sai guidare l'automobile?

ATTENZIONE!

Leggi queste frasi:
- <u>Sai</u> guidare l'automobile?
- <u>Sa</u> cantare.
- <u>So</u> fare le iniezioni.

Le parole sottolineate sono le forme del presente del verbo **sapere**. **Sapere** è un verbo irregolare.

Completa la tabella e controlla con un compagno.

	SAPERE
IO	
TU	
LUI/LEI	
NOI	sappiamo
VOI	sapete
LORO	sanno

7 SCRIVI

Completa le frasi con il presente del verbo **sapere**, come nell'esempio.

a. (Io) __so__ nuotare.
b. Tu e Patricia _____ parlare molte lingue.
c. Io e Samantha _____ preparare ottime torte.
d. Luis _____ ballare molto bene.
e. (Tu) _____ usare bene il computer?
f. Amina e Giulia _____ cucinare.

ITALIANO di BASE

UNITÀ 10 ▸ Quanta esperienza!

LIVELLO A1 / A2

COME SI DICE?

Leggi le frasi:
- Sai qual è l'indirizzo della scuola?
- Sai parlare il cinese?

- Conosci l'indirizzo della scuola?
- Conosci Paola?

1. Dopo **sapere** possiamo trovare:
   - CHI, CHE COSA, COME, DOVE, PERCHÉ, QUANDO, QUANTO, QUALE, QUAL
     (Sai qual è l'indirizzo della scuola?).
   - un verbo all'infinito. In questo caso **sapere** significa "essere capaci di…"
     (Sai parlare il cinese? = Sei capace di parlare il cinese?).
2. **Conoscere** è sempre seguito da una persona o una cosa (Conosci Paola? Conosci l'indirizzo della scuola?).

8 LAVORA

Sapere o **conoscere**? Sottolinea il verbo corretto.

a. **Sappiamo/Conosciamo** Maria da 3 anni.
b. **Conosci/Sai** parlare l'italiano?
c. Annette non **sa/conosce** guidare l'auto.
d. I nostri amici **conoscono/sanno** bene Roma.
e. **So/Conosco** cucire.
f. **Conoscete/Sapete** la strada per la stazione?

9 GIOCA

A coppie: scegliete una professione e scrivete le cose che una persona che vuole fare questo lavoro deve conoscere o saper fare.
Poi a turno dite queste cose ai vostri compagni e loro devono indovinare la professione, come nell'esempio.

> Conosce bene le parti del corpo umano. Sa riconoscere le malattie e i disturbi fisici. Sa scegliere la cura giusta. Chi è?

> Il medico!

10 ASCOLTA

Ascolta la storia di Jasmine e rispondi alle domande.

89

a. Di quale paese è Jasmine? _____
b. Quanti anni ha? _____
c. Quando è arrivata in Italia? _____
d. Quali scuole ha frequentato nel suo Paese? _____
e. Quale lavoro ha fatto prima di venire in Italia? _____
f. Quale lingua ha studiato prima di venire in Italia? _____
g. Quali corsi ha seguito in Italia? _____
h. Dove lavora adesso? _____

Controlla con un compagno.

PAGINA 222 — ITALIANO di BASE

UNITÀ 10 ▸ Quanta esperienza!

LIVELLO A1 / A2

11 LEGGI
Ascolta ancora, leggi e controlla.

Jasmine è una ragazza filippina, ha 28 anni.
È arrivata in Italia 5 anni fa con sua sorella.
Nel suo Paese ha frequentato le scuole superiori e ha preso il diploma di segretaria. Nelle Filippine ha lavorato in un'azienda come segretaria. Ha anche studiato italiano in una scuola di lingue.
Quando è arrivata in Italia non ha trovato lavoro come segretaria. Allora ha iniziato un corso per Operatori socio-sanitari (OSS) e si è iscritta a una scuola di italiano per cittadini stranieri.
L'anno scorso ha finito il corso e ha avuto la certificazione OSS.
Ora lavora in una casa di cura per anziani.

12 LAVORA
Metti in ordine di tempo queste informazioni sulla vita di Jasmine, come nell'esempio.

- [ ] a. lavoro in una casa di cura per anziani
- [ ] d. lavoro come segretaria
- [ ] b. disoccupazione
- [ ] e. certificazione OSS
- [ ] c. arrivo in Italia
- [1] f. diploma di segretaria

13 LAVORA
Scrivi queste frasi sotto alle immagini, come nell'esempio.

✓ ha mangiato all'aperto | è uscito con un'amica

ha comprato una macchina | ha fatto un viaggio in treno | ha giocato con i bambini | è arrivato in ritardo | è andato al cinema | è partito in aereo

a. Ha mangiato all'aperto. 
b. _____ 
c. _____ 
d. _____

e. _____
f. _____ 
g. _____ 
h. _____ 

ITALIANO di BASE   PAGINA 223

UNITÀ 10 ▸ Quanta esperienza!

LIVELLO A1 / A2

14 LEGGI

Il Curriculum Vitae (CV) è un documento che spiega il percorso di studio e di lavoro di una persona. Questo è il CV di Alessandra Benedetti. Leggi e collega le informazioni alle domande, come nell'esempio.

europass	
Informazioni personali	Nome e cognome: Alessandra Benedetti Indirizzo: via Fiume 5 – Como Telefono: 039.8284851 Nazionalità: italiana Data e luogo di nascita: 18/7/1976, Como
Esperienza lavorativa	Date (da – a) 2001 a oggi Nome e indirizzo del datore di lavoro: ASL Como – via Roma 34, Como Tipo di azienda: Azienda sanitaria Tipo di impiego: Infermiera al Pronto Soccorso Date (da – a) 1998 – 2001 Nome e indirizzo del datore di lavoro: Casa di Cura Sandro Pertini – via Firenze 22, Como Tipo di azienda: casa di cura privata Tipo di impiego: Infermiera Professionale
Istruzione e formazione	1999: Laurea in Scienze infermieristiche, Milano 1994: Diploma di Scuola commerciale
Lingue conosciute	Lingua madre: italiano Lingua inglese: buono scritto e ottimo parlato Lingua francese: buono scritto e parlato
Conoscenze informatiche	Buone conoscenze informatiche (pacchetto Office)
Patente	B

INFORMAZIONI

1. Informazioni personali
2. Esperienza lavorativa
3. Istruzione e formazione
4. Lingue conosciute
5. Patente
6. Conoscenze informatiche

DOMANDE

a. Quali lingue conosci?
b. Come ti chiami? Dove abiti? Dove sei nato/nata?
c. Sai guidare?
d. Quali scuole hai frequentato?
e. Sai usare il computer?
f. Che lavoro fai? Che lavoro hai fatto?

Controlla con un compagno.

ITALIANO di BASE

UNITÀ 10 ▸ Quanta esperienza!

LIVELLO A1 / A2

15 SCRIVI
Scrivi il tuo Curriculum Vitae.

europass	
Informazioni personali	Nome e cognome: _____ Indirizzo: _____ Telefono: _____ Nazionalità: _____ Data e luogo di nascita: _____
Esperienza lavorativa	Date (da – a) _____ Nome e indirizzo del datore di lavoro: _____ Tipo di azienda: _____ Tipo di impiego: _____ Date (da – a) _____ Nome e indirizzo del datore di lavoro: _____ Tipo di azienda: _____ Tipo di impiego: _____ Date (da – a) _____ Nome e indirizzo del datore di lavoro: _____ Tipo di azienda: _____ Tipo di impiego: _____
Istruzione e formazione	_____ _____ _____
Lingue conosciute	Lingua madre: _____ _____ _____ _____
Conoscenze informatiche	_____
Patente	_____

Parla con un compagno. A turno ogni studente descrive il suo Curriculum Vitae al compagno.

> Mi chiamo...

> Ho studiato...

> Ho lavorato...

ITALIANO di BASE — PAGINA 225

UNITÀ 10 ▸ Quanta esperienza!

LIVELLO A1 / A2

COME FUNZIONA?

Leggi queste frasi e completa.

> Jasmine ha frequentato le scuole superiori.
> Abbiamo ricevuto una buona notizia.
> Ho pulito la casa per due ore.

> È arrivato in ritardo.
> Lucas è caduto in palestra.
> Sono partito alle 9.

Le parole sottolineate sono le forme del **passato prossimo**.
Usi il **passato prossimo** per parlare di azioni e fatti del passato.

Il **passato prossimo** è formato da due parole:
il presente dei verbi _____ / _____ + il **participio passato**

Il **participio passato** nei verbi regolari si forma in questo modo:

INFINITO	PARTICIPIO PASSATO
verbi della prima coniugazione (-are) come frequent**are** e arriv**are**	participio passato in **-ato** > frequent**ato**, arriv**ato**
verbi della seconda coniugazione (-ere) come ricev**ere** e cad**ere**	participio passato in **-uto** > ricev**uto**, cad**uto**
verbi della terza coniugazione (-ire) come pul**ire** e part**ire**	participio passato in **-ito** > pul**ito**, part**ito**

16 LAVORA

Collega INFINITO e PARTICIPIO PASSATO, come nell'esempio.

INFINITO: 1. dormire 2. vendere 3. portare 4. sentire 5. mangiare 6. ricevere

PARTICIPIO PASSATO: a. mangiato b. dormito c. venduto d. ricevuto e. portato f. sentito

COME FUNZIONA?

Leggi queste frasi.

> Nabil è uscit**o**
> e ha incontrat**o** Giulia.
> Jasmine è uscit**a**
> e ha incontrat**o** Giulia.

> Nabil e Luis sono uscit**i**
> e hanno incontrat**o** Giulia.
> Amina e Jasmine sono uscit**e**
> e hanno incontrat**o** Giulia.

Il passato prossimo di solito si forma con **AVERE** con i verbi che hanno un oggetto che risponde alla domanda CHI? CHE COSA? Per esempio: incontrare > Chi? Giulia.
Il participio passato dei verbi con **AVERE** finisce sempre con la lettera **-O**.

Il passato prossimo si forma con **ESSERE** con: i verbi riflessivi (alzarsi, vestirsi, ecc.),
i verbi di movimento (andare, venire, arrivare, partire, tornare, uscire, entrare, ecc.),
i verbi di cambiamento (diventare, morire, nascere, ecc.).

Come finisce il participio passato dei verbi con **ESSERE**?
Parla con un compagno e poi con tutta la classe.

UNITÀ 10 ▸ Quanta esperienza!

LIVELLO A1 / A2

17 LAVORA
Completa le frasi con il participio passato, come nell'esempio.

a. Ieri ho (dormire) _____dormito_____ fino a mezzogiorno.
b. Abbiamo (dimenticare) _____ l'ombrello sull'autobus.
c. Hanno (vendere) _____ la macchina.
d. Avete (spedire) _____ un pacco.
e. Hai (ricevere) _____ la mia mail?
f. Anna ha (passare) _____ l'esame.

Controlla con un compagno.

18 SCRIVI
Completa le frasi con la lettera finale del participio passato, come nell'esempio.

a. Io e Paolo siamo andat_i_ alla festa.
b. Il treno è partit___ alle 20:00.
c. Lara si è svegliat___ molto presto.
d. Anna e Caterina sono uscit___ ora da casa.
e. Lucia, quando sei arrivat___ a Milano?
f. I miei parenti sono tornat___ ieri.

Controlla con un compagno.

19 LAVORA
Sottolinea la forma corretta del passato prossimo, come nell'esempio.

a. Aurelia **ha preparato**/è preparata la torta per il compleanno di Julia.
b. Ieri **abbiamo andati/siamo andati** al cinema.
c. Luca **ha comprato/è comprato** una macchina usata.
d. Oggi pomeriggio **ho accompagnato/sono accompagnato** Sonia al parco.
e. Mia moglie **è partita/ha partita** per il Perù.
f. Ana e Jordanos **si hanno vestito/si sono vestite** di verde per il matrimonio di Grazia.

Controlla con un compagno.

COME FUNZIONA?

Leggi queste frasi.

Ho letto un libro interessante.
Abbiamo visto un bel film alla tv.
Siamo rimasti tutta la sera a casa.
Siete scesi alla fermata Duomo.

Le parole sottolineate sono i participi dei verbi **LEGGERE, VEDERE, RIMANERE**.
Questi participi sono irregolari. In italiano ci sono molti participi passati irregolari.
Collega **PARTICIPIO PASSATO** e **INFINITO**, come nell'esempio.

PARTICIPIO PASSATO
1. aperto
2. bevuto
3. chiesto
4. chiuso
5. scritto
6. stato
7. rimasto
8. risposto

INFINITO
a. chiedere
b. chiudere
c. rimanere
d. rispondere
e. bere
f. stare
g. aprire
h. scrivere

ITALIANO di BASE — PAGINA 227

UNITÀ 10 ▸ Quanta esperienza!

LIVELLO A1 / A2

20 PARLA

A coppie, racconta al compagno cinque cose che hai fatto ieri.
Il compagno ascolta e prova a ricordare e ripetere queste azioni.
Poi lavorate con un'altra coppia (altri due compagni). Tu racconti le cinque cose che ha fatto il tuo compagno e il compagno racconta le cinque cose che hai fatto tu. Poi ascoltate i compagni dell'altra coppia.

Guarda il Linguaquiz
Il passato prossimo.

AUTOVALUTAZIONE

COSA SO E COSA CONOSCO ADESSO?
Segno con una ✗ le cose che:

SO / CONOSCO BENE 😊	SO / CONOSCO ABBASTANZA BENE 😐	NON SO / NON CONOSCO ☹

CONOSCO
il passato prossimo	😊	😐	☹
la differenza tra **conoscere** e **sapere**	😊	😐	☹

SO
usare il presente del verbo **sapere**	😊	😐	☹
parlare delle mie esperienze passate	😊	😐	☹
compilare il CV	😊	😐	☹
usare il passato prossimo	😊	😐	☹
chiedere agli altri delle loro esperienze passate	😊	😐	☹

DOSSIER

Scrivi un testo sulla tua esperienza scolastica e professionale (le scuole o i corsi che hai frequentato, le esperienze professionali che hai avuto, ecc.) Per aiutarti, guarda il punto **11**.

PAGINA 228   ITALIANO di BASE

UNITÀ 10 ▶ Fonetica

AFFERMARE   FARE DOMANDE

LIVELLO A1 / A2

1 ASCOLTA
Ascolta e ripeti.

90 🔊

a. Ti piace vivere in Italia.	b. Ti piace vivere in Italia?
c. Nabil lavora in una macelleria.	d. Nabil lavora in una macelleria?
e. Sai usare il computer.	f. Sai usare il computer?

Ascolta ancora. Le frasi hanno un'intonazione diversa.

intonazione uniforme
la voce scende di tono come in
Ti piace vivere in Italia.
si chiama **FRASE AFFERMATIVA**

intonazione ascendente
la voce sale di tono come in
Ti piace vivere in Italia?
si chiama **FRASE INTERROGATIVA**

2 ASCOLTA

91 🔊

Ascolta, metti nella casella il segno del **punto** (.) quando la frase è affermativa e il segno del **punto interrogativo** (?) quando la frase è interrogativa.

a. Hai sonno ☐	d. La lezione di domani è annullata ☐
b. Venite a mangiare da noi ☐	e. Dong ha l'influenza ☐
c. Salvatore insegna in una scuola media ☐	f. Il cellulare non funziona ☐

Ascolta ancora e controlla.

3 LEGGERE
Lavora con un compagno. Riscrivete il testo inserendo **punto** (.), **punto interrogativo** (?) o **virgola** (,) e usate le maiuscole quando è necessario, come nell'esempio.

■ ciao	■ Ciao.
● ciao come stai	● Ciao, come stai?
■ bene e tu	■ _____
● abbastanza bene come sta tua moglie	● _____
■ bene grazie tu lavori sempre al supermercato	■ _____
● no ho cambiato lavoro lavoro in un bar adesso	● _____
■ ah bene	■ _____
● tu hai finito di studiare	● _____
■ no devo dare ancora un esame	■ _____

92 🔊

Ascoltate e verificate. Poi provate a recitare il dialogo con la giusta intonazione.

ITALIANO di BASE   PAGINA 229

VIVERE IN ITALIA

IL MIO PERCORSO | Il colloquio di lavoro

1. CERCARE LAVORO

QUESTE PERSONE CERCANO LAVORO IN MODI DIVERSI. LEGGI E POI PARLA CON UN COMPAGNO: COME CERCATE LAVORO? QUAL È SECONDO VOI IL MODO MIGLIORE?

> HO MESSO IL MIO CV ONLINE E TUTTI I GIORNI CONTROLLO GLI ANNUNCI DI LAVORO SU INTERNET: CI SONO TANTI SITI WEB INTERESSANTI.
> **FEDOR**

> OGNI SETTIMANA COMPRO UN GIORNALE DI ANNUNCI DI LAVORO: CERCHIO CON IL PENNARELLO GLI ANNUNCI INTERESSANTI E POI TELEFONO O MANDO IL MIO CV.
> **BRUNA**

> MI SONO ISCRITTO A UN'AGENZIA DI LAVORO: HO LASCIATO IL MIO CV E L'AGENZIA MI CHIAMA QUANDO CERCA UN LAVORATORE CON LE MIE CARATTERISTICHE.
> **HOPE**

2. IL COLLOQUIO DI LAVORO

PER OTTENERE UN LAVORO È IMPORTANTE FARE UN BUON COLLOQUIO, ECCO ALCUNE REGOLE IMPORTANTI. LEGGI I CONSIGLI DI UN SITO INTERNET PER LA RICERCA DI UN LAVORO E RISPONDI: VERO O FALSO?

- RACCOGLI INFORMAZIONI SUL POSTO DI LAVORO DOVE VAI A FARE IL COLLOQUIO.
- ARRIVA PUNTUALE ALL'APPUNTAMENTO.
- PREPARA DELLE DOMANDE, COSÌ DIMOSTRI INTERESSE PER QUEL LAVORO.
- RACCONTA BENE QUALI STUDI HAI FATTO E LE TUE ESPERIENZE DI LAVORO IN ITALIA E NEL TUO PAESE.
- NON DIRE COSE FALSE.
- NON PARLARE TROPPO NÉ TROPPO POCO.
- DEVI ESSERE GENTILE E EDUCATO: SORRIDI E STRINGI LA MANO, NON DARE DEL "TU".

	VERO	FALSO
A. NON DEVI ARRIVARE IN RITARDO ALL'APPUNTAMENTO.	VERO	FALSO
B. DEVI PARLARE DEI LAVORI CHE HAI FATTO IN PASSATO.	VERO	FALSO
C. DEVI DARE DEL "LEI" ALLA PERSONA CHE TI FA IL COLLOQUIO.	VERO	FALSO
D. DURANTE IL COLLOQUIO DEVI SOLO ASCOLTARE SENZA DIRE NIENTE.	VERO	FALSO

3. LE DOMANDE DEL COLLOQUIO

QUESTE SONO ALCUNE DOMANDE CHE SPESSO I SELEZIONATORI FANNO DURANTE IL COLLOQUIO. A COPPIE, SCEGLIETE UNO DEGLI ANNUNCI DI LAVORO DEL MODULO **4** (VAI A PAGINA 102). POI UNO STUDENTE FA LE DOMANDE E IL COMPAGNO RISPONDE.

- MI PARLI DI LEI…
- HA GIÀ FATTO QUESTO LAVORO?
- QUALI SONO I SUOI INTERESSI?
- PERCHÉ VUOLE FARE QUESTO LAVORO?

COMPRENSIONE ORALE ▸ PRIMA PROVA

TEST - LIVELLO A1

COSA DEVI FARE?

GUARDA LA FOTOGRAFIA.
LEGGI LE FRASI.
ASCOLTA.
SEGNA CON UNA ✗ LA FRASE GIUSTA.
ATTENZIONE: SOLO UNA FRASE DELLE TRE (A/B/C) È GIUSTA.
RIASCOLTA.
COMPLETA E CONTROLLA.

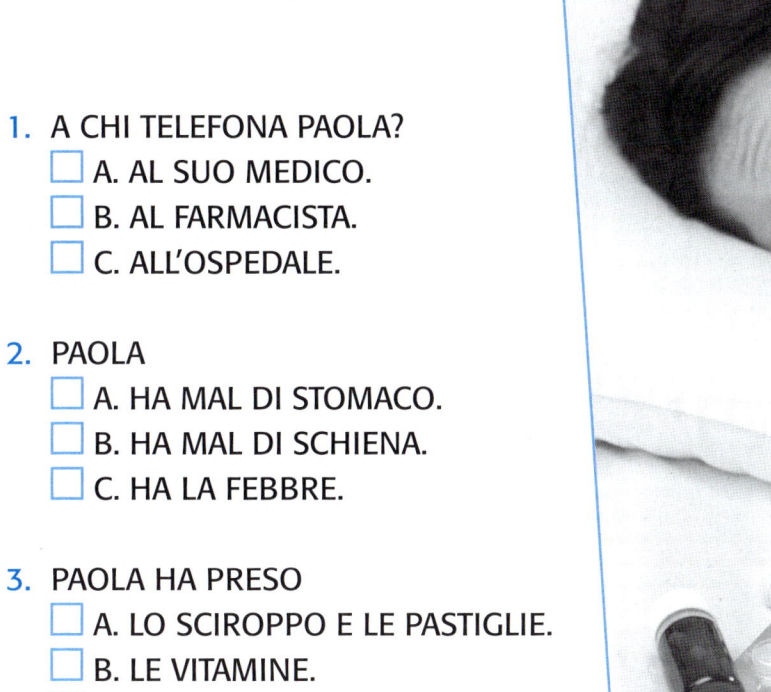

1. A CHI TELEFONA PAOLA?
   - ☐ A. AL SUO MEDICO.
   - ☐ B. AL FARMACISTA.
   - ☐ C. ALL'OSPEDALE.

2. PAOLA
   - ☐ A. HA MAL DI STOMACO.
   - ☐ B. HA MAL DI SCHIENA.
   - ☐ C. HA LA FEBBRE.

3. PAOLA HA PRESO
   - ☐ A. LO SCIROPPO E LE PASTIGLIE.
   - ☐ B. LE VITAMINE.
   - ☐ C. LE SUPPOSTE.

4. PAOLA
   - ☐ A. VUOLE COMPRARE DELLE MEDICINE.
   - ☐ B. HA PRESO DELLE MEDICINE E ADESSO STA BENE.
   - ☐ C. HA PRESO DELLE MEDICINE MA STA MALE.

5. QUANDO VA IN AMBULATORIO PAOLA?
   - ☐ A. DOMANI MATTINA.
   - ☐ B. DOMANI POMERIGGIO.
   - ☐ C. OGGI.

OGNI FRASE GIUSTA VALE 4 PUNTI.   TOTALE: _____/16

ITALIANO di BASE   PAGINA 231

COMPRENSIONE ORALE ▸ SECONDA PROVA

TEST - LIVELLO A1

COSA DEVI FARE?

GUARDA I DISEGNI.
ASCOLTA I SEI DIALOGHI.
SCRIVI IL NUMERO DEI DIALOGHI SOTTO AI DISEGNI GIUSTI.
ATTENZIONE: TRE DISEGNI NON SI DEVONO USARE.
RIASCOLTA.
COMPLETA E CONTROLLA.

94

A. DIALOGO ____

B. DIALOGO ____

C. DIALOGO ____

D. DIALOGO ____

E. DIALOGO ____

F. DIALOGO ____

G. DIALOGO ____

H. DIALOGO ____

I. DIALOGO ____

OGNI DISEGNO GIUSTO VALE 4 PUNTI.   TOTALE: ____/24

PAGINA 232   ITALIANO di BASE

COMPRENSIONE SCRITTA ▸ PRIMA PROVA

TEST - LIVELLO A1

COSA DEVI FARE?

LEGGI.
SEGNA CON UNA ✗ LA FRASE GIUSTA.
ATTENZIONE: SOLO UNA FRASE DELLE TRE (A/B/C) È GIUSTA.
RILEGGI E CONTROLLA.

KARIM È SIRIANO, È IN ITALIA DA 10 ANNI, ABITA A PISA.
È SPOSATO CON LAILA, UNA DONNA MAROCCHINA.
KARIM E LAILA HANNO 3 FIGLI: DUE FEMMINE E UN MASCHIO.
SUA MOGLIE E I SUOI FIGLI SONO IN ITALIA DA 5 ANNI.
KARIM È INFERMIERE, MA IN ITALIA FA L'IMBIANCHINO.
LAVORA DAL LUNEDÌ AL VENERDÌ DALLE 8:00 ALLE 17:00
E IL SABATO DALLE 8:00 ALLE 13:00.
LAILA È CASALINGA. IL MERCOLEDÌ E IL VENERDÌ FREQUENTA
UN CORSO DI ITALIANO DALLE 14:00 ALLE 16:00.

1. KARIM È NATO
   ☐ A. IN MAROCCO.
   ☐ B. IN SIRIA.
   ☐ C. IN ITALIA.

2. KARIM E LAILA HANNO
   ☐ A. DUE FIGLI.
   ☐ B. UNA FIGLIA.
   ☐ C. TRE FIGLI.

3. KARIM ORA FA
   ☐ A. L'INFERMIERE.
   ☐ B. L'IMBIANCHINO.
   ☐ C. IL MEDICO.

4. IL SABATO KARIM LAVORA
   ☐ A. TUTTO IL GIORNO.
   ☐ B. SOLO IL POMERIGGIO.
   ☐ C. SOLO LA MATTINA.

5. LAILA VA A SCUOLA
   ☐ A. DUE VOLTE A SETTIMANA.
   ☐ B. TRE VOLTE A SETTIMANA.
   ☐ C. UNA VOLTA A SETTIMANA.

OGNI FRASE GIUSTA VALE 4 PUNTI.   TOTALE: _____/16

ITALIANO di BASE

COMPRENSIONE SCRITTA ▸ SECONDA PROVA

TEST - LIVELLO A1

COSA DEVI FARE?

LEGGI.
METTI UNA ✗ SOLO SULLE TRE FRASI CONTENUTE NEL TESTO.
RILEGGI.
COMPLETA E CONTROLLA.

PREVISIONI DEL TEMPO

OGGI NEL NORD ITALIA PIOVE E FA ANCORA MOLTO FREDDO.
IN MONTAGNA NEVICA.
AL CENTRO È NUVOLOSO.
PIÙ CALDO AL SUD E SULLE ISOLE, MA CON MOLTO VENTO.

PER DOMANI SONO PREVISTI MIGLIORAMENTI IN TUTTO IL PAESE, CON SOLE E CIELO SERENO.

1. OGGI AL NORD IL TEMPO È BRUTTO. ☐
2. OGGI AL NORD FA CALDO. ☐
3. OGGI NEL CENTRO ITALIA C'È IL SOLE. ☐
4. OGGI IN SICILIA E IN SARDEGNA C'È VENTO. ☐
5. DOMANI IL TEMPO È NUVOLOSO IN TUTTA ITALIA. ☐
6. DOMANI IL TEMPO MIGLIORA IN TUTTA ITALIA. ☐

OGNI FRASE GIUSTA VALE 8 PUNTI.   TOTALE: ____/24

INTERAZIONE SCRITTA

TEST - LIVELLO A1

COSA DEVI FARE?

QUESTO MODULO SERVE PER AVERE LA TESSERA DELLA BIBLIOTECA.
LEGGI E COMPLETA CON I TUOI DATI.
CONTROLLA.

COGNOME	
NOME	
LUOGO DI NASCITA	
DATA DI NASCITA	
NAZIONALITÀ	
INDIRIZZO	
CITTÀ	
CAP	
TELEFONO	
FIRMA	

TOTALE: _____/20

PUNTEGGIO TOTALE: _____/100

ITALIANO di BASE

COMPRENSIONE ORALE ▸ PRIMA PROVA

COSA DEVI FARE?

Guarda la fotografia.
Leggi le frasi.
Ascolta.
Segna con una ✗ la frase giusta.
Attenzione: solo una frase delle tre (a/b/c) è giusta.
Riascolta.
Completa e controlla.

1. Risponde la segreteria telefonica di
   - ☐ a. una clinica.
   - ☐ b. una farmacia.
   - ☐ c. uno studio medico.

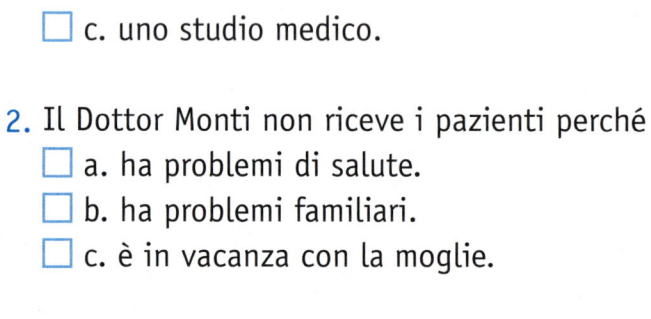

2. Il Dottor Monti non riceve i pazienti perché
   - ☐ a. ha problemi di salute.
   - ☐ b. ha problemi familiari.
   - ☐ c. è in vacanza con la moglie.

3. Il Dottor Galli sostituisce il Dottor Monti per due
   - ☐ a. mesi.
   - ☐ b. settimane.
   - ☐ c. giorni.

4. Lo studio del Dottor Galli è aperto
   - ☐ a. tutto il giorno.
   - ☐ b. solo la mattina.
   - ☐ c. solo il pomeriggio.

5. Per avere un appuntamento con il Dottor Galli, devi
   - ☐ a. scrivere una mail.
   - ☐ b. telefonare.
   - ☐ c. andare direttamente nel suo studio.

Ogni frase giusta vale 5 punti.   totale: ____/20

COMPRENSIONE ORALE ▶ SECONDA PROVA

TEST - LIVELLO A2

COSA DEVI FARE?

Guarda la fotografia.
Leggi le frasi.
Ascolta.
Ricomponi le frasi.
Attenzione: a destra c'è una frase in più.
Riascolta.
Completa e controlla.

1. La biblioteca chiude	a. alla festa del libro.
2. Le persone devono restituire i libri	b. una sorpresa.
3. Domani è possibile andare	c. tra un quarto d'ora.
4. I bambini domani ricevono	d. al banco prestito.
5. Domani la biblioteca sarà aperta	e. molti soldi.
	f. la mattina e chiuderà nel pomeriggio.

Ogni frase giusta vale 5 punti.   totale: ____/20

ITALIANO di BASE   PAGINA 237

COMPRENSIONE SCRITTA ▸ PRIMA PROVA

TEST - LIVELLO A2

COSA DEVI FARE?

Leggi.
Segna con una ✗ la frase giusta.
Attenzione: solo una frase delle tre (a/b/c) è giusta.
Rileggi.
Completa e controlla.

VUOI DIVENTARE BADANTE?
Adesso puoi,
con il corso della scuola
Studio e lavoro di Torino!

La scuola propone un corso teorico e pratico di 200 ore. Prima studi a scuola con i nostri insegnanti, poi fai un tirocinio fuori dalla scuola. Con il tirocinio impari tutte le attività per aiutare una persona anziana e fai esperienza diretta con un anziano.
Puoi scegliere di fare il tirocinio in una casa privata o in una casa di riposo.
Alla fine del corso fai un esame per avere l'attestato di badante, valido in tutta Italia.
Le lezioni si tengono dal lunedì al venerdì, la mattina (dalle 8:30 alle 12:30) o la sera (dalle 18:30 alle 22:30).
Puoi scegliere il corso più comodo per te!
Attenzione: puoi partecipare al corso se hai già 18 anni e il permesso di soggiorno.
Per ulteriori informazioni, visita il sito www.scuolastudioelavoro.it
o telefona al numero 0325 74028737 dal lunedì al sabato dalle 8:00 alle 22:00.

1. Questo annuncio è per:
   ☐ a. persone anziane.
   ☐ b. persone disoccupate.
   ☐ c. insegnanti.

2. Alla fine del corso i partecipanti
   ☐ a. fanno una prova.
   ☐ b. lavorano in casa di riposo.
   ☐ c. diventano insegnanti.

3. Il corso dura
   ☐ a. otto ore al giorno.
   ☐ b. quattro ore al giorno.
   ☐ c. due ore al giorno.

4. Una persona straniera può iscriversi al corso se
   ☐ a. ha frequentato un corso simile nel suo Paese.
   ☐ b. ha prenotato online.
   ☐ c. è maggiorenne.

5. Per avere informazioni sul corso è possibile chiamare al numero indicato
   ☐ a. tutti i giorni.
   ☐ b. il lunedì o il sabato sera.
   ☐ c. il sabato, solo la mattina.

Ogni frase giusta vale 4 punti.   totale: _____/20

COMPRENSIONE SCRITTA ▸ SECONDA PROVA

TEST - LIVELLO A2

COSA DEVI FARE?

Leggi.
Completa la tabella con le informazioni richieste.
Rileggi.
Completa e controlla.

WIKIPEDIA

Roberto Saviano

Roberto Saviano è un giornalista e scrittore italiano, nato a Napoli nel 1979.
Ha studiato Filosofia all'Università degli Studi di Napoli.
Dopo gli studi ha cominciato a lavorare come giornalista nei giornali della sua città.
Oggi scrive su importanti riviste e giornali italiani e stranieri.
Nel 2006 ha scritto un libro dal titolo *Gomorra*.
Il libro parla della mafia.
Ha avuto grande successo in Italia e all'estero ed è stato tradotto in 52 paesi del mondo.
Nel 2008 dalla storia di *Gomorra* è stato fatto un film.

1. Come si chiama?
2. Che lavoro fa?
3. Dove si è laureato?
4. Dove ha cominciato a lavorare?
5. Qual è la sua opera più famosa?

Ogni frase giusta vale 4 punti.   totale: _____/20

ITALIANO di BASE

INTERAZIONE SCRITTA

TEST - LIVELLO A2

COSA DEVI FARE?

Domani non puoi andare al corso di italiano.
Scrivi un SMS all'insegnante e spiega perché non puoi andare a scuola.
Non usare il dizionario.
Completa e controlla.

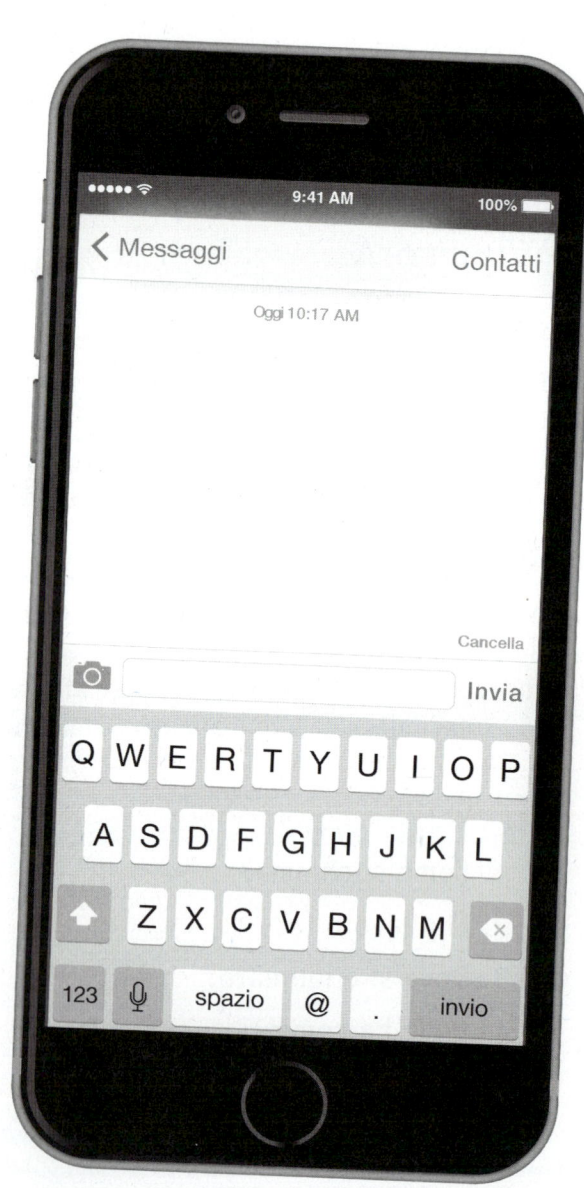

TOTALE: _____/20

PUNTEGGIO TOTALE: _____/100